读懂投资　先知未来

大咖智慧
THE GREAT WISDOM IN TRADING

/

成长陪跑
THE PERMANENT SUPPORTS FROM US

/

复合增长
COMPOUND GROWTH IN WEALTH

一站式视频学习训练平台
WWW.DUOSHOU108.COM

艾略特波浪原理
——市场行为的关键

（美）普莱切特　　著
A.J.佛罗斯特

包文兵　译

山西出版传媒集团
山西人民出版社

图书在版编目(CIP)数据

艾略特波浪原理:市场行为的关键/(美)普莱切特著;包文兵译.—太原:山西人民出版社,2013.3
ISBN 978-7-203-07735-0

Ⅰ.①艾… Ⅱ.①普…②包… Ⅲ.①股票市场—市场趋势—研究 Ⅳ.①F830.91

中国版本图书馆 CIP 数据核字(2012)第 138312 号

著作权合同登记号
图字:04-2012-008

艾略特波浪原理:市场行为的关键

著　　者:罗伯特·普莱切特　A.J.佛罗斯特
责任编辑:傅小红
装帧设计:蒋宏工作室

出 版 者:山西出版传媒集团·山西人民出版社
地　　址:太原市建设南路 21 号
邮　　编:030012
发行营销:0351-4922220　4955996　4956039
　　　　　0351-4922127 (传真)　4956038 (邮购)
E – mail:sxskcb@163.com 发行部
　　　　　sxskcb@126.com 总编室
网　　址:www.sxskcb.com

经销者:山西出版传媒集团·山西人民出版社
承印者:三河市航远印刷有限公司

开　本:710mm×1000mm　1/16
印　张:16.75
字　数:200 千字
版　次:2013 年 4 月第 1 版
印　次:2021 年 11 月第 2 次印刷
书　号:978-7-203-07735-0
定　价:38.00 元

如有印装质量问题请与本社联系调换

仅以本书纪念已故的 A·汉密尔顿·博尔顿
为了他的才华,他坚定的职业精神,以及他对
艾略特波浪理论的巨大推动

目　录

二十周年纪念版(1998)出版者按 …………………………………（1）
致谢 …………………………………………………………………（1）
前言 …………………………………………………………………（1）
作者按 ………………………………………………………………（1）

第一部分　艾略特理论

第一章　一般概念 ……………………………………………（3）

基本原则 ………………………………………………………（5）
　　五浪模式 …………………………………………………（5）
　　波浪模式 …………………………………………………（6）
　　完整的循环 ………………………………………………（7）
　　复合结构 …………………………………………………（8）
　　基本设计 …………………………………………………（9）
　　为什么是5－3? …………………………………………（10）
　　浪级:符号与名称 ………………………………………（11）
　　波浪的功能 ………………………………………………（13）
　　基本内容的变化 …………………………………………（14）
　　补充的技术部分的概要 …………………………………（14）

详细分析 ……………………………………（15）

 驱动浪 ………………………………（15）

 推动浪 ………………………………（16）

 延伸浪 ………………………………（17）

 衰竭 …………………………………（19）

 倾斜三角形 …………………………（22）

 调整浪 ………………………………（26）

 锯齿形(5-3-5) ……………………（27）

 平台形(3-3-5) ……………………（31）

 三角形 ………………………………（35）

 组合形(双重三浪和三重三浪) ……（38）

 正规的头和底 ………………………（41）

 调和的功能和模式 …………………（42）

补充的术语(选读) ……………………（43）

 表示目的的术语 ……………………（43）

 表示相对重要性的术语 ……………（44）

 错误的概念和形态 …………………（44）

第二章 波浪构造的指导方针 ………（48）

 交替 …………………………………（48）

 第五浪延伸后的市场行为 …………（53）

 波浪等长 ……………………………（55）

 绘制波浪 ……………………………（55）

 轨道 …………………………………（57）

 突破 …………………………………（59）

 刻度 …………………………………（60）

 成交量 ………………………………（61）

 "正确的外表" ………………………（62）

 波浪个性 ……………………………（63）

 波浪规则和指南的总结 ……………（71）

推动浪 ……………………………………………………… （71）
　　驱动浪 ……………………………………………… （71）
　　倾斜三角形 ………………………………………… （73）
调整浪 ……………………………………………………… （75）
　　锯齿形 ……………………………………………… （75）
　　平台形 ……………………………………………… （77）
　　收缩三角形 ………………………………………… （77）
　　障碍三角形 ………………………………………… （78）
　　扩张三角形 ………………………………………… （79）
　　组合 ………………………………………………… （79）
　　学习基础知识 ……………………………………… （80）
　　实际应用 …………………………………………… （83）

第三章　波浪理论的历史和数学背景 ……………………… （87）

来自比萨的莱昂纳多·斐波那契 ……………………… （87）
斐波那契数列 …………………………………………… （90）
黄金比率 ………………………………………………… （91）
黄金分割 ………………………………………………… （98）
黄金矩形 ………………………………………………… （98）
黄金螺线 ………………………………………………… (101)
φ的含义 ………………………………………………… (104)
螺线形股票市场斐波那契数 …………………………… (111)
波浪理论结构中的斐波那契数学 ……………………… (114)
φ与加性增长 …………………………………………… (117)

第二部分　艾略特理论的实际应用

第四章　比率分析和斐波那契时间序列 ……………………… (123)

比率分析 ………………………………………………… (123)
回撤 ……………………………………………………… (125)

调整浪的倍数 …………………………………………（127）

　　比率分析的应用 …………………………………………（130）

　　多个波浪的关系 …………………………………………（135）

　　斐波那契时间序列 ………………………………………（138）

　　贝纳理论 …………………………………………………（142）

第五章　长期浪和当前的复合体 ……………………………（148）

第六章　股票和商品 …………………………………………（161）

　　个股 ………………………………………………………（161）

　　商品 ………………………………………………………（165）

　　黄金 ………………………………………………………（169）

第七章　股票市场分析的其他方法及其与波浪理论的关系 ……（174）

　　道氏理论 …………………………………………………（174）

　　"康德拉蒂耶夫波"的经济循环 …………………………（176）

　　循环 ………………………………………………………（179）

　　十年的模式 ………………………………………………（180）

　　消息 ………………………………………………………（181）

　　随机漫步理论 ……………………………………………（183）

　　技术分析 …………………………………………………（184）

　　"经济分析"手段 …………………………………………（186）

　　外生的力量 ………………………………………………（189）

第八章　艾略特的演说 ………………………………………（190）

　　下一个十年 ………………………………………………（190）

　　自然法则 …………………………………………………（198）

附录　长期预测更新，1982至1983年 ………………………（203）

词汇表 …………………………………………………………（237）

出版商后记 ……………………………………………………（242）

二十周年纪念版（1998）出版者按

艾略特波浪理论诞生于1978年11月,当时道指处在790点。尽管评论家们立刻认定这是一本关于波浪理论的权威教科书,但因为只有几十万本的销量,因而与畅销书排行榜失之交臂。但是,人们对这本书的兴趣呈螺旋式增长及其成功的长期预测,使得该书的销量逐年递增,成为华尔街的经典著作。就像波浪理论本身,这本书也经受住了时间的考验。

而且,艾略特波浪理论在其演化的同时也愈发完善。这本书的每一个新版本都更成功的诠释了这本书作为一本学术课本的目的,而这要归功于多年来罗伯特·普莱切特细微地提炼、升级和扩充这本书。这种努力已经结出了硕果。在20世纪70年代,A·J·弗罗斯特还经常遇到汉密尔顿·博尔顿(Hamilton Bolton)在60年代观察到的现象,即"每100个知道道氏理论(Dow Theory)的人中,只有一个听说过艾略特"。1986年夏,弗罗斯特致电普莱切特说道:"情况终于好转了。"

在几年之前,市场呈自相似(Self – Similar)模式运动的观点还受到极大的争议,但最近的科学发现已经证实,自相似模式结构是复杂系统市场——包括金融市场的基本特性。某些这种系统经受着"间断式的成长",即成长期与非成长期或称下降期的交替,这就建造出了规模逐渐扩大的相似模式。自然界充满了这种"分形"(Fractal),而且正如我们20年前在这本书中证明的那样,以及R·N·艾略特(Ralph Nelson Elliott)在大约60年前揭示的那样,股票市场也不例外。

很难相信,我们向世界介绍了普莱切特和弗罗斯特的股票大牛市看法后,已经过去了20年。尽管,这场大牛市比原来期望的延伸得要长,但本书的作者仍然将这个上升行情标示成循环浪V。今天,市场的性质与普莱切特在15年前预测的完全一致:"在浪V的终点,投资者的群体心理应当达到疯狂的地步,1929年、1968年和1973年的因素同时起作用,因而最终达到极致"。在1998年,每一种市场统计数据、每一个投资者的剧烈心跳,都正好反映了这种状况。

这个版本再次使每一个涉及对未来做出预测的词语完全保持其原貌,这使新读者得以研究普莱切特和弗罗斯特在许多年前做出的预测的成败。关于那个预测,投资分析师詹姆士·W·科万(James W. Cowan)认为:"尽管有微小的失误,但1978年的预测也必定是有史以来最卓著的市场预测,并一直流传下去。"

这场大牛市之后是否会出现美国历史上最大的熊市,并因此实现本书后半部分的预测,尚有待观察。但是,本书的作者对此深信不疑。

新经典文库　出版者

致　谢

　　本书作者已试图仔细解释艾略特波浪理论中最值得探讨的一切事情。然而,若是没有让我们以感激之情铭记的几位的帮助,本书就不会出版。大名鼎鼎的银行信用分析家(Bank Credit Analyst)杂志的安东尼·博伊克(Anthony Boeckh)慷慨地公开了他所有的文件。乔安妮·德鲁(Jo-Anne Drew)在第一稿上花费了很多时间,在书中增添她的艺术才能。小罗伯特·R·普莱切特先生和其夫人仔细地编辑了最后的手稿。美林分析公司的阿瑟·美林(Arthur Merrill)为本书的摄影和制作给予了宝贵的建议和帮助。还有很多的人们在工作中用建议和鼓励支持着我们。请所有这些人接受我们的谢意。

　　承蒙以下机构和个人慷慨地提供了本书所需的背景图表:加拿大蒙特利尔市的银行信用分析家杂志(图2-11、5-5、8-3);新泽西州泽西市的R·W·曼斯菲尔德(R. W. Mansfield)(图1-18);美林公司(图3-12、6-8、6-9、6-10、6-12、7-5);麻省波士顿市证券研究公司(Securities Research Inc.)(图1-13、6-1至图6-7);纽约州标准普尔公司的分部,趋势线(Trend line)杂志(图1-14、1-17、1-27、1-37、4-14);图3-9包括注释受惠于特鲁迪·H·嘉兰德(Trudi H. Garland)著的有趣的斐波那契数列(Fascinating Fibonacci)(图),大卫·伯加米尼(David Bergamini)和生活(Life)杂志的编辑所著的数学(Mathematics)(螺旋形的花朵和巴台农神庙),1988年3月号的万能(Omni)杂志(飓风、漩涡和贝壳),1969年3月号的科学美国人(Scientific American)杂志(向日葵),1986年5月号的科学86(Science 86)(松果),1987年6月号的大脑/意识简报(Brain/Mind Bulletin)(DNA),1979年12月号的斐波那契季刊(Fibonacci Quarterly)(人体),科学新星探索公司(Nova–Adventures in Science)(原子的粒子),以色列海法市的丹尼尔·施特曼(Daniel Schechtman)(准晶体),加利福尼亚州帕萨迪纳市的黑尔天文台(Hale Observatories)(星系)。附录中的某些走势图由佛罗里达州诺克米斯市的内德·戴维斯研究公司(Ned Davis Research)、宾夕法尼亚州温尼市的循环研究基金会(Foundation for the Study of Cycles)和弗吉尼亚州里士满市的媒体大众金融周刊(The Media General Financial Weekly)提供。

　　所有没有提到的图表均由鲍勃·普莱切特(原书)和戴维·爱伦(Dave Allan)(附录)制作。罗宾·曼彻斯基(Robin Machcinski)极有耐心地完成了艰难的文字和排版工作。书的封套由作者构想并由路易斯安那州新奥尔良市的艺术家艾琳·高德伯格(Irene Goldberg)绘制。后续版本的制作由简·埃斯蒂斯(Jane Estes)、苏珊·威洛比(Susan Willoughby)、宝拉·罗伯森(Paula Roberson)、克伦·拉特维拉(Karen Latvala)、黛比·爱斯勒(Debbie Iseler)、皮特·肯达尔(Pete Kendall)、斯黛芬妮·环特(Stephanie White)、利·提普顿(Leigh Tipton)、安吉尔·巴林杰(Angie Barringer)、莎莉·韦伯(Sally Webb)和帕姆·金蒙斯(Pam Kimmons)所处理。

　　作者试图完善书中所用的所有资料的来源。任何遗漏均属意外,如果引起我们注意,我们将在未来重印时更正。

前　言

大约两千年前,有个人说过一些话,其真理已经经过了几个世纪的检验:

一代过去,一代又来,但地球却永远长存。日出日落,急归升起之地。风往南刮,又向北转,不住地旋转,并根据其环行返回。水流入海,海却不满;江河从何处流来,仍归何处……。已有的事,后必再有。已做的事,后必再做,日光之下并无新事。

这种深奥道理的必然结果是,人性不会变,人性的形态也不会变。在我们这代人中,有四位人物凭借这个真理在经济领域中树立了名望:阿瑟·庇古(Arthur Pigou)、查尔斯·H·道(CharlesH．Dow)、伯纳德·巴鲁克(Bernard Baruch)和拉尔夫·纳尔逊·艾略特(Ralph Nelson Elliott)。

人们已经提出了成百上千种涉及商业盛衰的理论,也就是所谓的商业周期:货币供应量的变化,存货太多和太少,政治法令导致的世界贸易变化,消费者的态度,资本支出,甚至太阳黑子和行星的邻近位。英国经济学家庇古将其简化为人类方程式。庇古说,商业的上下摆动是由人类的过度乐观及随后的过度悲观引起的。钟摆朝一头摆得太远就会有过剩；朝另一头走得太远就会有匮乏。一个方向上的过度会导致另一个方向上的过度，如此往复，舒张和收缩永不停息。

查尔斯·H·道，美国股市运动造诣最深的学者之一，他注意到市场持续回旋中的某种重复。从这种看似杂乱无章的运动中，道发现市场并不像风中的气球那样飘忽不定，而是有序地运动。道提出了两个理论，并已经经受了时间的考验。他的第一个理论是，市场在其主要上升趋势中以三次向上的摆动为特征。他将第一次摆动归结为从前面主要跌势的价格过度悲观开始的反弹；第二次向上摆动与正在改善的企业和利润前景联动；第三次，也是最后一次摆动是价格被过度贴现了。道的第二个理论是，在每个市场摆动——无论是向上或向下——的某一点，会有一个将这次摆动抵消 3/8 或更多的反向运动。尽管道并非有意将这些法则同人类的影响因素联系起来，但市场也是由人创造的，而且道曾经注意到的延续和重复必然源自于此。

通过股票市场操作成为百万富翁，并任几位美国总统顾问的巴鲁克曾一语道破天机，"但是，真正在股票市场振荡中起作用的，"他说，"不是事件本身，而是人类对这些事件的反应。简而言之，上百万的男女是怎样感受这些事件可能影响他们的未来。"巴鲁克补充道，"换言之，高于任何事件，股票市场首先是人，正是人在试图读取未来。而且正是这种强烈的人性使股票市场成了一个如此富戏剧性的舞台，在此男男女女留下了他们相互冲突的判断，他们的希望与恐惧，力量与软弱，贪婪与幻想。"

现在让我们来谈谈拉尔夫·R·艾略特，在他形成自己理论的时候，很可能从未听说过庇古。艾略特原来一直在墨西哥工作，但由于疾病——我想他说是贫血症——他逐渐发展到坐在加利福尼亚州自家前门廊的摇椅上。有了足够的时间，为了努力摆脱困境，艾略特开始研究用道琼斯平均指数的历史和运动来反映的股票市场。在长期的研究中，艾略特发现相同的现象一再重演，就像本序开头引用的"传道书"中传道士说的那样。在通过观察、研究和思考发展自己理论的过程中,他融汇了道的发现,并且比道的理论更全面、更精确。这两个人都已经感觉到了控制市场运动的人类方程式错综复杂,但是道是粗线条的,而艾略特是精工细作,在细节和宽度上加以深化。

我是通过互通信件结识艾略特的。那时我正在出版一份全国性的周股票市场简报,而艾略特希望加入一份他的努力。此后我们又通了许多信,但事情的真正转机是在1935年的第一季度。那时的股票市场,从1933年的最高点跌至1934年的最低点之后,再次上升,但在1935年的第一季度,道氏铁路股平均指数(Dow Railroad Average)跌破了它在1934年创下的最低点。投资者、经济学家和股票市场分析师都还没有从1929~1932年的不幸中恢复过来,而且这个1935年初的向下突破使人们不安。美国又遇上更大的麻烦了吗?

在铁路股下跌的最后一天,我收到了艾略特发来的一份电报,他特别强调跌势已经结束,而且这只是一轮还有很长的路要走的大牛市的第一次回调。后来的几个月证明了艾略特非常正确,于是我邀请他来我在密歇根州的家中度周末。艾略特接受了邀请,并对我详细陈述了他的理论。然而,我仍然不能让他加入我的组织,因为他坚持所有决策都要基于他的理论。我确实曾帮他在华尔街立足,而且为了感谢他对我开诚布公地谈论他的理论,以他的名义将其理论编入了一本题为波浪理论(The Wave Principle)的小册子中。

随后,我把艾略特引见给了我一直撰稿的金融世界(Financial World)杂志,在那里,他写了一系列的文章揭示了其理论的本质。后来,艾略特将波浪理论融汇到一本题为自然法则(Nature Law)的更伟大的著作中。在这本书中,他介绍了神奇的斐波那契数字和某些深奥命题,他相信这些能印证他自己的观点。

本书的作者，A·J·弗罗斯特和小罗伯特·R·普莱切特是艾略特理论的热心学者，而那些希望用艾略特的发现及其在投资中的成功应用来获利的人，将会发现他们的著作很值得一读。

查尔斯·J·柯林斯
1978年于密歇根州格罗斯波因特市

R. N. ELLIOTT
833 Beacon Avenue
Los Angeles, California
FEderal 2667

Nov. 28, 1934

Mr. C. J. Collins,   PERSONAL
Investment Counsel,   and
Detroit, Mich.   CONFIDENTIAL

Dear Mr. Collins:-,

      For some time I have been trying to formulate this letter, but unable to find expressions that would convey the desired impression and still doubt that I can do so. I am a stranger to you, but feel that I know you through the service letters which I admire very much. On my recommendation some friends have subscribed thereto. I was one of the first subscribers to Mr. Rhea's book and service.

      About six months ago I discovered 3 features in market action, and insofar as I know they are novel. I do not believe that it is egotistical to allege that they are a much needed complement to the Dow theory.

      Naturally I wish to benefit from these discoveries. You have a very extensive following and it has occurred to me that we might reach an arrangement mutually satisfactory. In your letters I have occasionally seen reference to "other sources of information" which prompted me to hope that you might become interested. Moreover from your service letters I judge that you are not familiar with my discoveries.

      Their adoption would in no wise necessitate any reference thereto in service letters. For example when the Dow-Jones Industrials made a top of 107 last April I could have forecasted the 85 bottom and the approximate date it would be reached but your letters could have used the Dow theory as a reason for abandoning long positions. I do not claim that this can always be done. Needless to say the prestige of your service would have materially benefited thereby. Incidently permit me to forecast that the present major bull swing will be followed by a major bear collapse. This is not an opinion but simply the application of a rule.

      These discoveries are much less mechanical than the Dow theory but add great forecasting value which it lacks. One gives reversal signals almost invariably at minor, intermediate and major terminals. Another classifies waves of all movements of which I find six. The other covers the time element which has been 83% correct since the 1932 bottom. When divergence occurs the time element slips out of gear temporarily.

      Unless you contemplate an early visit to the Coast, would you be willing to pay the expense of a trip to Detroit and back ? I know your agent here, Mr. Osbourn, and believe he would give me a "good character", but please note that neither he nor any one else knows anything about my discoveries.

      Yours very truly,

      R. N. Elliott

DEC 2 1934

作 者 按

在共同撰写本书时，我们没有忘记这样一个小姑娘，她在读完了一本关于企鹅的书后说："这本书给我讲的企鹅的故事比我想知道的更多。"我们已经尽可能深入浅出地解释波浪理论，并在多数部分避免技术上的繁文缛节。

当介绍很简洁明了时，波浪理论的基本概念就很容易学习和应用了。遗憾的是，关于这个主题的早期著作已经脱印，而且从那以后文章零散，给研究学习造成了困难，因为没有权威性的参考文献可供参考。在本书中，我们希望以一种既向经验丰富的分析师，又向感兴趣的门外汉成功介绍艾略特理论迷人领域的方式，来努力写就一本全面介绍这个主题的著作。

我们相信，我们的读者可以通过坚持绘制道指的60分钟波动走势图来进行自己的研究工作，直至他们可以兴奋地说，"我明白了！"一旦你掌握了波浪理论，你就可以自行拥有一种崭新的、神奇的市场分析方法，甚至比这更多——一种可以应用到其他生活空间的数学哲理。本书不会解答你的全部问题，但它给你提供了一种视角，同时欣赏到人类行为的奇异心理，尤其是市场行为。艾略特的观念反映了一种原理，你能很容易自己验证，并以一种新的眼光来看待股票市场。

——A·J·弗罗斯特和小罗伯特·R·普莱切特写于1978年

第一部分　艾略特理论

第一章 一般概念

在艾略特波浪理论——一份中肯的评价中,汉密尔顿·博尔顿做了这样一个开场白:

当我们已经渡过了一些想象中最难以预料的经济气候:大萧条的复苏、第二次世界大战、战后重建以及经济腾飞的时候,我注意到艾略特的波浪理论与各种生活现实的发展过程完全一致,因而对这个理论的基本价值更有信心。

在20世纪30年代,拉尔夫·纳尔逊·艾略特曾发现股票市场价格以可识别的模式前进和反转。他辨认出这些模式在形态上不断重复,但并不一定在时间上或幅度上重复。艾略特分离出了在市场的价格数据中反复出现的5种这样的模式或称"波浪"。他对这些模式及变化逐一命名、定义并图解。他随后解释了它们是如何连接在一起,形成较其自身的更大版本,以及它们是如何依次相连形成大一级的相同模式,依此类推,产生了结构化的行进。艾略特称这种现象为波浪理论。

尽管波浪理论是目前最好的预测工具,但它主要不是一种预测工具,它是对市场行为的细致刻画。不过,这种刻画的确传达了有关市场在行为连续统一体中所处位置,及其随后的运动轨迹方面的丰富知识。波浪理论的主要价值在于它为市场分析提供了一种背景。这种背景既为严密思考提供了基础，又为市场总体定位及前景提供了展望。在很多时候，它识别甚至预测方向变化的准确性几乎让人难以置信。人类的许多群体活动都显示出了波浪理论，但它在股市中的应用最为广泛。然而准确来说，股市确实比其他展现在普通观察者面前的，甚至是那些依靠其谋生的人面前的人类条件更为有意义。股票价格的总体水平是对人类总生产力普遍价值的直接而迅速的衡量，这种有形估价的深远意义将最终使社会科学产生变革。但这需要另行讨论。

R·N·艾略特的才华在于对事物有极为训练有素的思维过程，这一才华适于对道琼斯工业股平均指数（Dow Jones Industrial Average，DJIA）及其前身的走势图进行彻底、精确地研究。艾略特因此建立了一套反映他所了解的，直至40年代中期市场活动的系统理论。在道琼斯指数接近100点的时候，艾略特就预言，在以后的数十年，会出现一个惊人的大牛市，而当时大多数的投资者认为道琼斯指数不可能超过1929年的顶峰。正如我们将看到的，非凡的股市预言，某些甚至达到了提前数年的准确程度，与艾略特波浪理论的应用历史相伴随。

艾略特对他发现的模式的起源和含义有相应的理论，我们将在第3章中介绍并展开讨论。在此之前，我们只要说第1、2章中描述的各种波浪模式已经经受了时间的考验就够了。

我们时常会听到对市场的艾略特波浪状况的几种不同的研判，尤其是在当今的各个专家对平均指数做出草率的、即兴的研究时。然而，坚持用算术刻度（Arithmetic Scale）和半对数刻度（Semilogarithmic Scale）绘制走势图，并认真遵循本书阐述的各项规则和指导方针，就可以避免绝大多数的不确定因素。欢迎进入艾略特波浪理论的世界！

基本原则

波浪原理受制于人的社会本性,而且既然人具有这样一种本性,那么其表现就产生了各种形态。因为各种形态在重复,所以它们就有了预测的价值。

有时,市场明显反映了外部环境和事件,但有时它会对大多数人认为的原因无动于衷。原因是市场有其自身的规律,它不会被人们在日常生活经验中习以为常的外部原因所驱动。市场的轨迹不是消息的产物。市场也不像某些人宣称的那样是一部有循环的有节奏的机器。它的运动反映了各种形态的重复,这种重复既独立于假定的因果关系事件,也独立于周期性。

市场的行进在波浪中展开。波浪是有向运动的模式。更确切地说,一个波浪是任何一种自然发生的模式,正如本章余下部分描述的那样。

五浪模式

在市场中,行进最终以一种特定结构的五浪形态进行。其中的三个浪,分别标示为1、3和5,真正地影响着这种有向运动。而它们又被两个逆势的浪中断,分别标示为2和4,如图1-1所示。对于将要发生的整个有向运动,这两个中断的逆势浪显然是必不可少的。

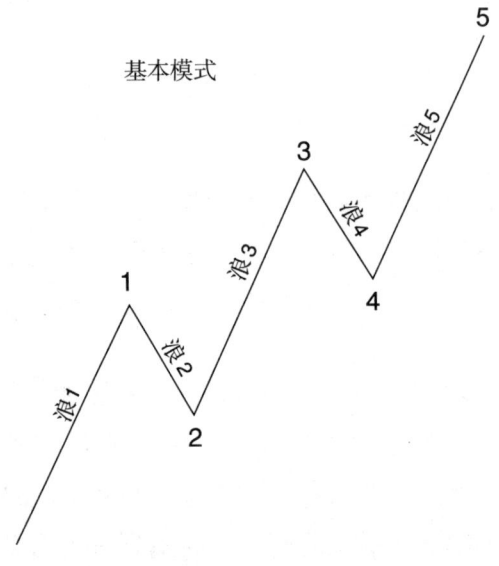

图 1-1

艾略特发现了五浪形态中三个一致的方面。它们是：浪 2 永远不会运动超过浪 1 的起点；浪 3 永远不是最短的一浪；浪 4 永远不会进入浪 1 的价格领域。

R·N·艾略特并未特别说明只有一种支配形态，即"五浪"模式，但这是不可否认的事实。在任何时候，市场都正处于最大级趋势的基本五浪模式中的某个位置。由于五浪模式是市场行进的主导形态，因此，其他的所有模式都包容其中。

波浪模式

一般有两种波浪发展模式：驱动浪（Motive）和调整浪（Corrective）。驱动浪有一个五浪结构，而调整浪有一个三浪结构或其变体。图 1-1 中的五浪模式及其同向上的各个分浪，即浪 1、3 和 5，都采用驱动方式。它们的结构被称为"驱动浪",因为它们有力地推进着市场。调整模式被所有逆向中断所采用,如图1-1中的浪2和4。它们的结构被称为"调整浪",因为每一浪都是作为对前面的驱动浪的反应出现,它们的行进仅完成部分折回,或称"调整"。因此,正如本章将详细论述的那样,无论在作用上还是结构上,这两种浪的模式完全不同。

完整的循环

因而,一个包含八个浪的完整循环由两个截然不同的阶段组成:五浪驱动阶段(也称作"五浪"),其子浪用数字标示;三浪调整阶段(也称作"三浪"),其子浪用字母标示。就像图1-1中浪2调整了浪1那样,图1-2中的波浪序列A、B、C调整了波浪序列1、2、3、4、5。

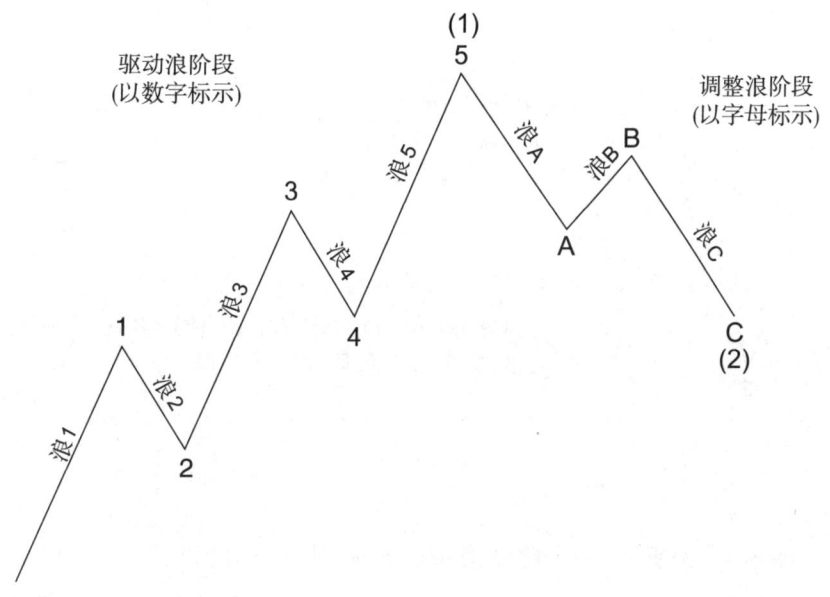

图1-2

复合结构

当如图1-2所示的初始八浪循环结束的时候,一个相似的循环会接着发生,这个循环后面又紧跟着另一个五浪运动。这个完整的波浪发展产生了一个比组成它的各浪大一级(即相对规模)的五浪模式。结果是到达图1-3中标号(5)的顶点。然后,这个浪级更大的五浪模式又被相同浪级的三浪模式所调整,完成一个更大浪级的完整循环,如图1-3所示。

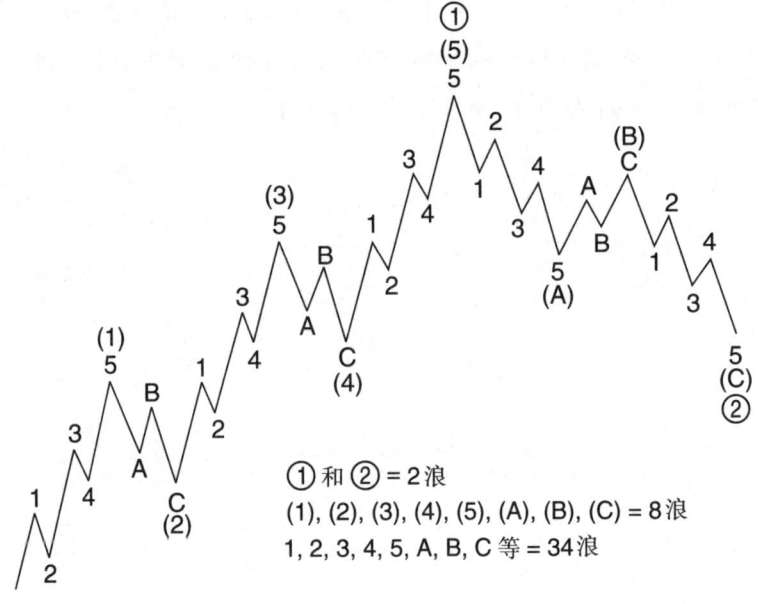

图1-3

如图1-3所示,一个驱动浪中的每个同向分浪(即浪1、3和5),以及一个完整循环中的每个完全循环分浪(即浪1+2或浪3+4),都是其自身的小型版本。

关键是必须理解这个要点:图1-3不仅表示了比图1-2更大的版

本,它还更详细地表示了图1-2本身。在图1-2中,每个子浪1、3和5均是再被细分成"五浪"的驱动浪,而每个子浪2、4均是再被细分成"三浪"的调整浪。如果在"显微镜"下观察,图1-3中的浪(1)、(2)会呈现与浪①和②相同的形态。无论浪级如何,形态是不变的。根据所指的浪级,我们可用图1-3表示两个浪、八个浪或三十四个浪。

基本设计

现在请观察,在图1-3中标明为浪②的调整模式中,指向下的浪(A)和(C)每个都由五个浪组成:1、2、3、4和5。同样的,指向上的浪(B)也由三个浪组成:浪A、B和C。这个结构揭示了一个要点:驱动浪并不总指向上,而调整浪并不总指向下。波浪的模式并不取决于它的绝对方向,而主要取决于它的相对方向。除了本章后面提到的五种特殊例外,当波浪与它作为其中一部分的大一级波浪同向运动时,用驱动模式(五浪)划分;当波浪与它作为其中一部分的大一级波浪反向运动时,用调整模式(三浪或三浪的变体)划分。浪(A)和(C)是驱动浪,它们与浪②同向运动。浪(B)是调整浪,因为它调整了浪(A),并与浪②逆向。总之,波浪理论的基本内在趋势是,在任何浪级的趋势中,与大一浪级趋势相同的作用以五浪模式展开,而与大一级趋势逆向的反作用以三浪方式展开。

图1-4进一步说明了形态、浪级和相对方向这三种现象。这个说明反映了一个基本原则:在任何市场循环中,浪均可按下表细分。

	每一浪级浪中的数		
	驱动浪(推动浪)	调整浪(锯齿形)	循环
最大浪	1	1	2
最大分浪	5	3	8
低一级分浪	21	13	34
更低一级分浪	89	55	144

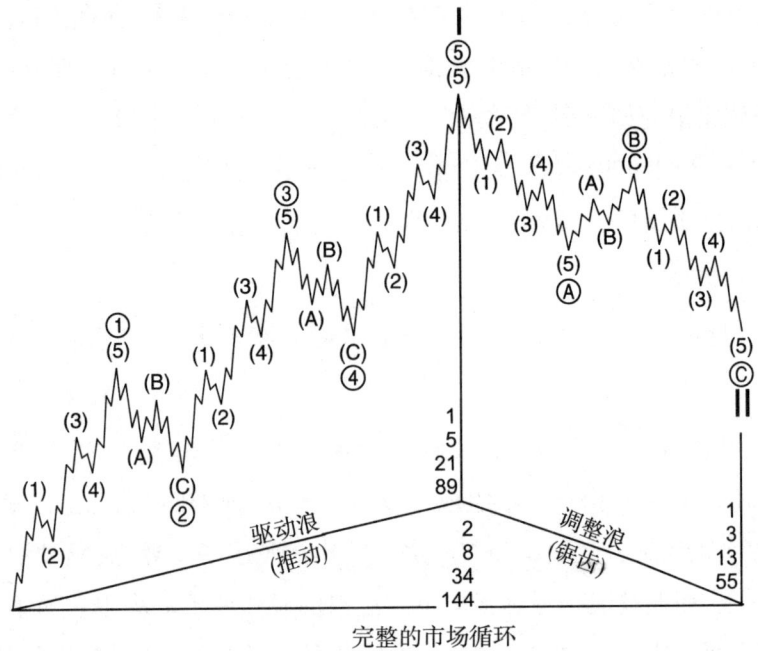

图 1-4

与图 1-2 和图 1-3 一样,图 1-4 中这个更大的循环自动成为下一个更大浪级波浪的两个分浪。只要这种过程不停,构造更大浪级的过程将继续。同样,细分成更小浪级的相反过程也永不停息。因此,我们可以得出这样一个结论:所有的波浪不仅含有分浪,同时其本身也是大一级浪的分浪。

为什么是 5-3?

艾略特本人从未思考过为什么市场的基本形态是五浪前进三浪倒退。他仅注意到这是正在发生的事情。基本形态必须是五浪和三浪吗?仔细思考一下,你就会认识到,这是在线性运动中实现振荡和前进的最低要求,因此也是最有效的方法。一浪不会有振荡,形成振荡的最小分浪是三浪。两个方向上的（不限制规模的）三浪不会有前进。尽管是倒退期，要朝一个方向前进，在那个方向上的运动就必须至少是五浪，这比发生于其间的三浪涵盖内容更广。当有更多波浪时，最有效的分段行进形式是5-3循环，自然界总是遵循最有效的途径。

浪级：符号与名称

所有的波浪都可按相对规模或浪级来分类。一个波浪的浪级取决于它相对于分浪、相邻波浪和包含浪的规模和位置。艾略特命名了九个浪级，从60分钟走势图上可辨认出的最小波浪，到他从当时的有效数据中可以设定的最大波浪。他由大到小选择了以下浪级：超级循环浪（Grand Supercycle）、大循环浪（Supercycle）、循环浪（Cycle）、大浪（Primary）、中浪（Intermediate）、小浪（Minor）、细浪（Minute）、微浪（Minuette）、亚微浪（Subminuette）。循环浪细分成大浪，大浪细分成中浪，中浪再依次细分成小浪，等等。特定的术语并不是辨别浪级的关键，尽管今天的实践者还不太习惯，但他们已经开始适应艾略特创造的名称了。

当在图上为波浪标号时，我们需要采用某个方案来区分在市场行进中的浪级。我们已经将这一系列包含数字和字母的标识标准化了，如下表所示，它们比先前的标识有好几个优点。在两个方向上的行进是无限的，它是基于一种易于记忆的重复。驱动浪用三套罗马数字和随后的三套阿拉伯数字交替标示。相似地，调整浪用三套大写字符和三套小写字符交替标示。所以，罗马数字总是跟随着小写字符，而阿拉伯数字总是跟随着大写字符。最后，所有罗马数字在小浪级以下是小写，在大浪级以上是大写，所以只要一看走势图，就可以对它的时间规模有个概念。（本书中的几幅走势图偏离了这个标准，因为它们是在采用该标准之前绘制的。）

向上连续行进:大写的罗马数字/阿拉伯数字;大写/小写字符		
浪级	趋势的5浪	逆势的3浪
1. 超级千年浪	① ② ③ ④ ⑤	A B C
2. 千年浪	(1)(2)(3)(4)(5)	(A)(B)(C)
3. 亚千年浪	1 2 3 4 5	A B C
4. 超级循环浪	I II III IV V	a b c
5. 大循环浪	(I)(II)(III)(IV)(V)	(a)(b)(c)
6. 循环浪	I II III IV V	a b c
7. 大浪	① ② ③ ④ ⑤	A B C
8. 中浪	(1)(2)(3)(4)(5)	(A)(B)(C)
9. 小浪	1 2 3 4 5	A B C
10. 细浪	I II III IV V	a b c
11. 小细浪	(i)(ii)(iii)(iv)(v)	(a)(b)(c)
12. 亚小细浪	i ii iii iv v	a b c
13. 微浪	① ② ③ ④ ⑤	A B C
14. 亚微浪	(1)(2)(3)(4)(5)	(A)(B)(C)
15. 细微浪	1 2 3 4 5	A B C
向下连续行进:小写的罗马数字/阿拉伯数字;大写/小写字符		

  我们还可以用浪级数来标示波浪。一个循环浪级是第六个等级的浪。正在行进中的最大浪级,可追溯到石器时代,是零浪级(划时代的浪级),所以这些数字可以适合于所有的分析尝试。科学研究的最理想形态应当是 1_1、1_2、1_3、1_4、1_5 等等,用下标来表示级数,但是在图表上阅读大量这样的符号非常困难。相比之下,上面的标准符号更简洁明了。

重要的是要理解这些用来明确区分各浪级的名称和标识。通过使用某种术语，分析人士就可以精确确定一个波浪在股市整体走势中的位置，这很像用经度和纬度来确定地理位置一样。例如说"道琼斯工业价格平均指数处在现在的超级循环浪中的大循环浪（V）中的循环浪Ⅰ中的大浪⑤中的中浪（3）中的小浪1中的细浪 v 中"，这样就可以确定其在市场历史走势中的一个特殊点。

所有的波浪都有一个特定的浪级。然而，要精确辨别一个正在形成中的浪的浪级是不可能的，特别是一波在新浪起始位置的子浪，浪级并非基于特定的价格或时间跨度，而是基于形态，形态是价格和时间共同作用的结果。幸运的是，精确的浪级通常与成功的市场预测无关，因为相对浪级更重要。知道一轮大涨势即将来临比知道它的精确名称更为重要。后续事件总能使浪级清晰明了。

波浪的功能

每一浪适合于两个功能之一：作用或是反作用。也就是说，一个波浪或者是大一级波浪上升的或受阻的原因。波浪的功能取决于其相对方向。作用浪或趋势浪是与包含它的大一级波浪同向运动的波浪；一个反作用浪或逆势浪是与包含它的大一级波浪反向运动的波浪。作用浪用奇数和字母标示（如图1-2中的浪1、3、5、a和c），反作用浪用偶数和字母标示（如图1-2中的浪2、4和b）。

所有反作用浪都以调整的方式展开。如果所有的作用浪都以驱动浪的形式展开，那就不需要其他的术语了。事实上，大多数作用浪都被细分成五浪。但是，正如后续部分揭示的那样，少数作用浪以调整方式展开，也就是它们可以细分成三浪或三浪的变体。要分清作用浪和驱动浪之间的差别，必须掌握模式结构的详细知识，它在图1-1至图1-

4所示的基本模式中是难以区分的。彻底理解本章下面详细论述的各种形态，将会使我们清楚为什么要把这些术语引入艾略特波浪的字典里。

基本内容的变化

如果上述基本设计就是对市场行为的完整刻画，那波浪理论就很容易应用了。不知是幸运还是不幸，现实世界没有这么简单。如果说市场循环或人类经历等概念包含着精确的重复，那么波浪则有无穷的变化，而且这些变化是显而易见的。本章的其余部分会讨论市场实际上是如何运作的。这也是艾略特试图描述并做得很成功的。

在基本内容中的确存在一些具体的变化，艾略特对此做了认真仔细的说明和图解。他还注意到每种模式都有可以辨别的必要条件和趋向的事实。从这些观察中，他建立了正确辨别波浪的大量规则和指南。要彻底理解这些细节，必须知道市场能做什么，或至少重要的是知道市场不能做什么。

第二章和第四章为正确研判波浪提供了若干指导方针。如果你不想变成一个市场分析师，或是担心自己在技术细节中越陷越深，那就浏览下一段内容，然后直接跳到第三章。简单阅读下面对波浪理论的高度概括的摘要，确保至少认识后面几章中提到的概念和名词，这也是学习波浪理论的必要部分。

补充的技术部分的概要

从现在至第二章详细讨论的各种波浪的补充技术方面尽可能地简述如下：大多数驱动浪采用推动浪的形态，即图1－1至图1－4中的五浪模式,其中子浪 4 与子浪 1 不重叠,子浪 3 也不是最短的驱动狼。推动浪通常可用平行线划出边界。推动浪中的一个驱动浪,即浪 1、3 或 5,通常会延伸,即,其远比其他两个浪长。驱动浪有一种少见的变体,称作倾斜三角形(Diagonal),其是楔形模式,只出现在更大一级浪的开始(浪 1 或浪 A)或在更大一级浪的结尾(浪 5 和浪 C)。调整浪有许多变体,其中最主要的分别为锯齿形(如图 1-2、图 1-3 和图 1-4)、平台形和三角形(其标号包括 D 和 E)。这三种简单的调整模式可以串在一起,形成更复杂的调整浪(其分浪标号为 W、X、Y 和 Z)。在推动浪中,浪 2 和浪 4 的形态几乎总是交替出现,如果一个调整浪是锯齿形的,则另一个就不是。每一浪都展示出特殊的成交量特点以及与伴随动量和投资者情绪有关的"个性"。

一般读者可直接跳到第 3 章。而那些想要学习细节的读者就要把注意力转移到具体的波浪形态。

详细分析

驱动浪

驱动浪可细分成五浪,总是与大一级的浪同向运动。它们一直向前,并且比较容易认出和研判。

在驱动浪中,浪 2 的折回总是小于浪 1 幅度的 100%,浪 4 的折回总是小于浪 3 幅度的 100%。此外,浪 3 总会超过浪 1 的终点。驱动浪的目的是产生行进,这些形成规则确保了行进的发生。

艾略特进一步发现就价格而言,在一波驱动浪中,浪 3 通常是三个作用浪(浪 1、3 和 5)中最长的,而且永远不会是最短的一浪。一旦浪 3 运动的百分比幅度大过浪 1 或浪 5,这个规则就得到满足。这条规则在算术刻度上几乎总是成立的。驱动浪通常有两种类型：推动浪和倾斜三角形浪。

推动浪

最常见的驱动浪是推动浪，见图1－1。在推动浪中，浪4不会进入浪1的区域（即"重叠"）。这个规则适用于所有无杠杆作用的现货市场。期货市场，由于它们极大的杠杆效应，可以产生现货市场中不会出现的短期价格极端。但即便如此，重叠现象通常也仅存在于日线和交易日内的价格波动，而且这种情况也极少见。此外，推动浪中的作用子浪（浪1、3和5）本身也是驱动浪，子浪3总是一个推动浪。图1－2、图1－3和图1－4都刻画了在浪1、3、5、A和C波浪位置的推动浪。

正如前三段详细说明的那样，正确研判推动浪仅有几条简单的规则，之所以称之为规则，是因为它支配着所有被应用到的波浪。各种波浪的典型特征，而不是不可避免的特征被称为指南。从下面开始到第二章和第四章，我们将讨论推动浪的构成指南，包括延伸浪（Extension）、衰竭（Truncation）、交替（Alternation）、等同（Equality）、轨道（Channeling）、个性（Personality）和各种比率关系（Ratio Relationship）。有一条规则不容忽视，在多年对无数波浪模式的研究中，本书作者仅在亚微浪级以上发现一两个例子，此时其他所有的规则和指南表明有一条规则被打破了。频繁打破本节详述的各种规则的分析师正在进行着某种与波浪理论不同的分析。这些规则对正确数浪有着重要的实际应用，对此我们将在讨论延伸浪时进一步研究。

延伸浪

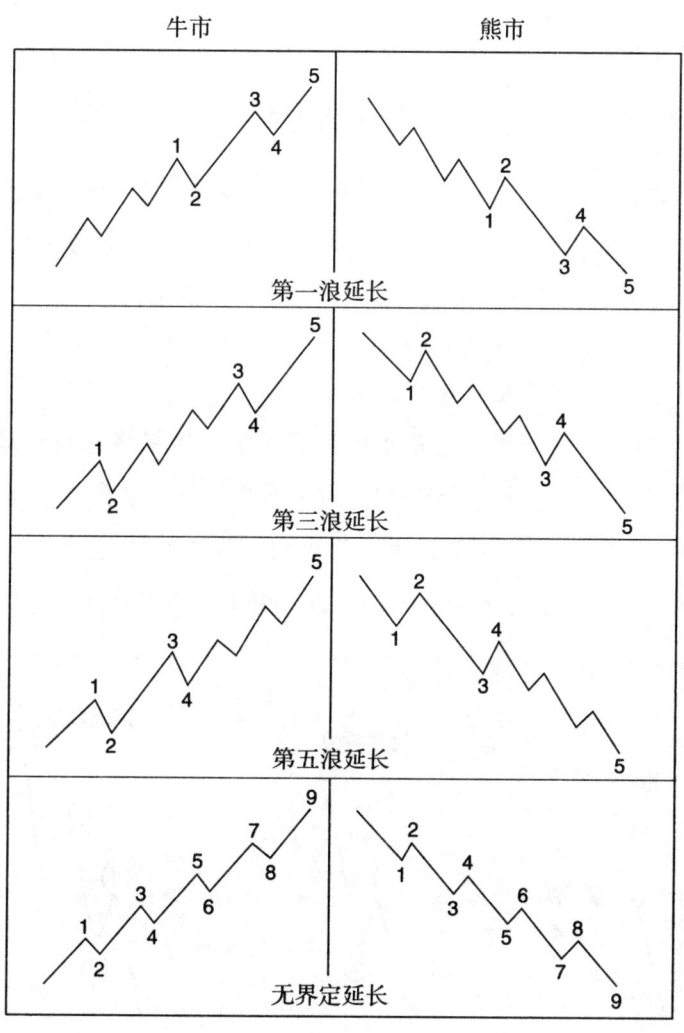

图 1-5

大多数推动浪包含着艾略特所称的延伸浪。延伸浪是具有被扩大的子浪而拉长了的推动浪。绝大多数推动浪的三个子作用浪中有一个、也仅有一个延伸浪。其余的要么没有延伸浪,要么在子浪三和子浪五中有一个。许多时候,延伸浪的子浪与大一浪级推动浪的其他四浪有着几乎相同的幅度和持续时间,这样在整个波浪序列中就出现了规模相似的九个浪,而不是通常数出的"五浪"序列。在一个九浪序列中,有时很难区分哪一浪延伸了。然而,这没什么关系,因为在艾略特系统中,九浪和五浪有着相同的技术分析意义。表示延伸浪的图1–5将阐明这一点。

延伸浪通常只在一个子作用浪中出现的事实,对估计将来波浪的期望长度是一个有用的指南。例如,如果第一浪和第三浪长度大致相同,那么第五浪就可能是延伸的大浪。相反,如果第三浪延伸了,那么第五浪结构必然简单,而且与第一浪类似。

在股票市场中,延伸浪通常出现在第三浪。如果将它与推动浪的两条规则浪3永远不是最短的作用浪、浪4不会与浪1重叠结合起来考虑,那么它在实际的波浪研判中显得尤为重要。为了阐明这点,让我们假设两种包含了一个不合理的中间浪的情况,如图1–6和图1–7所示。

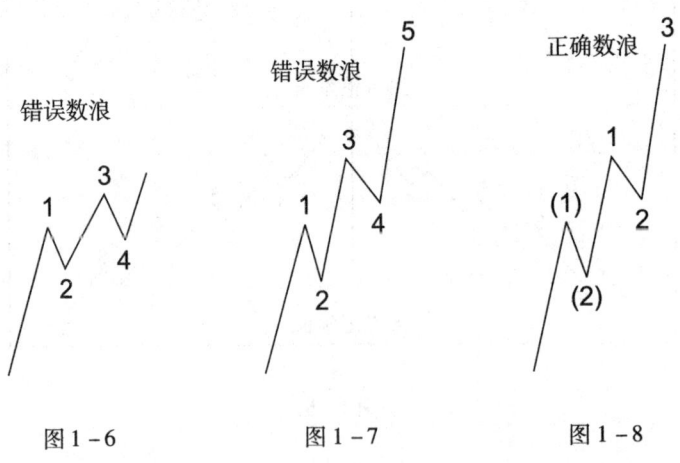

图1–6   图1–7   图1–8

在图1–6中,浪4与浪1的顶部重叠,在图1–7中,浪3既比浪1短,又比浪5短。根据规则,哪一种标号都无法接受。一旦浪3的研判明显不能接受,就应当用某种可接受的方法重新标号。事实上,我们总是用图1–

8中的方法标号,隐含着延伸浪(3)在形成中。不要犹豫去养成标示第三浪延伸的早期阶段习惯。一旦从波浪个性(见第二章)的讨论中懂得它,你将发现这样做是值得的。图1-8可能是本书中唯一最有用的推动浪的实时计数指南。

延伸浪中也会出现延伸浪。在股票市场中,延伸了的第三浪中的第三浪通常也是延伸浪,将会产生如图1-9中所示图。实际的例子如图5-5所示。图1-10解释了延伸了的第五浪中的第五浪的延伸。在大多数牛市商品市场中(见第六章),延伸的第五浪相当常见。

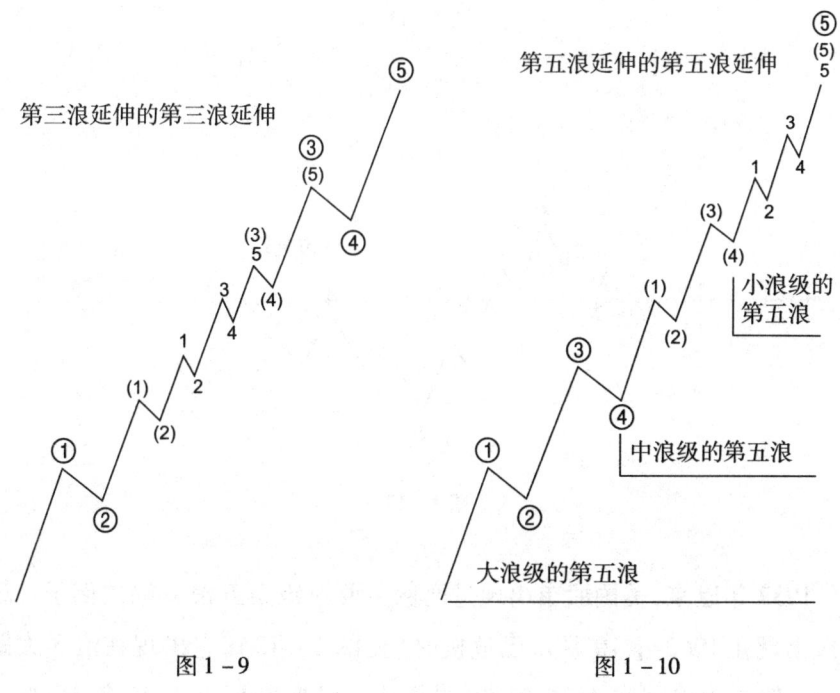

图1-9　　　　　　　　图1-10

衰竭

艾略特用"失败"一词来描述第五浪未能超过第三浪终点这种情况。我们习惯用更有含义的术语:"衰竭"或"衰竭的第五浪"。衰竭形态通常可通过假设第五浪必须包含五个子浪这个特征来检验,如图 1-11 和图 1-12 所示。衰竭形态多出现在超强的第三浪之后。

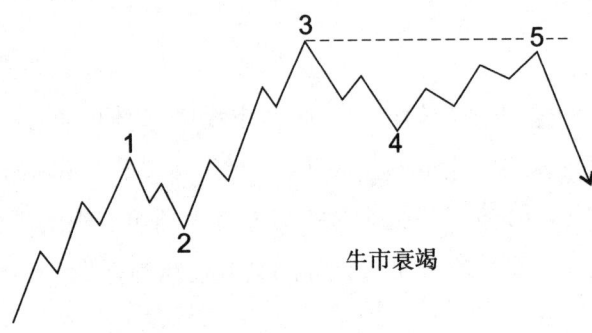

图 1-11

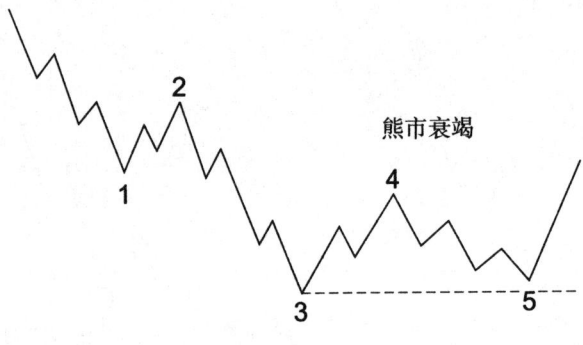

图 1-12

1932 年以来,美国股市出现过两例主要浪级第五浪衰竭的例子。第一次出现在 1962 年 10 月古巴危机时(见图 1-13),它出现在浪 3 大跌之后。第二次出现在 1976 年末(见图 1-14),它跟在 1975 年 10 月～1976 年 3 月飙升的浪(3)之后。

第一部分　艾略特理论　21

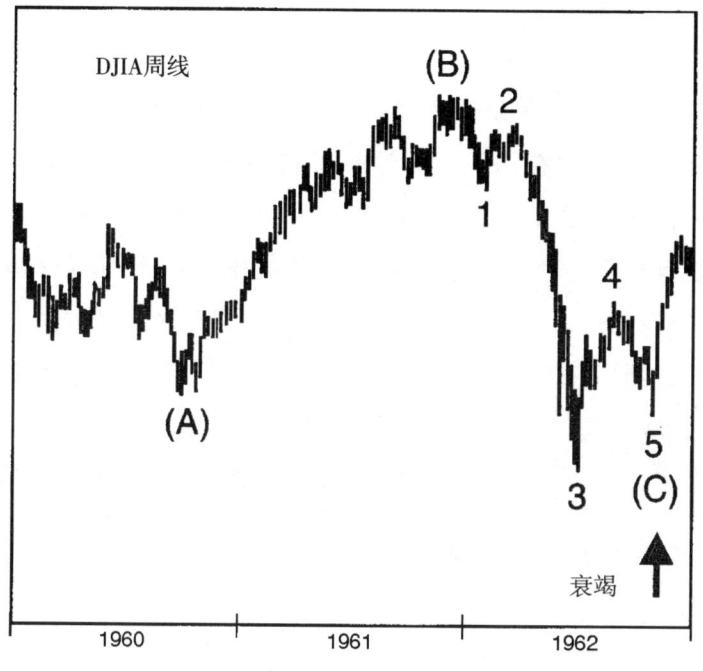

图 1－13

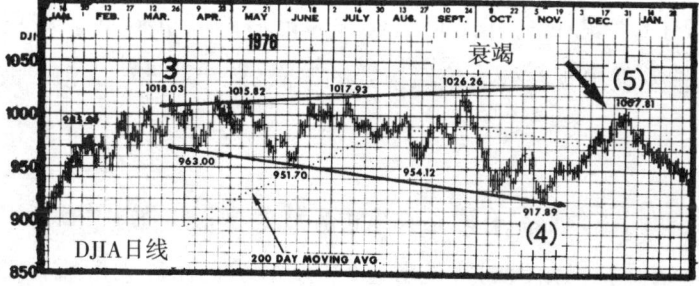

图 1－14

倾斜三角形

倾斜三角形是一种驱动模式,但不是推动浪,因为它有两个调整特征。同推动浪一样,在倾斜三角形中,反作用子浪不能完全折回作用子浪,而且第三子浪也永远不是最短的一浪。然而,倾斜三角形是唯一一种在主要趋势方向上浪4总会进入(也就是重叠)浪1的价格区域的五浪结构,即特殊的三浪,并呈现出3-3-3-3-3的形态。在极少数情况下,倾斜三角形会在衰竭形态结束,尽管根据我们的经验,这种衰竭只会出现在边界附近。这种模式在波浪结构两个特殊位置取代了一个推动浪。

终结倾斜三角形

终结倾斜(Ending Diagonal)三角形经常出现在第五浪的位置上,用艾略特的话来说,就是它先前的运动已经走得"太快太远了"。只有很少一部分终结倾斜三角形会出现在A-B-C形态的C浪。在双重三浪和三重三浪中(参见下一节),它们仅作为最后的C浪出现。在任何情况下,它们被发现出现在较大浪级模式的终点,意味着该较大浪级波浪运动的终结。

终结倾斜三角形呈有两条收缩边界线的楔形。图1-15和图1-16描绘了终结倾斜三角形的常见形态,并显示了它在较大浪级推动浪中的典型位置。

我们还发现一种终结倾斜三角形边界线发散的情况,创造出一个扩散的而不是收缩的倾斜三角形。然而,这是一个不能令人满意的分析,因为它的第三浪是最短的作用浪。

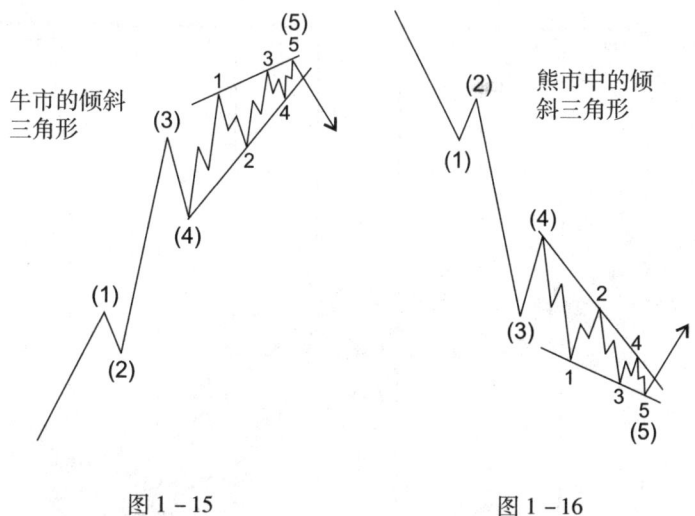

图 1-15　　　　　　　　图 1-16

终结倾斜三角形最近出现在 1978 年初的小浪中、1976 年 2 至 3 月的细浪中，以及 1976 年 6 月的亚微浪中。图 1-17 和图 1-18 展示了其中的两个阶段，说明了一个上升、一个下降的"真实"形态。图 1-19 是现实中可能的扩散倾斜三角形。注意在每一种情况下，紧接着运动方向发生了重要变化。

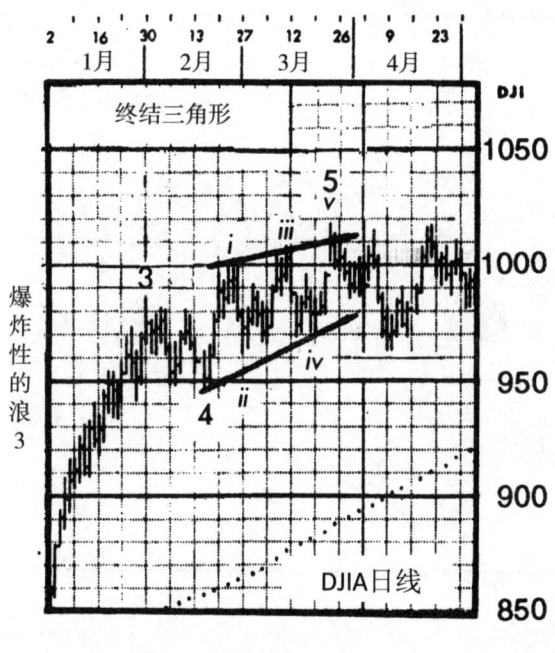

图 1-17

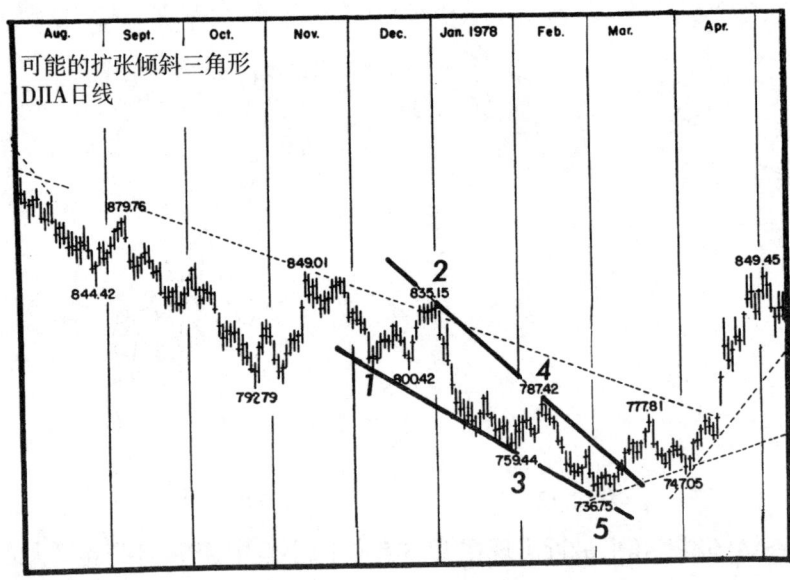

图 1-18

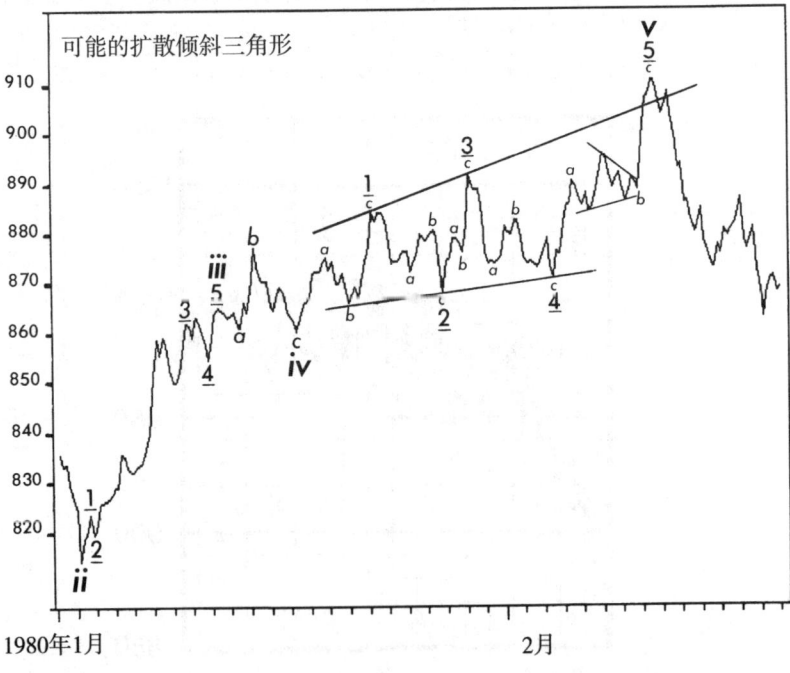

图 1-19

尽管图 1-15 和图 1-16 中没有画出,但是倾斜三角形的第五浪通常以"突破"方式结束,即对连接浪一和浪三终点的趋势线的短暂突破。图 1-17 和图 1-19 中的两个实际例子中就出现了突破。在浪级较小的倾斜三角形中,成交量往往逐渐减少,当在突破发生时,总是以成交量相对较大的尖峰结束。在极少数情况下,第五子浪会达不到它的阻力线。

上升终结倾斜三角形通常跟随着价格剧跌,至少折回到其起始的位置,并且通常会更多。同样,下降终结倾斜三角形通常带来价格飙升。

第五浪延伸、衰竭的第五浪和终结倾斜三角形都隐含着相同的信息:激动人心的反转近在眼前。在一些转折点,两种现象会同时出现在不同的浪级中,增加了下一个反向运动的急剧程度。

引导倾斜三角形

我们时常发现一种出现在推动浪的浪 1 和锯齿形调整浪的浪 A 位置的倾斜三角形。在我们有的少数例子中,尽管在两种情况下,它们被标号为 5-3-5-3-5,但细分浪明显呈 3-3-3-3-3 形状,所以在严格定义方面存在着争执。分析师须注意,不要将其与常见的波浪进展模式相混淆,就像图 1-8 中所画的一系列第一浪和第二浪。在浪一位置的引导倾斜三角形典型地跟着一个较深的折回(见第四章)。

图 1-20 显示了实际的引导倾斜三角形。我们可观察到,引导倾斜三角形可能成扩张的形状。这种形态明显主要出现在股市开始下跌的时候(如图 21),这种模式最初不是由 R·N·艾略特发现的,但其出现的次数和时间,使得作者相信它们的合理性。

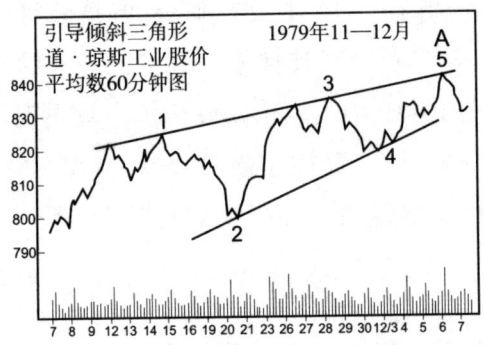

图1–20

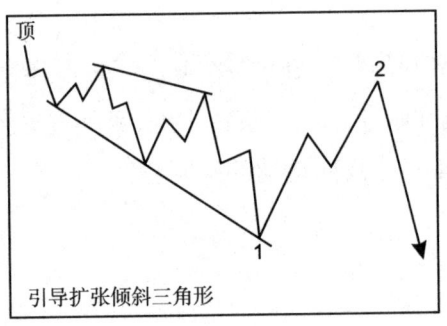

图1–21

调整浪

市场运动仅在表面上抵抗更大一浪级的趋势,来自更大一级趋势的阻力明显会防止调整浪发展成完整的驱动浪结构。这两种互为逆向的浪级间的搏斗,通常使调整浪比驱动浪更不容易识别,驱动浪总是非常容易地与更大一级的趋势同向运动。这两种趋势相互冲突的另一个结果是,调整浪的变化比驱动浪的多。更进一步,调整浪在展开时,常常会以复杂形态上升或下降,所以同一浪级的技术子浪因其复杂性和时间跨度,看似好像是其他浪级的子浪(见图2–4和图2–5)。所有这些原因,使得调整浪在完成前,很难适时将其归入可识别模式的调整浪。由于调整浪的终点比驱动浪更难预测,所以当市场采取曲折调整模式时,在你对市场进行分析时,必须比市场处于持续推动趋势时有更多的耐心和灵活性。

从对各种调整模式的研究中,唯一可以发现的一条重要原则是:调整浪绝对不会是五浪,只有驱动浪是五浪。因此,与大一级趋势相反运动的最初五浪绝不是调整浪的结束,而仅是调整浪的一部分。本节中所有的图都能说明这一点。

调整浪以两种方式发展。剧烈型调整浪与大一级的趋势形成陡峭角度。盘整型调整浪总是对先前的波浪产生净折回,通常包含返回或超过起点水平的运动,这就形成了完整的盘整形态。第二章中对交替原则指南的讨论解释了这两种调整方式的成因。

具体的调整模式分成三种主要类型:

锯齿形(5-3-5,包括三种类型:单锯齿形、双锯齿形和三锯齿形);

平台形(3-3-5,包括三种类型:普通平台形、扩散平台形和连续平台形);

三角形(3-3-3-3-3,三种类型:收缩型、障碍型和扩张型及一个变体:持续型)。

上面类型的组合形成两种类型:双重三浪和三重三浪。

锯齿形(5-3-5)

牛市中的单锯齿形调整浪是一种简单的三浪下跌模式,标号为 A-B-C。子浪序列是 5-3-5,且浪 B 的顶点应明显低于浪 A 的起点,如图 1-22 和图 1-23 所示。

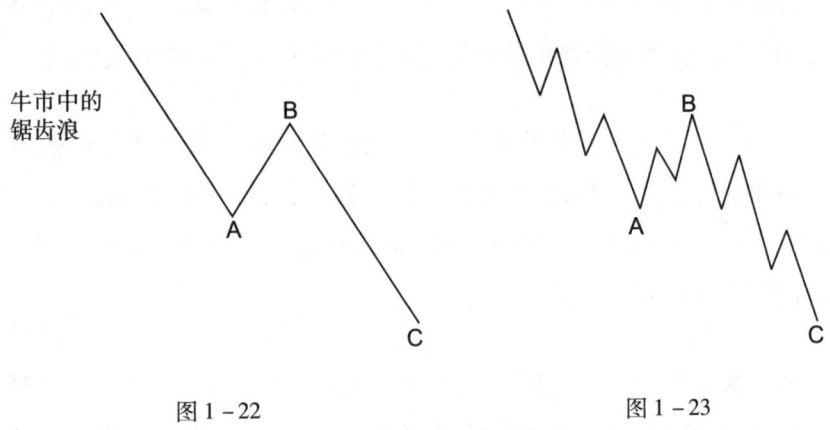

图 1-22　　　　　　　　　图 1-23

在熊市中,锯齿形调整浪会呈相反方向,如图 1-24 和图 1-25 所示。因此,熊市中的锯齿形调整浪常常被称为倒锯齿形调整浪。

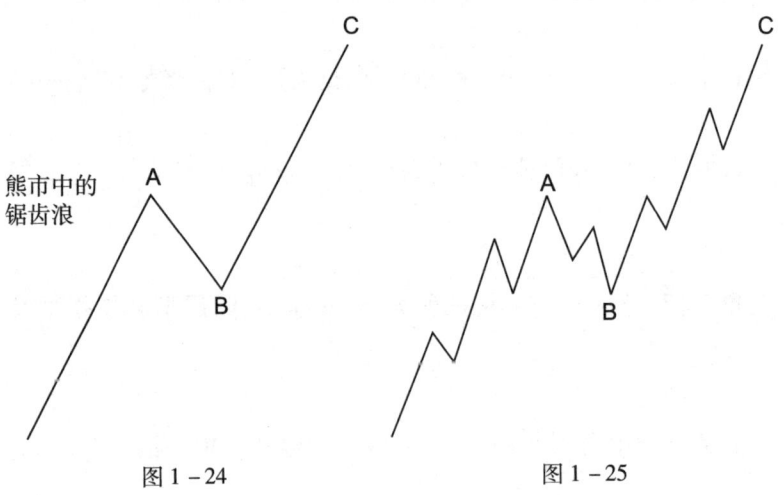

图 1-24　　　　　　　　　图 1-25

有时锯齿形调整浪会连续发生两次,或最多成功发生三次,尤其是当第一个锯齿形调整浪没有达到正常目标时。在这些情况下,每个锯齿形调整浪会被一个介于其间的"三浪"分开,产生了所谓双重锯齿形调整浪(见图1-26)或三锯齿形调整浪。这些构造类似于推动浪的延伸浪,但不常见。1975 年 7 月到 10 月道琼斯工业股价格平均指数的调整浪(见

图1-27)可以标示为一个双锯齿形调整浪;1977年1月~1978年3的标准普尔500种股票指数的调整浪(见图1-28)也是如此。在推动浪里,第二浪常常形成锯齿形调整浪,而第四浪很少如此。

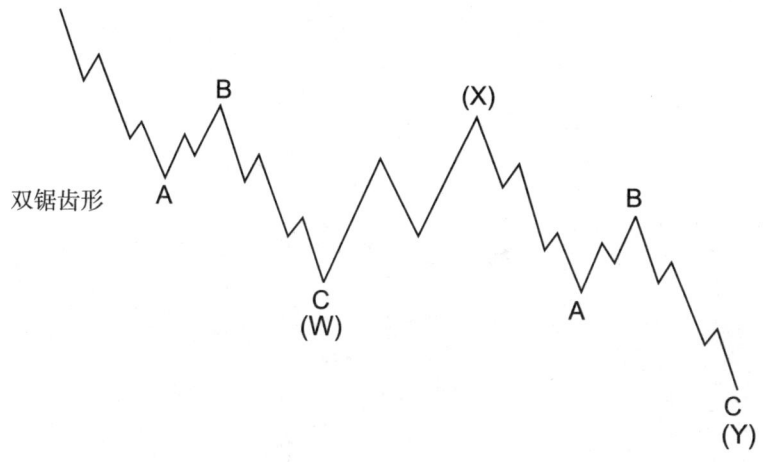

图1-26

R·N·艾略特原来用速记法标示双锯齿形调整浪和三锯齿形调整浪,以及双重三浪和三重三浪(见后面一节)。他把插入其中的价格波动标成浪X,所以双调整浪就被标示为A-B-C-X-A-B-C。遗憾的是,这种标示错误地表示了每个简单模式中作用子浪的浪级。用这种方法标示出的子浪只比整个调整浪小一个浪级,但实际上是小两个浪级。我们已经通过引入一种新的标示方法解决了这个问题:把双重调整浪或三重调整浪延续的作用分浪标示成浪W、Y和Z,因而整个模式就可数做"W-X-Y(-X-Z)"。字母W表示双重调整浪或三重调整浪中的第一个调整模式,Y表示第二个,而Z表示三重调整浪中的第三个调整模式。这样,每一个子浪(A、B或C,以及三角形调整浪中的D和E——见后面一节)都比整个调整形态小两个浪级。每一个浪X都是反作用浪,因此它总是调整浪,而且通常是另一个锯齿形调整浪。

30 艾略特波浪原理：市场行为的关键

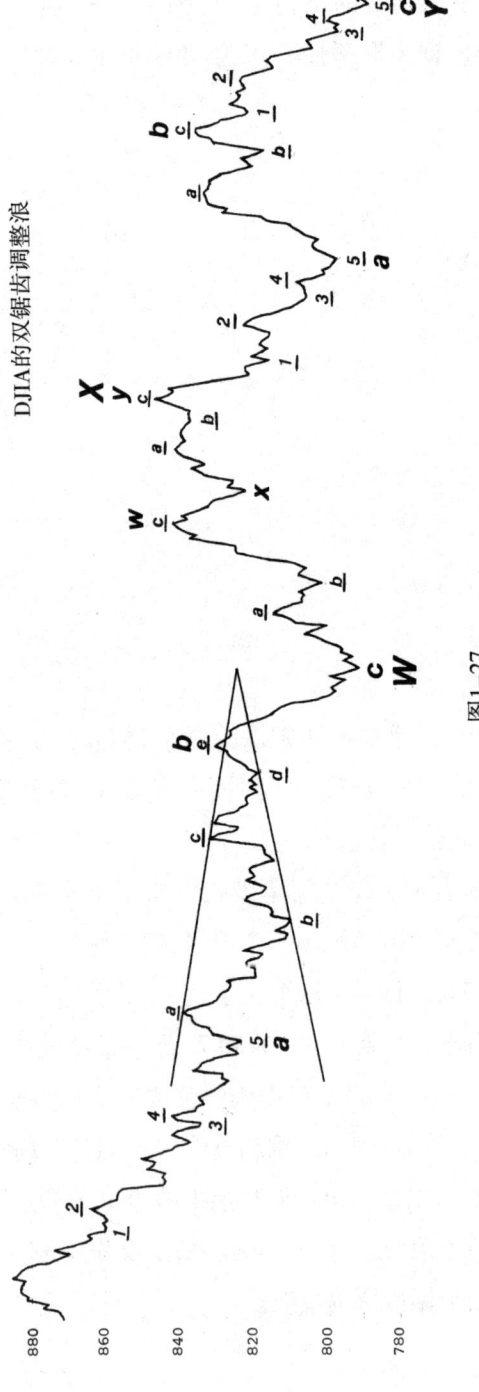

图1-27

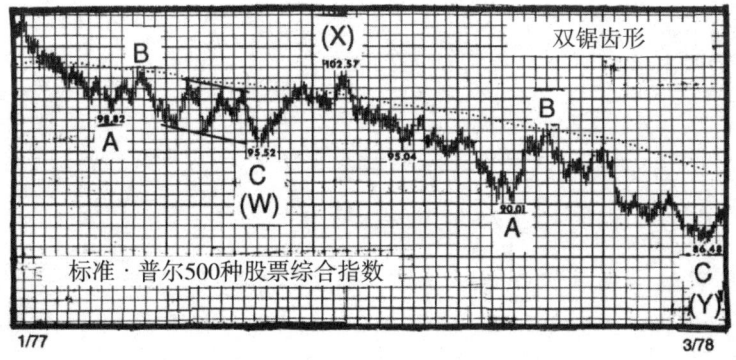

图1-28

平台形(3-3-5)

平台形调整浪与锯齿形调整浪的差别在于它的子浪序列是3-3-5,如图1-29和图1-30所示。由于第一个作用浪——浪A——缺乏足够的向下动力,不能像它在锯齿形调整浪中那样展开成一个完整的五浪,那么,毫不奇怪,浪B的反作用继承了这种逆势压力的匮乏,在浪A起点附近结束。随之而来的浪C通常在略微超过浪A终点的位置结束,而不像在锯齿形调整浪中那样明显地超过浪A终点的位置。

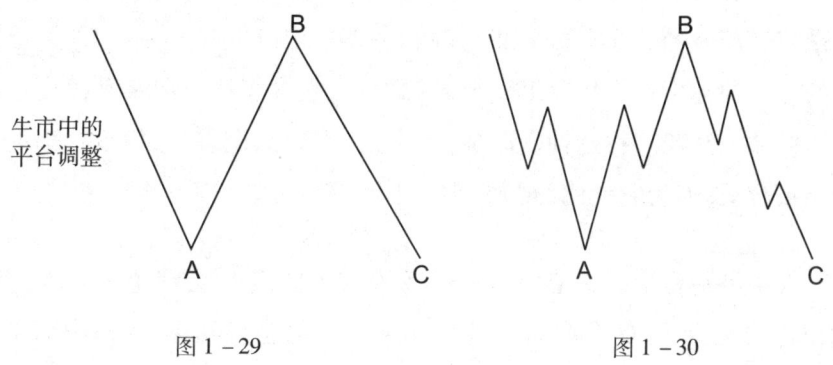

图1-29   图1-30

在熊市中,平台形调整浪的模式也是如此,只是倒置了而已,如图1-31和图1-32所示。

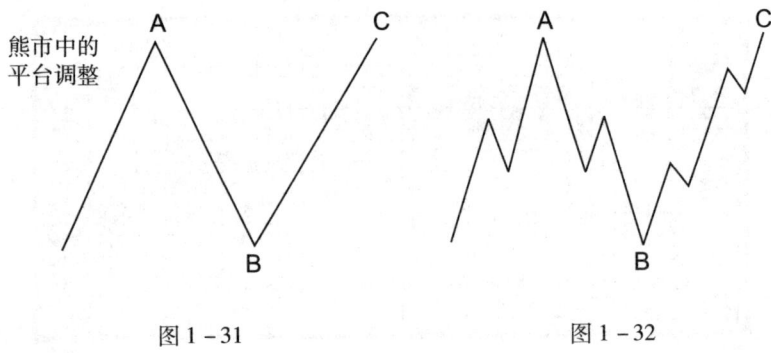

图1-31　　　　　　　　　图1-32

平台形调整浪对先前推动浪的折回幅度比锯齿形调整浪要小。当强势趋于更强时,平台形调整浪通常会出现,因此它们的前后总是出现延伸浪。基本趋势越强,平台形调整的时间就越短暂。在推动浪中,第四浪常常会走出平台形调整,而第二浪很少如此。

所谓的"双平台形"确实会发生。然而,艾略特把这种构造归类为"双重三浪",我们将在本章后面要讨论这个术语。

"平台形"一词是对所有子浪是3-3-5的A-B-C调整浪的总称。然而,在艾略特的文献中,3-3-5调整浪根据其总体形态被区分为三种。在规则平台形调整浪中,浪B在浪A起点附近结束,而浪C会在略微超过浪A终点的位置结束,如图1-29至图1-32所示。然而,更常见的是一种称为扩展平台形变形的调整浪,它含有比先前推动浪更远的价格极端。艾略特称这种变形是"不规则"平台形调整浪,但是这个词用的不很合适,因为它们比"规则"平台形调整浪更常见。

在扩展平台形调整浪中,3-3-5模式中的浪B会在超过浪A起点的位置结束,而浪C会在远远超过浪A终点的位置结束,牛市中的走势如图1-33和图1-34所示,熊市中的走势如图1-35和图1-36所示。1973年8月~11月的DJIA的形态就是一个熊市中的扩展平台形调整浪,或称为"倒置的扩展平台形调整浪"(见图1-37)。

第一部分 艾略特理论 33

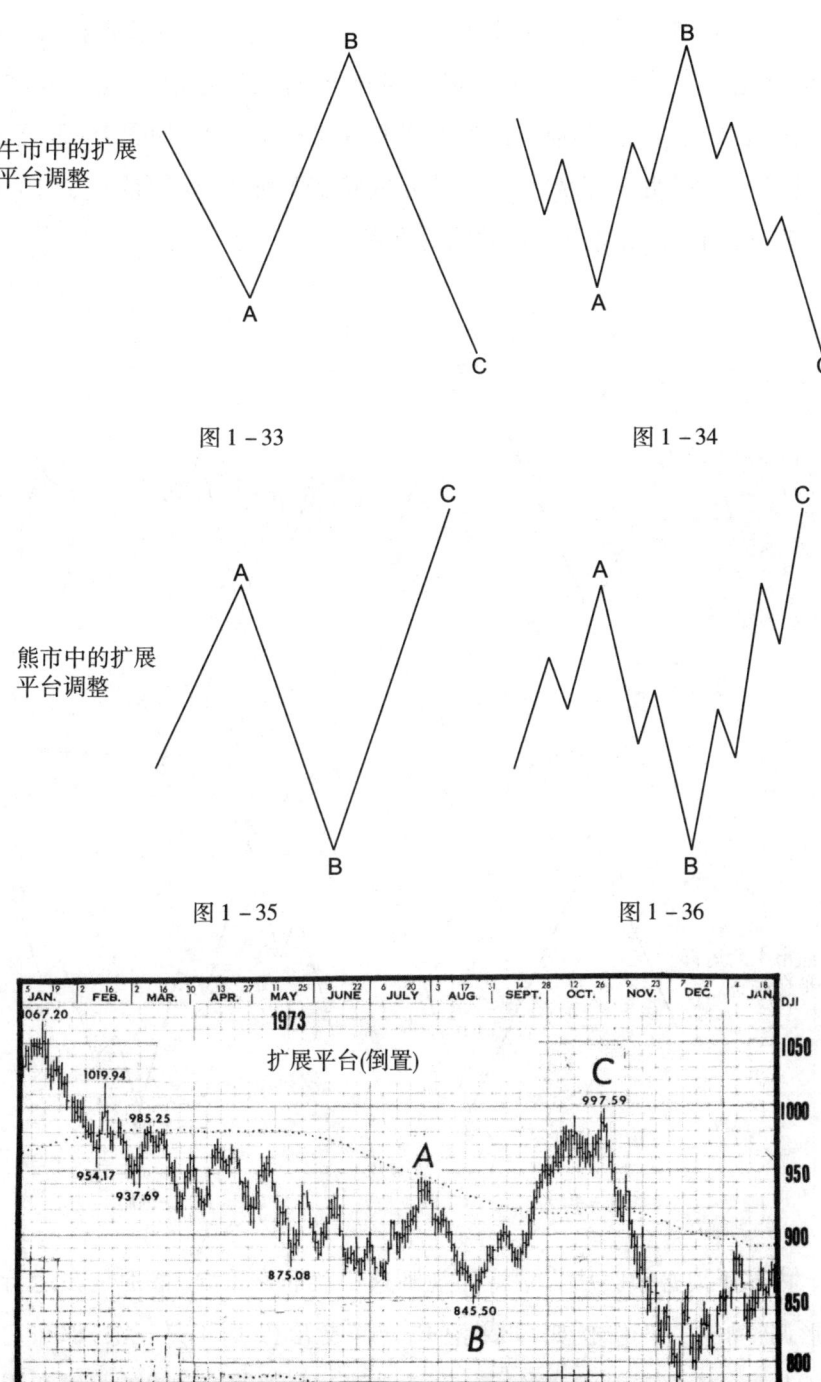

牛市中的扩展
平台调整

图 1-33　　　　　　　图 1-34

熊市中的扩展
平台调整

图 1-35　　　　　　　图 1-36

图 1-37

在3-3-5模式另一个少见的我们称之为运行平台形调整浪变形中,浪B会像在扩展平台形调整浪中那样,在远远超过浪A起点的位置结束,但浪C不能走完其全程,达不到浪A结束的位置,如图1-38至图1-41所示。很明显,大趋势方向的力量如此强劲,以至在那个方向的调整浪被扭曲了,结果有点像推动浪的衰竭。

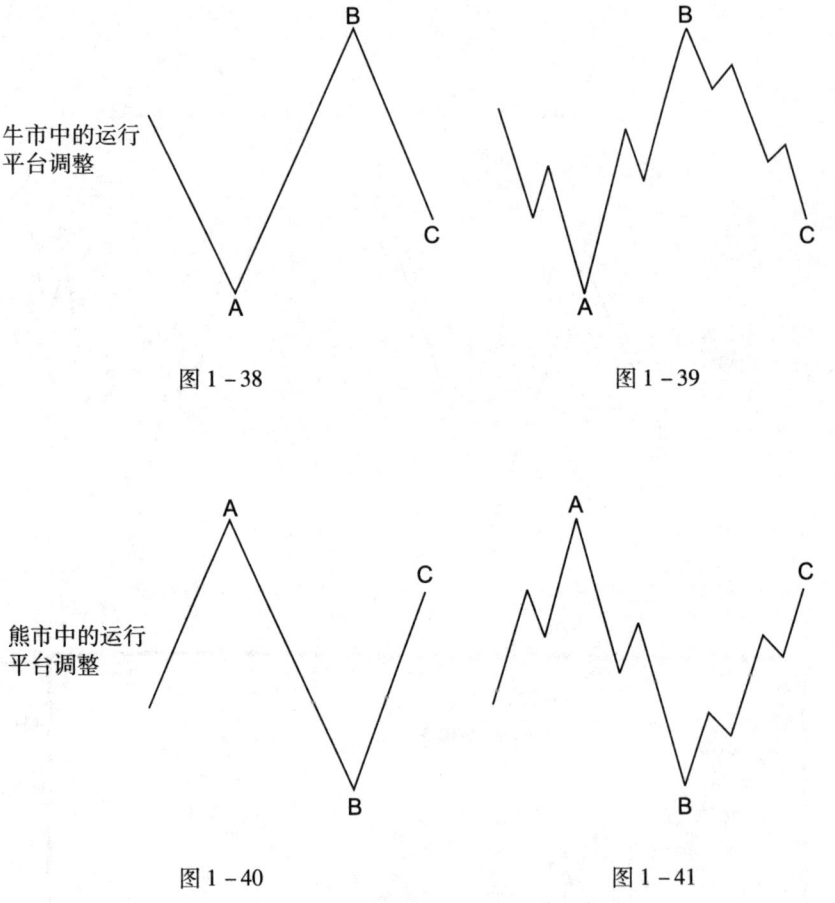

图1-38　　　　　　　图1-39

图1-40　　　　　　　图1-41

内部子浪必须服从艾略特的规则这一点非常重要,特别是在运行平台形调整浪发生时。例如,如果浪B分解成五浪,而不是三浪,那么它很可能是大一浪级推动浪中的第一个上升浪。临近的推动浪的强度在识别运行平台形调整浪时很重要,因为运行平台形调整浪往往只在强势和快速运动市场中出现。但是,我们必须提醒读者,在实际价格记录中几乎没有出现过这样的情况。永远不要过早地用这种方法标示调整浪,否则十有八九你是错误的。相反,运行三角形调整浪要常见得多(见下面一节)。

三角形

三角形调整浪似乎反映的是一种力量的平衡,这种平衡导致了成交量和波动性都逐渐减小的盘整运动。三角形模式包含了五个重叠的3-3-3-3-3子浪,标示为A-B-C-D-E。通过连接浪A、浪C终点和浪B、浪D终点,就形成一个三角形。浪E可以未触到或超过A-C的连线,实际经验告诉我们这种情况居多。

有三种三角形调整浪的变形:收缩、障碍和扩张三角形,如图1-42所示。艾略特认为障碍三角形的水平线在三角形的任一边都可能出现,而实际并非如此,它总是出现在下一个波浪将超越的那一边。艾略特还认为,当讨论障碍三角形是否分别出现在牛市或熊市中时,"上升"和"下降"都是没有用的一个简称。

图1-42描绘了收缩和障碍三角形完全出现在先前价格活动区域中的情况,其被命名为规则三角形。然而,更为常见的是,一个收缩三角形的浪B超过浪A的起点,被称为运行三角形调整浪,如图1-43所示。除了盘整的形状外,所有的三角形,包括运行三角形,都会在浪E的终点对先前的波浪产生一个净回撤。

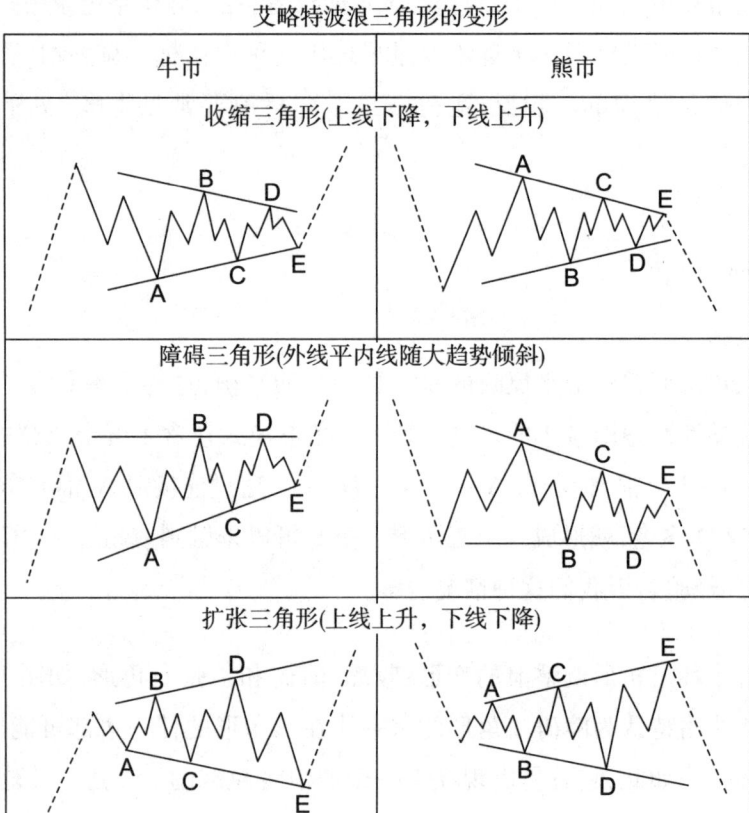

图 1-42

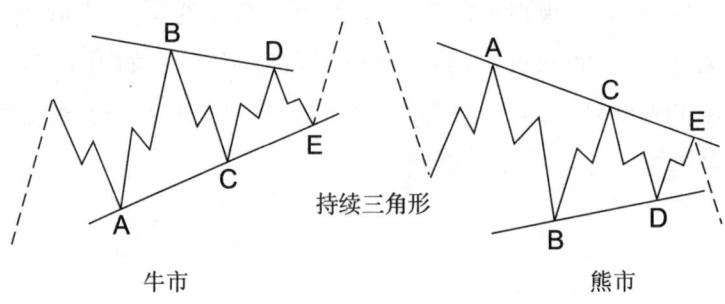

图 1-43

本书收录了几个三角形的实际图例(见图1-27,图3-15,图5-5,图6-9,图6-10和图6-12)。正如你看到的那样,大多数三角形的子浪是锯齿形,但有时某个子浪(通常是浪C)可能会比其他子浪复杂,呈现出多重锯齿形形态。在极少数情况下,三角形调整浪的子浪(通常是浪E)就是三角形调整浪本身,以至于整个形态延伸成了九浪。因此,就像锯齿形调整浪那样,三角形调整浪常常呈现出与延伸浪类似的走势。1973年~1977年的白银走势就是这样一个例子(见图1-44)。

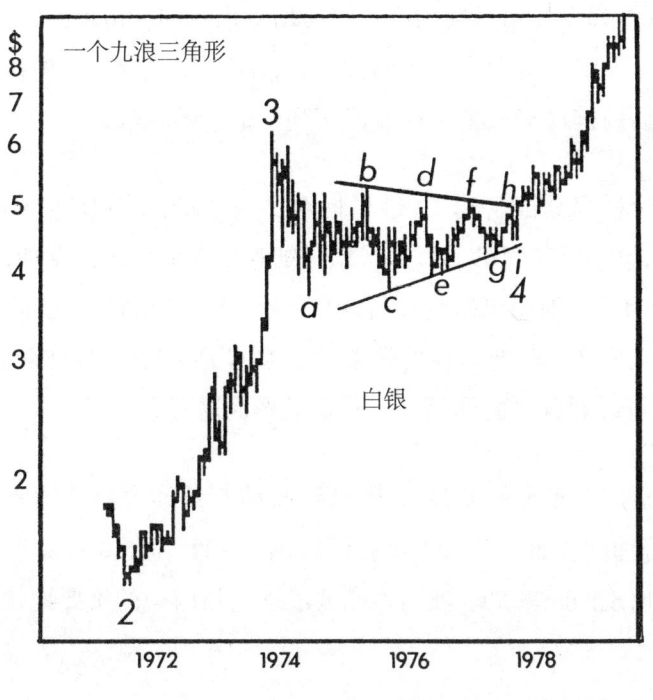

图1-44

一个三角形调整浪总是在更大浪级模式的最后一个作用浪之前出现,即作为推动浪的浪四,A-B-C中的浪B,或者双重锯齿形、三重锯齿形及组合形(见下一节)中的最后一个浪X。三角形也会作为组合形调整浪中的最后一个作用模式出现,就像在下一节中讨论的那样,尽管如此,它也通常在比组合形调整浪大一级波浪的最后一个作用浪之前出现。尽管在极少数情况下,推动浪中的第二浪会呈三角形形态,这主要是因为三角形是整个调整过程的一部分,实际上,整个调整浪是一个双重三浪(见图3-12)。

在股市中,当三角形出现在第四浪的位置时,第五浪有时是迅速的,运动幅度几乎等于三角形的最宽部分。艾略特用"冲击"一词来形容在三角形后这个迅速的、短促的驱动浪。这种冲击通常是推动浪,但也可能是终结倾斜三角形。在强势市场可能没有冲击,取而代之的是延伸的第五浪。因此,如果三角形后的第五浪超出了正常的冲击范围,那么它很可能是一个延伸浪。第六章中我们会看到,在商品市场中,在中级以上等级的三角形后的推动浪通常是该波浪序列中最长的一浪。

许多分析家都被欺骗了,过早地对已完成的三角形进行类别区分。然而,三角形需要时间盘整。如果您仔细观察图1-44会发现,人们可能在浪B中间过早地做出研判,断言第5收缩浪已经结束。实际上三角形的边界线几乎从未如此迅速的结束。子浪C通常是一个复杂的浪,而浪B或浪D可起到各自的作用。三角形的形成需要时间。

根据运用三角形的经验,我们认为收缩三角形边界线达到的顶点往往是市场转折点,如图1-27及后面的图3-11和图3-12所示。也许这种现象出现的频率足以证明它在波浪理论指南中的重要地位。

组合形(双重三浪和三重三浪)

艾略特把两个调整模式的盘整组合称作"双重三浪",三个调整的模式的盘整组合称作"三重三浪"。如果一个三浪是任意锯齿形或平台形,那么三角形就可能是这种组合形的最后一个分浪,我们称之为"三浪"。组合形由更简单的调整浪类型组成,包括锯齿形、平台形和三角形。它们的出现似乎是以延伸盘整的平台形调整方式。对于双锯齿形和三锯齿形,这个简单的调整模式分浪标示成W、Y和Z。每个反作用浪,标示成X,可以是任何的调整模式,但通常是锯齿形的。对于多重锯齿形调整浪来说,三重模式似乎是极限,而且他们也比普遍存在的双重三浪少得多。

艾略特用不同的方法、在不同的时候标示三者的组合形,尽管图例总是两个或三个并列的平台形调整浪,如图1-45和图1-46所示。但在形态上,各个分浪的形态是不同的。例如,三角形后接平台形是典型的双重三浪(如1983年出现的这种类型,见附录A),如图1-47所示。

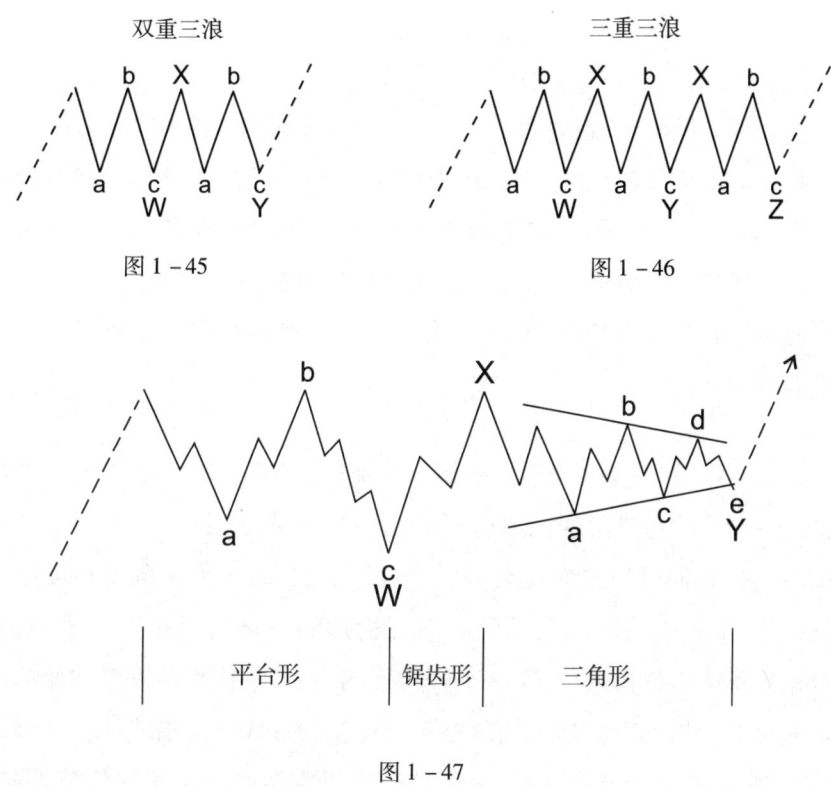

图1-47

平台形后接锯齿形则是另一个例子,如图1-48所示。本节的图例都是牛市中的调整浪,那么只需倒置过来,就可作为熊市中向上的调整浪。

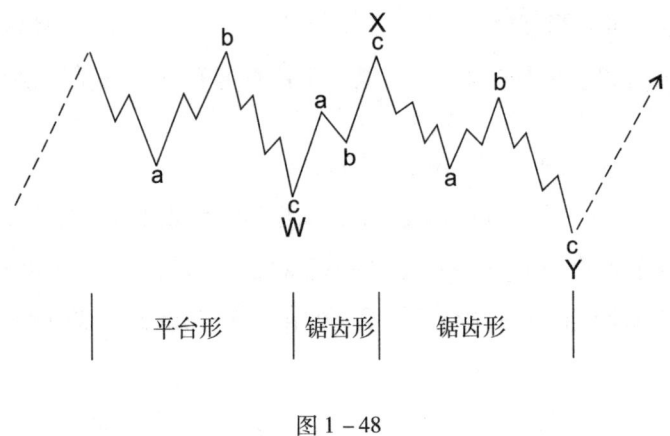

图1-48

在大部分情况下,组合形是水平的。艾略特指出,整个形态可能会与大一级趋势反向倾斜,尽管我们从未发现过这种情况。原因是,在组合形中似乎从未出现一个以上锯齿形的情况,也从未出现过多于一个三角形的情况。回想起三角形仅在更大一级趋势的最后一轮运动之前出现,组合形似乎也具备这种特性,因而三角形只会出现在双重三浪或三重三浪的最后一浪。

正如艾略特在《自然法则》中指出的那样,尽管双锯齿形和三锯齿形(见图1-26)的趋势角度比组合形的盘整角度陡直(见第二章的交替原则指南),但它们可被列为非水平的组合形。然而,无论是调整角度还是调整目的,双重三浪和三重三浪与双锯齿形和三锯齿形是完全不同的。在双锯齿形或三锯齿形中,第一个锯齿形的幅度,往往不足以对前面的浪形成充分的价格调整。适当的价格折回是初始形式的两倍或三倍是很正常的。然而,在组合形中,第一个简单模式通常能产生足够的价格调整。在价格目标基本达到后,初始形态两倍或三倍似乎主要是为了延伸调整过程的持续时间。有时,这种持续是为了达到价格轨道的边界,或是与推动浪中其他调整浪更紧密的联系。随着巩固的持续,投资者的心态和基本面情况相应的延伸这种趋势。

正如本节阐明的那样,数列 3 + 4 + 4 + 4……和 5 + 4 + 4 + 4……是有本质区别的。注意,当推动浪总共有 5 浪时,如果有延伸浪,就会达到 9 或 13 个浪,依此类推,调整浪就有 3 个浪,如果有组合形调整浪,就会达到 7 或 11 个浪,依此类推。三角形看似是个例外,然而可以把它们按一个三重三浪来计数,共 11 个浪。因此,如果内部划分不明确,有时可以仅靠波浪数来正确数浪。比如,如果几乎没有波浪重叠现象,那么有 9、13 或 17 个浪很可能是驱动浪,而有大量波浪重叠的 7、11 或 15 个浪就很可能是调整浪。唯一的例外是两种倾斜三角形,它们是驱动浪和调整浪的混合物。

正规的头和底

有时,一个模式的终点与相关的价格端点不一致。在这种情况下,为了把模式的终点同模式内产生的或模式结束后产生的实际价格的高点和低点区分开,我们称模式的终点为"正规的"头或底。例如,在图 1 – 14 中,浪(5)的终点是一个正规的头,尽管浪(3)创下了更高的价格。在图 1 – 13 中,浪 5 的终点是一个正规的底。在图 1 – 33 和图 1 – 34 中,浪 A 的起点是先前牛市的正规的头,尽管浪 B 的价格更高。在图 1 – 35 和图 1 – 36 中,浪 A 的起点是正规的底。在图 1 – 47 中,浪 Y 的终点是熊市正规的底,尽管价格最低点出现在浪 W 的终点。

这个概念首要重要,因为正确的分析总是取决于对各种波浪模式的正确标示。有时,错误地假定某个特定的价格端点为波浪的起点,会使分析误入歧途,只有牢记波浪形态的各种需要才会使你保持正确的方向。其次,在运用第四章介绍的各种预测概念时,要注意某个波浪的长度和持续时间通常取决于正规的终点。

调和的功能和模式

在本章的开始，我们曾描述过两种功能浪（作用浪和反作用浪）的表现，以及它们的两种结构展开方式（驱动和调整）。现在让我们来回顾一下所有的波浪类型，将它们的标识概括如下：

——作用浪的标识为1、3、5、A、C、E、W、Y和Z。

——反作用浪的标识为2、4、B、D和X。

如前所述，所有的反作用浪都以调整方式展开，而大多数作用浪以驱动方式展开。前面几个小节已讨论了哪些作用浪以调整方式展开，它们分别是：

——终结倾斜三角形驱动浪中的浪1、3和5；

——平台形中的浪A；

——三角形中的浪A、C和E；

——双锯齿形和双重三浪中的浪W和Y；

——三锯齿形和三重三浪中的浪Z。

因为在相对方向上，以上这些浪是作用浪，但它们以调整的模式展开，所以我们称它们为"作用调整浪"。

补充的术语（选读）

表示目的的术语

无论方向如何，任何浪级的波浪中，五浪作用之后会有三浪的反作用，但是波浪的前进总以一个作用的推动浪开始，为了方便起见，这个作用推动浪方向是向上的。（由于所有这类图表描绘了比值，推动浪也可是向下方向。例如，你可用股/美元代替美元/股。）所以，最终地、也是最基本地，反映人类发展进程的股市的长期趋势是向上的。更大浪级的推动浪推进了股市的发展，向下的驱动浪只是调整浪的一部分，因此与整个股市的前进不同步。相似地，向上的调整浪仍只是调整，因而最终不会取得进步。因此，需要补充的三个术语是说明波浪目的的，方便区分这些波浪中哪些推动了进展，而哪些没有。

任何向上的驱动浪，只要不出现在任何更大级别调整浪中，都被命名为前进浪。它们必须被标示成1，3或5。任何向下的浪，无论何种模式，都被命名为后退浪。最后，任何向上的浪，无论何种模式，只要出现在任何更大级别的调整浪中，都被命名为副后退浪（proregressive）。后退浪和副后退浪都是调整浪的一部分或全部。只有前进浪与逆趋势无关。

读者或许认为，通常所说的"牛市"适用于前进浪，"熊市"用于后退浪，而"熊市反弹"则是副后退浪。然而，传统术语的定义，像"牛市"、"熊市"、"大浪"、"中浪"、"小浪"、"反弹"、"折回"和"调整"，都试图包含量化因素，但由于它们是随意的，通常没有什么用处。比如，一些人认为市场下跌20%或更多就是熊市。根据这种定义，市场下跌19.99%就不是熊市，而只是"调整"，因为任何下跌20%才是熊市。这种定义很值得怀疑。尽管还可以增加一系列的量化名称（例如，小熊、熊妈妈、熊爸爸和大灰熊），但还不如简单的使用百分比表示得清楚。相比之下，艾略特波浪的定义十分恰当,因为它们是定性的,只反映了概念,与模式的绝对大小无关。因此,在波浪理论中,前进浪、后退浪和副后退浪有不同的浪级。一个超级循环调整浪中的大循环浪 B 可能有足够的幅度和持续时间,因而通常被认为是"牛市"。然而在波浪理论中,它的正确标识只是个副后退浪,或用传统法命名为熊市反弹。

表示相对重要性的术语

按基础重要性波浪可分两种类型。用数字标示的浪我们称为基本浪,因为它们构成基本的波浪形态——五浪结构的推动浪,如图 1-1 所示。市场永远处于一个最大浪级的基本浪中。用字母标示的浪我们称为辅助浪或亚基本浪,因为它们只是作为基本浪 2 和 4 的分浪,而不能做其他用途。一个驱动浪是由小一浪级的基本浪构成,而调整浪由小一浪级的辅助浪构成。我们选择这些术语因为它们出色的双关含义,"基本"不仅意味着"任何体系、结构以及思维框架的中心和基本要点",同时还表示了计数时使用的主要数字;"辅助"不仅意味着"与其他部分协调构成的一个模式",同时还是英文字母的一种类型(来源:韦氏未缩减版词典)。这些名称没什么实际用途,这也是把它们放在本章最后讨论的原因。但是,这些名称在哲理探讨中是有用的,所以把它们放在术语中说明。

错误的概念和形态

在波浪理论和其他文献中,艾略特曾讨论过"不规则顶",他用大量的特异性来描述这种现象。他说,如果一个延伸第五浪结束在一个更大浪级的第五浪后,那么紧接着发生的熊市可能开始于扩张平台形或者它就是扩张平台形,其中浪 A 的规模相比浪 C 要小得多(我们将说明这是不可能的)(见图1-49)。而浪B产生的新高是不规则顶,"不规则"是因为它发生在第五浪末端之后。艾略特进一步发现,不规则顶与那些规则顶交替出现。然而,他的构想不精确,而且会使我们讨论的第五浪延伸行为和在第二章"调整浪的深度"中准确描述的现象复杂化。

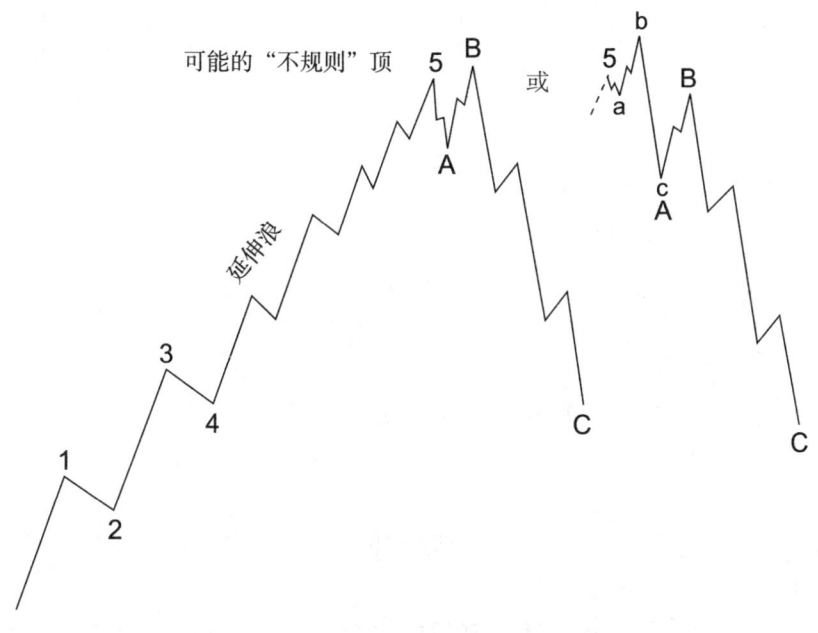

图1-49

问题是,艾略特必须解释两个额外的波浪是如何结束的?答案是他强势的标注第五浪延伸,而实际上第三浪才是延伸浪。20世纪20年代和30年代出现了两个令人难忘的大浪级的第五浪延伸,导致了艾略特的这种研判。为了把一个延伸的第三浪变成延伸的第五浪,艾略特发明了一种A-B-C调整浪,称作"不规则类型2"。他说,在这种情况下,浪B的终点就像在锯齿形中那样,达不到浪A的起点,而浪C的终点就像在运行调整浪中那样,达不到浪A终点。他经常在浪2的位置坚持这种标示法。这种标示法会在顶峰处产生额外的两个浪。"不规则类型2"的想法去掉了延伸浪最初的两个浪,而"不规则顶"的想法去掉了顶部剩下的两个浪。这样,在相同的趋势上就产生了两个错误的概念。实际上,这两个错误的概念是连锁反应。正如图1-50的计数说明的那样,浪2位置的a-b-c"不规则类型2"使得在顶峰标示"不规则顶"十分必要。而实际上,除了错误的标示以外,波浪的结构没有任何不规则的地方。

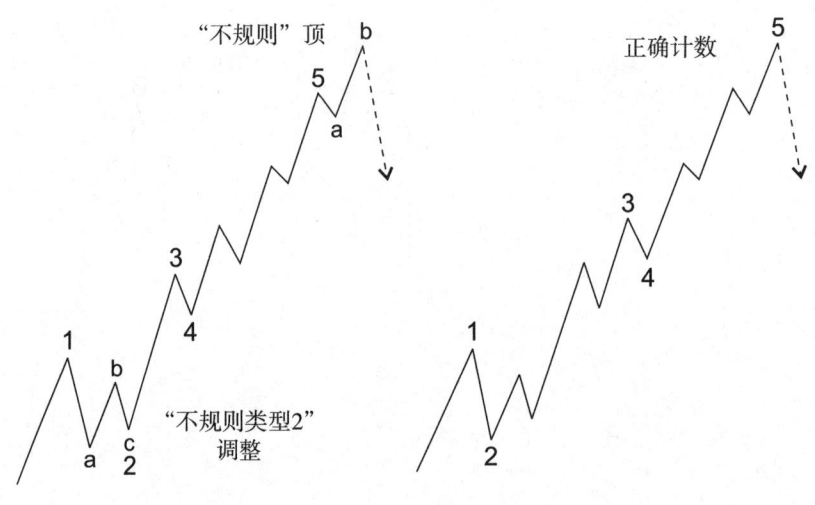

图1-50

艾略特还认为,每个第五浪延伸都会被"双重折回",即"第一次折回"会跌到起点附近,"第二次折回"会高于起点位置。这样的运动很自然会发生,因为调整浪通常会在先前第四浪的位置见底(见第二章);"第二次回撤"是下一个推动浪。根据第二章中"第五浪延伸后的波浪行为"的讨论,这个名称正适用于延伸浪后的扩张平台形调整浪中的浪A和浪B。这样,给这种自然行为一个特殊的名称就没有任何意义了。

在自然法则中,艾略特曾提到了一种叫做"半个月亮"的形态。它不是什么独特的形态,而只是一种对熊市中通常缓慢启动、加速,最后恐慌性抛售的下跌的描述。这种形态经常出现在用半对数刻度绘制的价格下跌走势中,和以算术刻度绘制的多年价格上升走势中。

在自然法则中，艾略特还两次提到所谓"A-B底"的结构，它是指当下跌以令人满意的数浪结束后，市场会在一轮真正的五浪牛市前，先以三浪模式上升，再以三浪模式下降。事实是，艾略特是在试图将他的理论强制应用于13年的三角形概念中时发明了这种形态，但在波浪理论的规则下，如今没有哪个分析人士会承认它有效。确实，如果这种形态存在的话，它将会证明波浪理论是无效的。本书作者们从未见过"A-B底"，而且事实上它也不可能存在。艾略特的这个发明只是表明，在他的所有的细致研究和深奥发现中，他（至少是一次）暴露出了分析人士的一种典型的弱点——一个已经形成的观点会反过来影响他对市场的客观分析。

据我们所知，本章列举的所有波浪结构都在广泛的股票市场平均指数的价格运动中出现过。根据波浪理论，除了这里所列明的，不会再出现其他形式。本书作者没有发现任何用艾略特的方法不能满意计数的小浪级以上波浪的例子。60分钟读数几乎是刻画亚微浪级的详细浪的最佳过滤器。实际上，比亚微浪级小得多的艾略特波浪可用计算机绘制的分钟交易走势图刻画。即使低浪级单位时间的（交易）数据极少，也足以通过记录交易池或交易厅内人们的心理变化，来精确反映的波浪理论。

波浪理论中的所有规则和指导方针主要适用于实际市场模式，而不是市场记录或缺乏记录的市场。波浪理论的清晰证明市场能自由定价。如果价格由政府法令制定，如20世纪中叶的金价和银价，受法令限制的波浪就不能被记录下来。当得到的价格记录与自由市场中的情况不同时，就应根据实际情况考虑波浪理论的各项规则和指导方针。当然，从长期来看，市场总是会推翻法令的束缚，而且，法令也只有在市场状态允许的情况下才可能执行。本书中介绍的所有规则和指导方针都假定你的价格记录是准确的。

现在我们已经了解了波浪构造的各项规则和基本原理，接着就可以学习应用波浪理论进行成功分析的指南上了。

第二章 波浪构造的指导方针

本章中介绍的各项指导方针都是以牛市为背景的讨论和图解。除了特别指出的以外，它们同样也适用于熊市，只需将各种图解和推论颠倒过来。

交替

交替指南在应用中十分广泛，它总是提醒分析人士期待下一个相似的波浪会表现出不同。汉密尔顿·博尔顿曾说：

作者并不确信，在较大构造的波浪类型中交替是不可避免的，但有足够允分的例子说明我们应寻找，而非忽视它。

尽管交替并没明确说明即将发生什么，但它建议我们不用期望什么，因而在分析波浪构造并估计未来可能性时，牢记它十分有益。它主要指导分析人士，不要像大多数人那样，仅因为上个市场循环以某种方式发展，就确信这次的情况也一定一模一样。正如"反对者"不停指出的那样，大多数投资者"理解"一种明显的市场行为之时，就是市场完全变化之日。然而，艾略特更进一步地强调，交替实际上是一种市场法则。

推动浪中的交替

如果一个推动浪的浪二是被剧烈调整的,那么浪四就可能是被盘整调整的,反之亦然。图2-1表示了一个推动浪最典型的突破方式,向上或向下,就像交替指南说明的那样。剧烈调整中永远不会出现新的价格极端,即超过先前推动浪的正规顶。它们几乎总是锯齿形(单锯齿形、双锯齿形或三锯齿形),偶尔它们是以锯齿形开始的双重三浪。盘整调整包括平台形、三角形、双重三浪和三重三浪调整。它们通常包含新的价格极端,也就是超过先前推动浪的正规顶端。在很少情况下,第四浪的规则三角形(不包含新的价格极端的三角形)会代替剧烈调整,并与处在第二浪位置的另一种盘整模式交替。推动浪中的交替可概括为:两个调整过程中的一个将包含回到或超过先前的推动浪终点的运动,而另一个则不会。

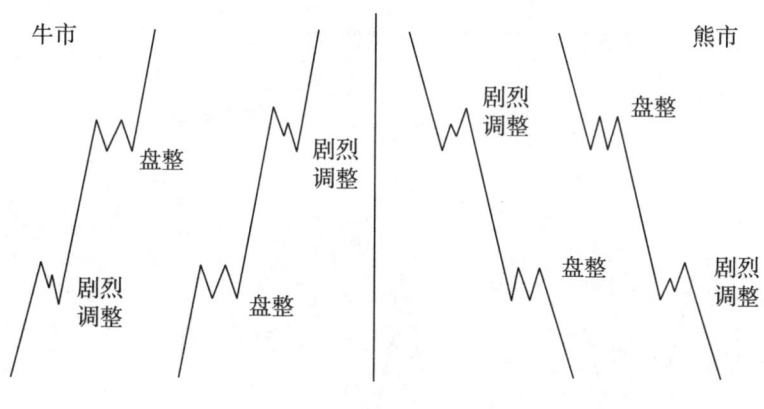

图2-1

在子浪2和子浪4之间倾斜三角形不会出现交替。通常两种调整都是锯齿形的。延伸浪是交替的一种表达形式,因为驱动浪交替它们的长度。通常第一浪是短浪,第三浪延伸,第五浪还是个短浪。通常出现在浪3的延伸浪有时也会作为浪1或浪5出现,这是另一种交替的表示。

调整浪中的交替

如果调整以平台形 a-b-c 的浪 A 开始,那么浪 B 就可能是锯齿形的 a-b-c 结构,反之亦然(见图 2-2 和图 2-3)。略微想一下就知道这种情况是可能发生的,因为图 2-2 的第一段图反映的两个子浪都偏上,而第二段图反映的两个子浪都偏下。

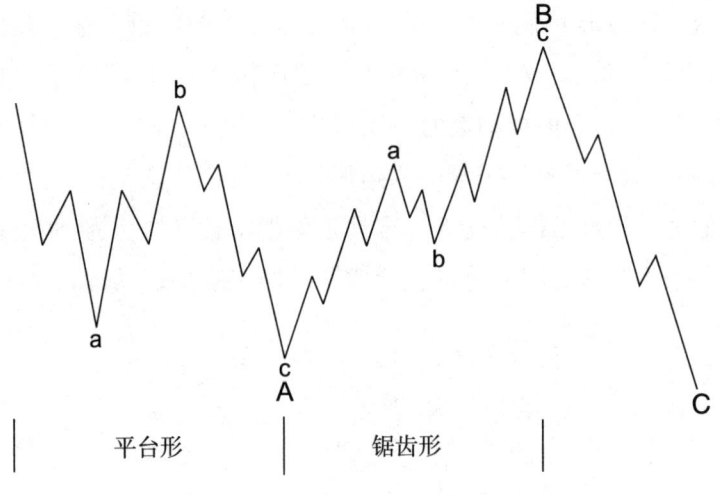

图 2-2

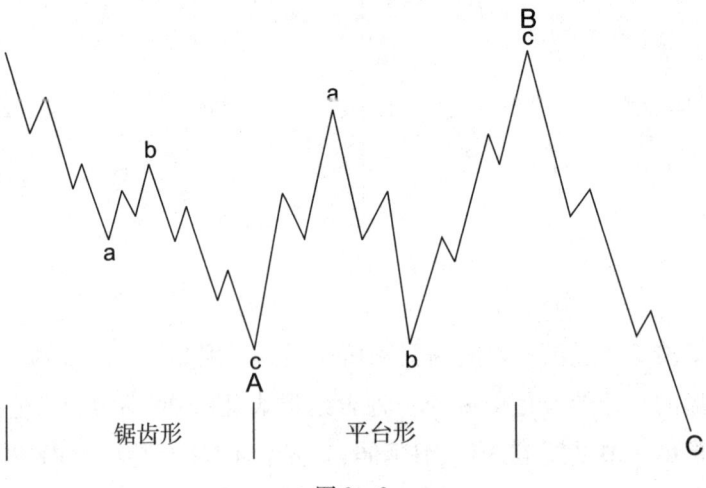

图 2-3

更常见的是,如果一轮大调整开始于一个简单的 a-b-c 锯齿形的浪 A,那么浪 B 就会展开成子浪更复杂的 a-b-c 锯齿形的调整浪,以得到一种交替,如图 2-4 所示。然而有时浪 C 会变得更复杂,如图 2-5 所示。但逆序的复式形态比较少见。图 2-16 中的浪 4 就是这种复式调整浪的例子。

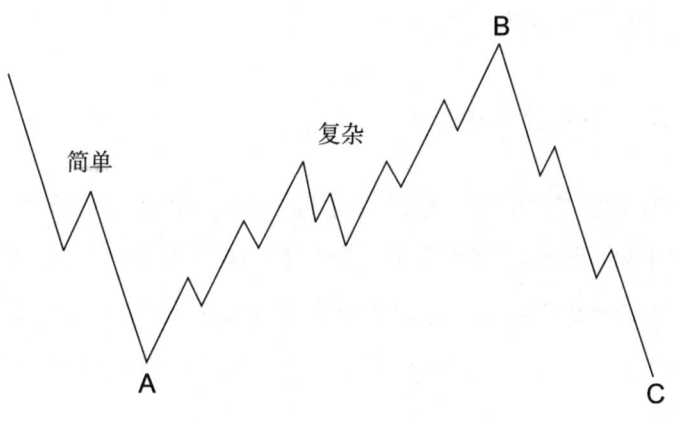

图 2-4

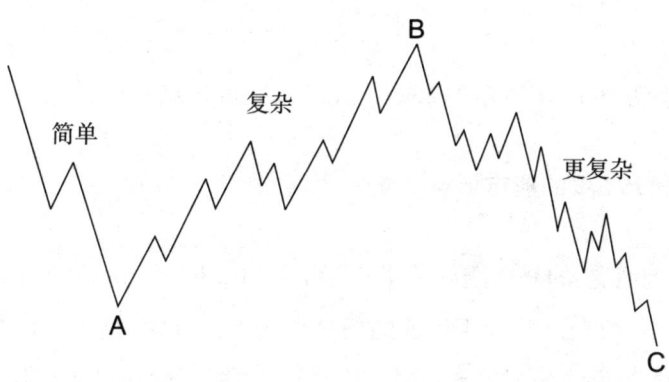

图 2-5

调整浪的深度

"熊市到底会下跌多少?"除了波浪理论,没有哪种市场方法能给出满意的答案。回答这个问题的关键是调整浪,尤其当它们本身是第四浪的时候,往往会在先前小一浪级的第四浪的运动区域内形成最大折回,大多数情况下接近于其终点的位置。

例1:1929~1932年的熊市

我们对1789年到1932年这段时期的分析,使用了1977年1月号的循环杂志上的、由格特鲁德·舍克制作的、调整为不变美元的股价走势图。我们发现,1932年的大循环浪的最低点,在前一个循环浪级的第四浪的区域内见底,这个第四浪是个跨越1890~1921年(见图5-4)的扩张三角形。

例2:1942年的熊市低点

在这个例子中,1937年到1942年的循环浪级熊市是一个锯齿形,它在1932年到1937年牛市的第四个大浪的区域内结束(见图5-5)。

例3:1962年的熊市低点

1962年浪④的暴跌刚好使平均指数处在1949年到1959年的五浪结构的大浪级序列在1956年形成的最高点之上。通常,这个熊市会跌进浪(4)的区域,而浪(4)是在浪③中的第四浪调整。然而,1962年这次没有跌进该目标区域说明了调整浪深度指南不是一种规则。先前强劲的第三浪延伸,以及浪(4)中浅的浪A和强劲的浪B,都表明了这个波浪结构的力量,它使得净调整较为温和(见图5-5)。

例4：1974年的熊市低点

1974年的最后一跌，结束了从1942年开始的整个浪Ⅲ从1966年到1974年循环浪级的浪Ⅳ的调整，把平均指数带入了先前小一浪级的第四浪（大浪④）区域。图5-5再次表明了164页发生的情况。

例5：伦敦黄金熊市，1974~1976

这是一个来自其他市场趋势的例子，说明调整浪会在先前小一浪级的第四浪的运动区域内结束（见图6-11）。

在过去20年中，关于小浪级的波浪序列的分析进一步证实，任何熊市的极限通常是先前小一浪级的第四浪的运动区域，尤其是当被研究的熊市本身是第四浪的时候。然而，在对指南的合理修正中，如果一个波浪序列中的第一浪是延伸浪，那么第五浪后的调整将是小一浪级的第二浪的底的典型极限，这种情况是很常见的。例如，1978年3月的DJIA正好在1975年3月的第二浪的最低点见底，这个第二浪跟在从1974年12月的最低点上涨的第一浪延伸之后。

有时，一些平台形调整或三角形，特别是跟在延伸浪后面的，通常会以微小的差距，达不到第四浪的区域（见例3）。有时，锯齿形会切入很深，并下跌到先前小一浪级的第二浪的区域，尽管这种情况几乎只是发生在这个锯齿形本身也是第二浪的情况下，"双重底"有时就是这样形成的。

第五浪延伸后的市场行为

通过对道琼斯工业价格指数的60分钟变化情况长达20多年日积月累的观察，本书作者认为艾略特关于延伸浪的发生和延伸浪后的市场行为的某些发现概括得并不精确。我们从市场行为的观察中得出的一条最重要的经验是:如果上升的第五浪是延伸浪,那么继而发生的调整将非常剧烈,而且会在延伸浪中的第二浪的低点处找到支撑。有时调整会在那里结束,如图2-6所示,而有时只会在浪A处结束。尽管实际例子有限,但A浪正好在这个位置反转是很不同寻常的。图2-7描绘的是锯齿形调整浪和扩张平台形调整浪。图5-5是一个在浪Ⅱ中浪A的最低点发现一个锯齿形的例子,而图2-16是一个在浪4中浪A低点发现一个扩张平台形调整浪的例子。正如你在图5-5中看到的那样,浪(Ⅳ)中浪a的低点靠近浪⑤中的浪(2),而这个浪⑤是1921年到1929年的浪Ⅴ中的延伸浪。

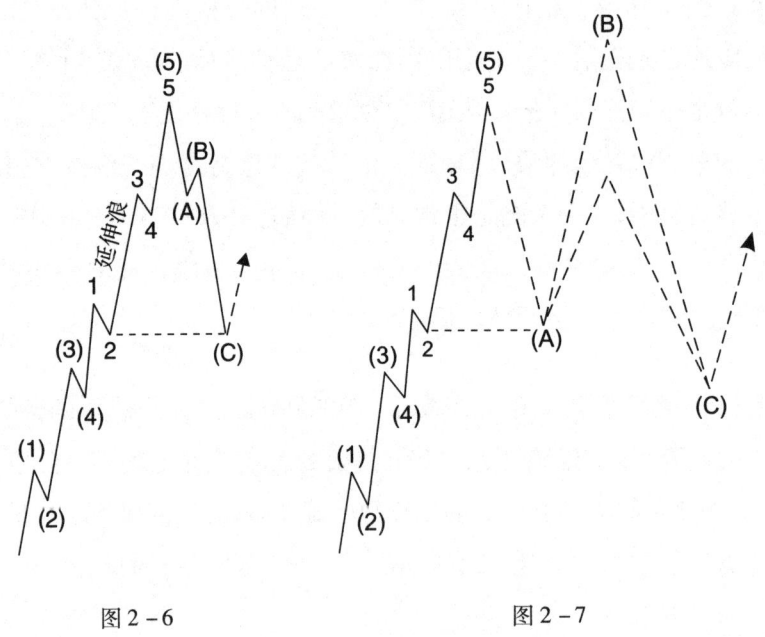

图2-6　　　　　　　　　图2-7

由于一个延伸浪的第二浪的低点通常处于或接近前大一浪级的第四浪的价格区域,所以这个指南的行为与先前很类似。然而,值得注意的是,这个指南更精确。第五浪延伸后通常会出现迅速的折回是这个指南特别的内容。因而,折回的发生是市场即将戏剧性反转到一个特定水平上的一种预警,这是对波浪理论知识一个有力总结。当市场在多于一个浪级上结束第五浪时,那么这个指南不再适用。然而图 5-5 中表明(见上面的说明)说明我们仍然应该把这个位置至少看做是潜在的或暂时的支撑。

波浪等长

在一个五浪序列中,驱动浪的两个浪在时间和幅度上趋向等同,这是波浪理论的指南之一。如果一个驱动浪是延伸浪,那么另外两个非延伸浪通常会等长,特别当第三浪是延伸时,这种情况更会出现。如果不是完全等长,那么 0.618 乘数是二者另一个可能的关系(见第三章和第四章)。

当波浪大于中浪级时,价格关系通常必须用百分比形式来表示。因而,从 1942 年到 1966 年的整个循环延伸浪中,我们发现大浪①在 49 个月里走了 120 点,增长 129%,大浪⑤在 40 个月里(见图 5-5)走了 438 点,增长 80%(129% 收益的 0.618 倍),这与持续了 126 个月的第三个大浪 324% 的增长相差甚远。

当波浪处于中浪级或中浪级以下时,价格等长通常可以用算术来表示,因为百分比长度也几乎是相等的。因此,在 1976 年底的反弹中,我们发现浪 1 在 47 个交易 60 分钟内上涨了 35.24 点,而浪 5 在 47 个交易 60 分钟内上涨了 34.40 点。波浪等长指南通常极为准确。

绘制波浪

A·汉密尔顿·博尔顿坚持绘制"60 分钟收盘价"走势图,即绘制每 60 分钟结束价格的走势图,本书的作者们也是这么做的。艾略特本人也绘制这样的图,因为在波浪理论中,他展示了一副从 1938 年 2 月 23 日至

3月31日的60分钟股价走势图。每一个艾略特波浪理论的实践者,或者说每一个对波浪理论感兴趣的人,都会发现绘制DJIA的60分钟走势图非常的有用,华尔街杂志和巴伦都曾出版过这种图。这是一项简单的任务,一周只需花几分钟时间。柱状图虽好,但容易误导分析者,因为它反映的是发生在每条柱线时间变化附近的波动,而不是柱线时间内的波动。实际出版的数值必须适用于所有的图。那些所谓的道琼斯平均指数"开盘价"和"理论日内价格"都只是统计数字,并不能反映某个特定时刻的平均指数。这些数值分别代表了一系列不同时候开盘价,个股每天的最高价或最低价,而不管这些价格极端值出现在什么时候。

给波浪分类的主要目的是要确定股价在股市发展中所处的位置。只要波浪计数清晰,这种分类非常简单。因为在快速运动的、情绪化的市场中,特别是在推动浪中,微小的波浪运动通常以简单的方式展开。在这种情况下,就必须绘制短期走势图来观察所有的子浪。然而,在低迷或不断改变运动方向的市场中,特别是在调整时,波浪结构通常很复杂而且形成缓慢。在这种情况下,长期走势图通常能有效地将市场行动浓缩成一种前进中的形态。正确解读波浪理论,有时可以预测盘整型走势(例如,当浪二是锯齿形时可预测第四浪)。然而,当进行预测时,复杂性和低迷性是最令分析者灰心丧气的两件事。然而,它们也是真实市场的一部分,而且必须加以考虑。在这种时候,本书作者们极力建议你退出市场一段时间,去享受在快速展开的推动浪中所获得的利润。你不能"希望"市场开始运动,市场不会任你摆布。但当市场休息的时候,你也应该休息。

追踪股市的正确方法是绘制半对数刻度走势图,因为市场的历史数据仅以百分比形式相关联。投资者关心的是盈亏百分比,而不是市场平均指数运行的点数。例如,1980年时DJIA的10个点意味着1%的变动。但在20世纪20年代初,10个点则意味着10%的变动,相比之下更重要得多。然而,为了绘图方便,在差别非常显著的时候,我们建议只用半对数刻度绘制长期走势图。算术刻度可接受于跟踪60分钟波浪走势,因为按百分比计算,DJIA 在 800 点反弹 40 点与 DJIA 在 900 点反弹 40 点的差别不大。这样,对于短期股价运动中轨道技术就可很好地运用在算术刻度上。

轨道

艾略特发现平行的趋势轨道线常常可以非常精确地标出推动浪的上下边界。所以应该尽早绘制出一条价格轨道来帮助确定波浪的运动目标,并为未来的趋势发展提供线索。

一个推动浪的原始轨道绘制至少需要三个参考点。当第三浪结束时,先连接 1 和 3 两点,然后画一条经过点 2 的平行线,如图 2 – 8 所示。这条轨道就是第四浪的预计边界(大多数情况下,第三浪会走得很远,使得其起点被排除在最终轨道的接触点之外)。

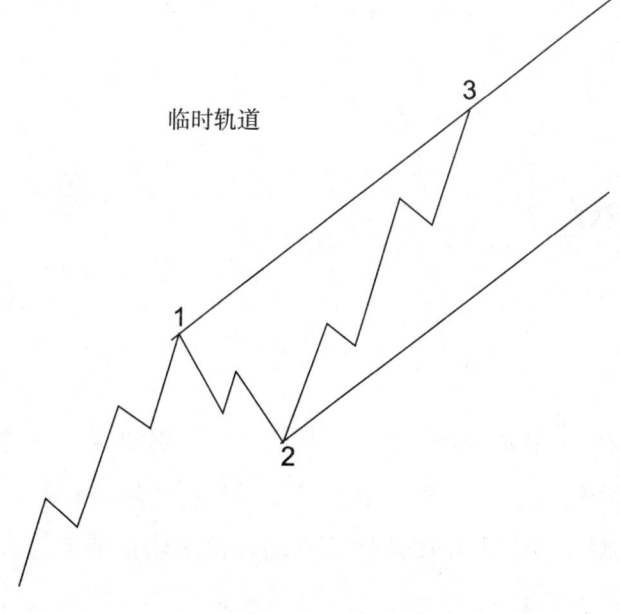

图 2 – 8

如果第四浪的终点没有经过平行线，就必须重新绘制轨道线，以便预测第五浪的边界。首先连接浪二和浪四的终点，如果浪一和浪三正常，那么经过浪三顶点绘制的上平行线就能准确预测浪五的终点，如图2-9所示。如果浪三异常强劲，几乎垂直，那么由它的顶点引出的平行线就太高。经验表明，能经过浪一顶点的、与基线平行的线更有效，如我们绘制的1976年8月至1977年3月的金价走势图（见图6-12）。在某些情况下，画两条潜在的上边界线会提醒你特别注意这些位置上的浪的计数和成交量特征，然后根据波浪计数采取适当的行动。

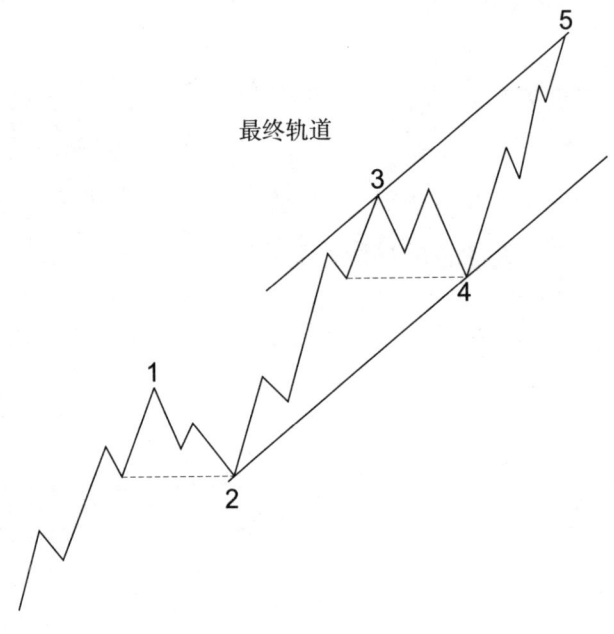

图2-9

永远记住，所有浪级的趋势总是同时运行。例如，有时一个大浪级的第五浪中的中浪级的第五浪，会在这两个浪级同时到达上边界线时结束。或者有时大循环浪级正好在价格达到循环浪级轨道的上边界线停止突破。

锯齿形调整浪经常产生有四个接触点的轨道。一条线连接浪 A 的起点和浪 B 的终点;而另一条线连接浪 A 的终点和浪 C 的终点。一旦前一条线画出,由浪 A 终点引出的平行线就是找出整个调整准确结束处的最佳工具。

突破

在平行轨道或倾斜三角形的汇聚线内,如果第五浪以萎缩的成交量接近向上趋势线,就表明波浪的终点将碰到上边界线。如果在第五浪接近向上趋势线时成交量巨大,就表面第五浪有可能突破上边界线,这就是艾略特所说的"突破"。在突破点周围,小一浪级的第四浪很可能直接在平行轨道下面盘整,使得第五浪最终在巨大的成交量下突破轨道。

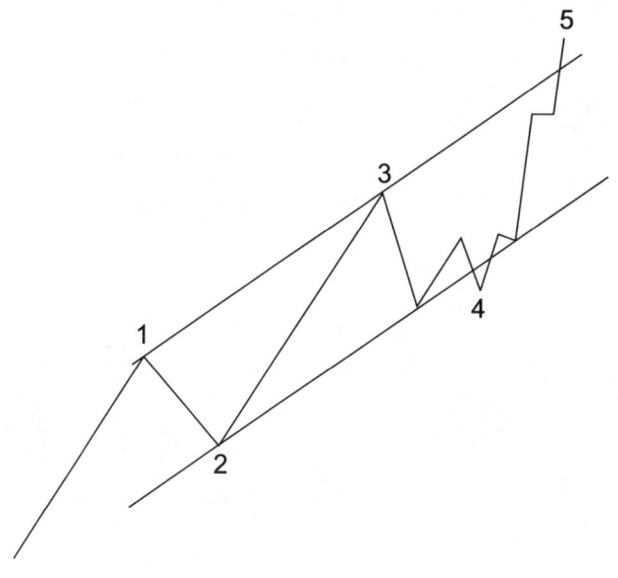

图 2-10

突破经常可由先前的浪 4 或浪 5 中的浪二发生"向下突破"预示出来,正如艾略特的波浪理论一书的图 2-10 中描绘的那样。突破可由平行线下方的即时反转来证明,有着同样特征的突破也会在下跌市场中出现。艾略特曾正确地预测,浪级较大的突破会使突破期间的较小浪级的波浪难以识别,因为小浪级的轨道有时会在最后五浪过程的上方被刺穿。图1-17、图1-19和图2-11都是关于突破的实例。

刻度

艾略特认为,必须在半对数刻度上确定价格轨道,因为要表明存在通货膨胀。然而直到今天,也没有任何波浪理论的学者质疑这个明显错误的假设。一些明显差异,很可能是因为艾略特绘制的波浪的浪级差异,因为浪级越大,就越有必要使用常用半对数刻度。另一方面,用半对数刻度绘制出的1921年至1929年间市场的完美价格轨道(见图2-11)以及用算术刻度上绘制出的1932年至1937年间市场的价格轨道(见图2-12)表明,只有选择了适当的刻度,相同浪级的波浪才会形成正确的艾略特趋势轨道。使用算术刻度,20世纪20年代的牛市会超出上边界,而使用半对数刻度,20世纪30年代的牛市却远远达不到上边界。

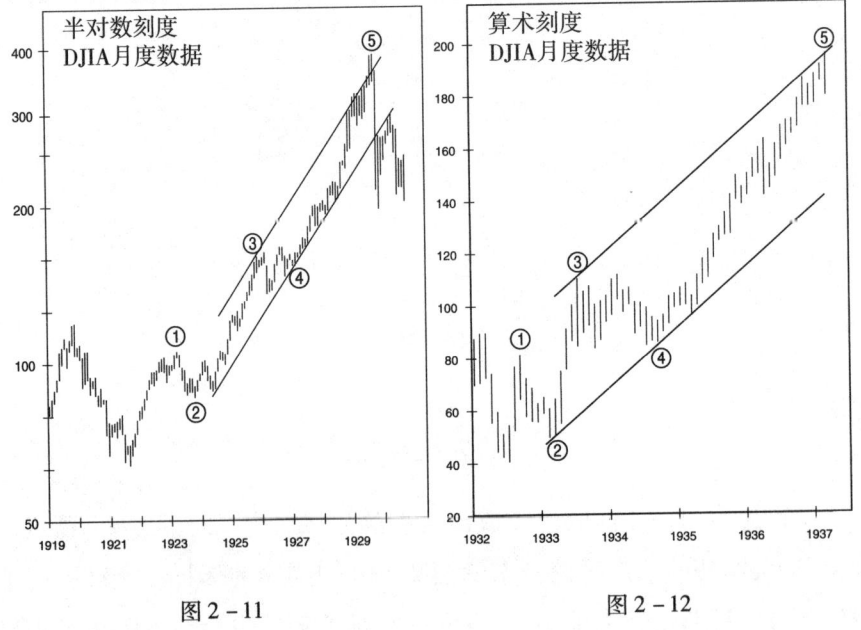

图2-11   图2-12

关于艾略特有关通货膨胀的观点,我们发现 20 世纪 20 年代确实存在着轻微的通货紧缩,因为消费价格指数 CPI 平均每年下降 0.5%,而 1933 年至 1937 年这个时期却是轻微的通货膨胀,CPI 平均每年上涨 2.2%。这个货币背景提醒我们,通货膨胀并不是采用半对数刻度的必要原因。实际上,除了轨道的差异以外,这两个循环浪的规模也惊人地相似:它们产生了几乎相同的价格倍率(分别是六倍和五倍),它们都包含延伸了的第五浪,而且两种情形中,第三浪的顶点高出底部的百分比也相同。两个牛市之间的本质区别是每一个子浪的形状和时间长度不同。

我们至多可以认为,半对数刻度的必要性预示了波浪正处于一个加速过程,而无论大众心理因素如何。给定一个单一的价格目标和一段特定的时间长度,任何人都可以从同样的起点用算术刻度和半对数刻度画出满意的艾略特假想波浪轨道,只要你调整波浪的斜度与波浪轨道相适应。因此,是用算术刻度还是半对数刻度来预测平行轨道,在明确的规则尚未产生之前仍未决定。如果任何时刻的价格运动都不能有序地落在你采用的刻度的两条平行线内,就应选择另一类型的刻度,以保证能正确的观察轨道。为了纵观全局,分析人员应永远同时采用这两种刻度。

成交量

艾略特用成交量来检验数浪并预测波浪延伸。他认识到,在牛市中,成交量有随价格变化放大或萎缩的自然倾向。在调整的后期,成交量萎缩通常表示卖压减少。成交量的最低点通常就是市场的转折点。在大浪级以下的正常第五浪的成交量往往比第三浪小。如果上升行情中的大浪级以下的第五浪的成交量与第三浪的持平或放大,那么第五浪延伸就有效。如果第一和第三浪的长度基本相等,第五浪延伸就很可能出现,同时,它也是第三浪和第五浪同时延伸的最佳预告。

在大浪级和大浪级以上的波浪中,成交量往往在上涨的第五浪中放大,而这仅仅是因为牛市的市场参与者自然会长期增长。事实上,艾略特发现,大浪级以上的牛市终点的成交量常常创天量。最后,如同之前讨论的那样,在平行趋势轨道线或倾斜三角形的阻力线的突破点处,成交量常常会骤然放大(有时,这样的点会同时出现,此时倾斜三角形第五浪正好在包含大一浪级价格轨道的上边界线结束)。

除了这几个颇具价值的观察以外,我们还在本书的不同小节中深入探讨了成交量的重要性。就成交量可以指导数浪和波浪研判而言,成交量最为重要。艾略特也曾说过,成交量独立遵循波浪理论的各种模式,而本书作者们尚未发现可信的证据。

"正确的外表"

一个波浪的总体外形必须与适当的图解一致。尽管我们可以通过把第一个三浪子浪标示成一个单独的浪 A,从而将任何五浪序列强制数成三浪,如图 2-13 所示,但这样做是错误的。如果存在这种数浪方式,艾

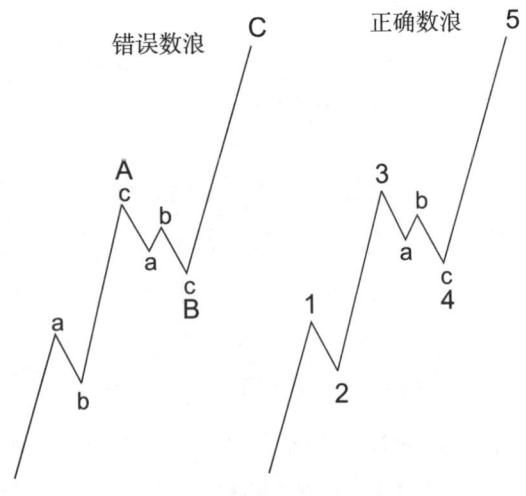

图 2-13

略特理论分析就失去了根基。如果第四浪明显结束时高于第一浪顶部，那么这个五浪序列就必须归属为推动浪。既然在假设情况中，浪 A 是一个三浪结构，那么浪 B 就应该像在平台形中那样跌到浪 A 起点附近，显然浪 B 没有这样运动。我们用内部数浪的结果来分类波浪，而正确完整的外形则常常能帮助我们正确的内部数浪。

我们用第两章中阐述的所有因素对波浪产生一个"正确的认识"。根据我们的经验已经发现，仅仅因为波浪理论中的各种模式弹性空间很大，就把自身的情绪掺杂到市场中，接受不成比例的数浪结果或用错误形态得出的数浪结果，是极其危险的。

艾略特警告说，"正确的认识"并不一定在所有浪级的趋势中同时显现。这条指南是适用于清晰的波浪。如果 60 分钟图不清晰，就去看看日线和周线。反过来说，如果周线图中包含了太多的可能性，那就关注短期市场运动，直至更大的图变得清晰明朗。一般来说，你需要短期走势图来分析快速运动市场的子浪，长期走势图来分析缓慢运动市场。

波浪个性

波浪个性的观点是波浪理论的一个重要扩展。它有将人类行为的个性化更多带入方程式的优点。

艾略特波浪序列中的每一浪的个性，是反映它所包含的群体行为的必不可少的部分。群体情绪从悲观到乐观，再从乐观发展到悲观，每个时间轮回似乎沿着相似的路径，这使得波浪结构中的相应位置会产生相似的环境。正如波浪理论指出的那样，市场的历史总在重演但又不完全相同。每一种波浪都有兄弟姐妹（在一个更大级浪中同方向相同等级的浪）和堂（表）兄弟姐妹（在一个更大浪级中相同等级和相同数目的浪），但却没有双胞胎。这些波浪——特别是堂（表）兄弟姐妹极的波浪——有着相同的市场环境和社会特点。每一种类型的波浪个性可分辨出该浪属于超级循环浪级还是亚微浪级。当由于其他原因数浪不清,或存在不同的研判时,波浪的这种特性不只是能预告分析人员下一个波浪序列中会出现什么,有时还可以帮助判定波浪行进中市场目前的所处位置。在波浪展开过程中,根据艾略特规则有时可能会有几种有效的波浪计数。正是在这种时候,波浪的个性显得尤为有价值。了解每个波浪的个性常常能帮助你正确研判复杂的更大模式。接下来的讨论基于牛市市场,如图2－14和图2－15所示。当作用浪向下,反作用浪向上时,这些观察反过来也成立。

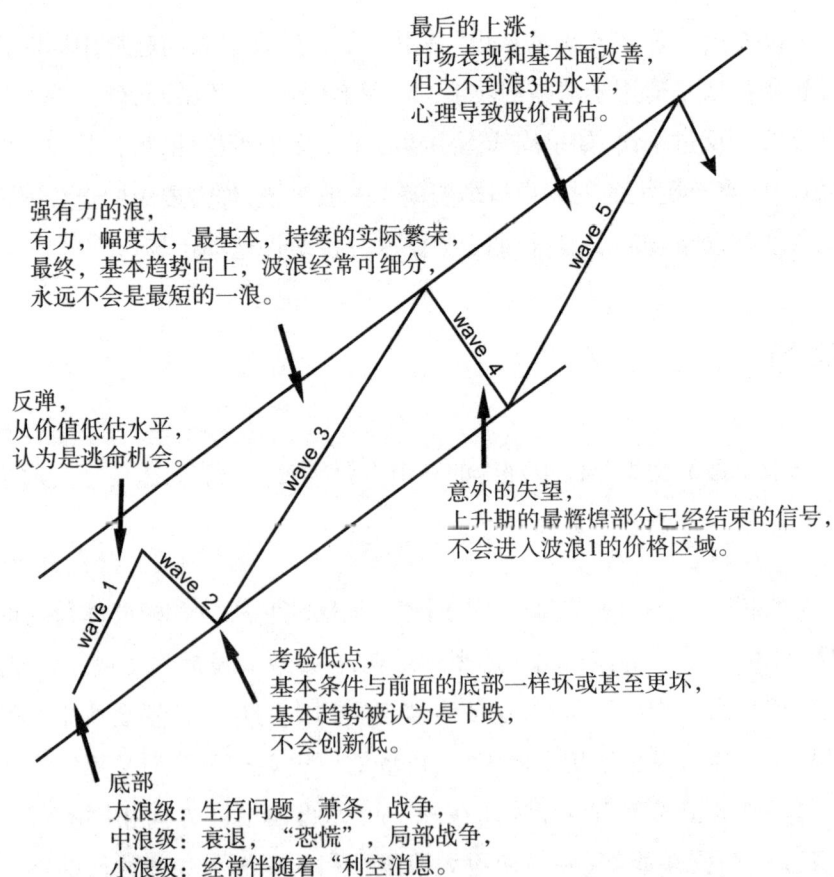

图2－14

理想的调整浪

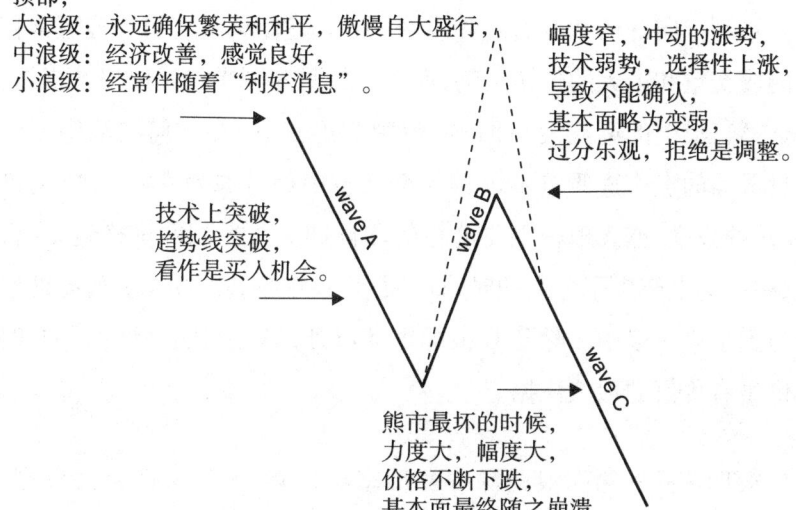

图 2–15

1) 第一浪——粗略估计, 大约一半的第一浪是"筑底"过程中的一部分, 因此它们常常被第二浪大幅调整。然而, 与先前下跌的熊市反弹相比, 这个第一浪的上扬在技术上更有结构性, 常常表现为成交量和幅度的稍稍增加。此时会出现大量的卖空, 因为大多数投资者坚信大势下跌。投资者则认为"又多了一次反弹做空"的机会并抓住不放。另外一半的第一浪, 或是从先前的调整浪的大底部涨起, 如 1949 的 DJLA, 或是从下跌失败中涨起, 又如 1962 年的 DJLA, 或是从极度压抑中涨起, 如 1962 和 1974 年的 DJLA。从这些情形中开始的第一浪通常非常有力, 随后的折回也很小。

2) 第二浪——第二浪通常会回撤掉第一浪的大部分, 因而从第一浪获得的大部分利润会在第二浪结束时丧失殆尽。特别是在买入看涨期权中, 因为在第二浪的恐慌环境下, 期权费常常猛烈下跌。此时, 投资者们坚信熊市又回来了。第二浪常常以极低的成交量和极小的波动结束, 这表明卖压正在消失。

3）第三浪——第三浪通常惊心动魄。它们强势且宽广，在这点，趋势不会错判。向好的基本面走势说明信心正逐渐恢复。第三浪通常伴随最大的成交量和最大的价格运动，而且常常是序列中的延伸浪。当然，它也符合第三浪中的第三浪（即每一浪中的第三浪）在任何波浪序列中都是力量最强的点。这些点不可避免会产生突破、"持续"跳空、成交量放大、异常的幅度、道氏理论主要趋势的印证和失去控制的价格运动，根据浪级，在市场中产生了巨大的时、日、周、月和年盈利。基本上所有的股票都参与到了第三浪中。除了B浪的个性以外，第三浪的个性在展开时也能提供富有价值的数浪依据。

4）第四浪——第四浪的深度和形态可预测，因为根据交替原则，它们应该与先前相同浪级的第二浪不同。第四浪多呈盘整形态，为最后的第五浪运动打好基础。表现不佳的股票在该浪处到达顶点并开始下跌，因为只有第三浪力量的推动才能使它们出现顶点。市场的这种初步恶化使得该阶段不稳固，并在第五浪运行过程中发出市场走软的微弱信号。

5）第五浪——股市中第五浪的幅度没有第三浪那么戏剧性的大。通常，它们的价格变化的最大速度也相对较低，尽管如果第五浪是延伸浪，那么第五浪中的第三浪的价格变化速度可能超过第三浪本身。相似地，虽然成交量常常在循环浪级或浪级更大的推动浪中持续放大，但它只有在第五浪延伸时，才出现在大浪级以下的第五浪中。否则，寻找比第三浪小的成交量是研判第五浪的规则之一。在市场上游戏的投资者有时期望在长期趋势的尽头能出现"喷发"行情，但历史上股票市场从未在顶部达到最高加速度。即便是第五浪延伸，第五浪中的第五浪也缺乏产生"喷发"行情的动力。在上升行情的第五浪中，尽管幅度变窄，投资者的乐观情绪却异常高涨。而且，市场的行动也确实比前面调整浪的反弹时有所改善。例如，1976年底道指的反弹并不令人激动，但相对于先前在4

月、7月和9月上涨的调整浪,它是驱动浪,对二级指数和累积腾落线的影响更小。因为第五浪产生的乐观情绪,在那次反弹结束两周后,投资顾问机构通过民意调查得到了在有数值记录的历史上"熊市"的最低百分比——4.5%,尽管那次第五浪未能创出新高!

6)浪 A——在熊市的浪 A 期间,投资界都确信这次反作用浪只是下一波上升行情前的一个回撤。尽管个股形态首次真正在技术上出现了致命的破坏,公众仍然大批买入。浪 A 为随后的浪 B 奠定了基调。一个五浪结构的浪 A 暗示着浪 B 是锯齿形的,而三浪结构的浪 A 则暗示浪 B 是平台形或三角形。

7)浪 B——浪 B 是假的。它们是失败的投资,是牛市陷阱、是投机者的天堂、零投资者心态的放纵,或愚蠢的投资机构者自满情绪的显露(或两者兼有)。它们通常只集中于少数股票,得不到其他平均指数的"印证"(见第七章对道氏理论的讨论),在技术上力量不强,而且注定要被浪 C 完全折回。如果分析人士毫不费力地对自己说,"市场有些不太对劲",那很可能就是浪 B。浪 X 和扩张三角形中的浪 D 都是上升的调整浪,它们有相同的特征。以下几个例子足以说明这点。

——1930 年的向上调整是 1929~1932 年 A-B-C 锯齿形下跌浪中的浪 B。罗伯特·雷亚在他的巨著《平均指数史话》中把那次情绪化的高峰刻画得淋漓尽致:

……许多观察者认为这是个牛市的信号。我还记得,1929 年 10 月已经形成了一个令人满意的空头之后,12 月初我仍在做空。当 1 月和 2 月缓慢而稳步的上升超越了前一个高点时,我变得惊恐不安,遭到了巨头的损失。……我忘记了,这次折回幅度正常情况下可能是 1929 年暴跌幅度的 66% 或更多。几乎所有的人都认为这是一个新的大牛市。各种顾问机构极端看涨,价格上涨的成交量甚至超过 1929 年的顶峰。

——1961～1962年的上升是（a）—（b）—（c）扩张平台形调整浪中的浪（b）。在1962年初的顶峰，股票的市盈率空前绝后得高。而累积幅度早已在1959年与第三浪的顶部一同达到高峰。

——1966～1968年的上升是循环浪级调整模式中的浪B。大众充满了冲动的情绪，低价股在投机狂热中火箭般地飙升，这与第一浪和第三浪中对次级市场有序、正常的影响截然不同。DJIA在整个涨势中令人难以置信地摆动上升，但最终没能在二级指数创造一个新的高峰。

——1977年，道琼斯运输股平均指数在一个浪B中创下新高，但道琼斯工业股平均指数没有印证这一点。航空公司和卡车运输公司股票上升迟缓。只有运煤的铁路公司股票作为能源经济的一部分参与此次创新高过程。因此，指数的幅度明显缺乏，这再次印证了良好的幅度通常是推动浪的属性而不是调整浪的属性。

——对于黄金市场中的浪B的讨论，详见第六章。

总体观察，中浪级及中级以下浪级中的浪B通常显示出成交量萎缩，而大浪级和浪级更高的浪B的成交量比伴随着先前牛市的浪B更大，这表明公众广泛参与在其中。

8）浪C——下跌浪C的摧毁性极强。它们是第三浪，具备第三浪的大部分特性。在这波下跌行情中，除了持有现金，没有更好的避风港。投资者在浪A和浪B中的种种幻想在此时灰飞烟灭，市场再次陷入恐慌之中。浪C持续时间长且幅度宽。1930～1932年是一个浪C。1962年是一个浪C。1969～1970年及1973～1974年也可被认为是浪C。在更大的熊市市场，上升调整浪中的上升浪C非常强劲，因而可能被误认为是新一轮涨势的开始，尤其当它们以五浪方式展开时。例如，1973年10月的反弹（见图1-37）就是一个倒置的扩张平台形调整浪中的浪C。

9) 浪 D——除了扩张三角形之外,所有的浪 D 通常都伴随成交量的放大。这很可能是因为非扩张三角形调整浪中的浪 D 是混合物,它们的部分是调整浪,因为跟在浪 C 后面又没有完全回撤,但又有第一浪的一些特征。在调整浪中上升的浪 D 与浪 B 一样都有欺骗性。1970~1973年的上升是循环浪级的浪 IV 中的浪 D。那时,描述平庸的机构基金经理人态度的"统一决策"的自满情绪得以证实。市场上的股票种类仍然很少,这次,主要投资 50 种蓝筹成长股和魅力股。与运输业平均数一样,幅度在 1972 年很早见顶,拒绝接受 50 家蓝筹股高得离谱的市盈率。为了准备总统选举,华盛顿在整个涨势中火力全开,维持这种虚假的繁荣。就像先前描述浪 B 一样,欺骗是一个很合适的词汇。

10) 浪 E——三角形中的 E 浪,就大多数市场观察者来看,是到达顶峰后新的一轮戏剧性跌势的开始。它们几乎总是伴随着消息面的强烈支撑。这些消息连同浪 E 将要在三角形调整浪的边界线形成假突破的趋势,在市场参与者本应准备反方向操作的时刻,坚定了他们看跌的信念。因此,参与作为终结浪的浪 E 的投资者和第五浪一样情绪化。

* * * * * * * * *

这里讨论的各种趋势并非不可避免,所以它们不是规则,只是指南。它们缺乏必然性,但丝毫没有降低作为指南的作用。例如,图 2-16 是近期市场活动的 60 分钟走势图,它是 DJIA 从 1978 年 3 月 1 日的最低点开始上涨的最初四个小浪。这些波浪从头到尾完全遵循艾略特规则浪:包括波浪长度、成交量模式(未显示)、趋势轨道、等长的指南、延伸浪后的"a"浪折回、第四浪的预期低点、完美的内部波浪数、交替、斐波那契时间序列以及内含的斐波那契比率关系。只有浪 4 规模太大这条没有准确依照艾略特规则。值得注意的是,914 点是个合理的目标,因为它正好是 1976~1978 年下跌行情的 0.618 倍回撤。

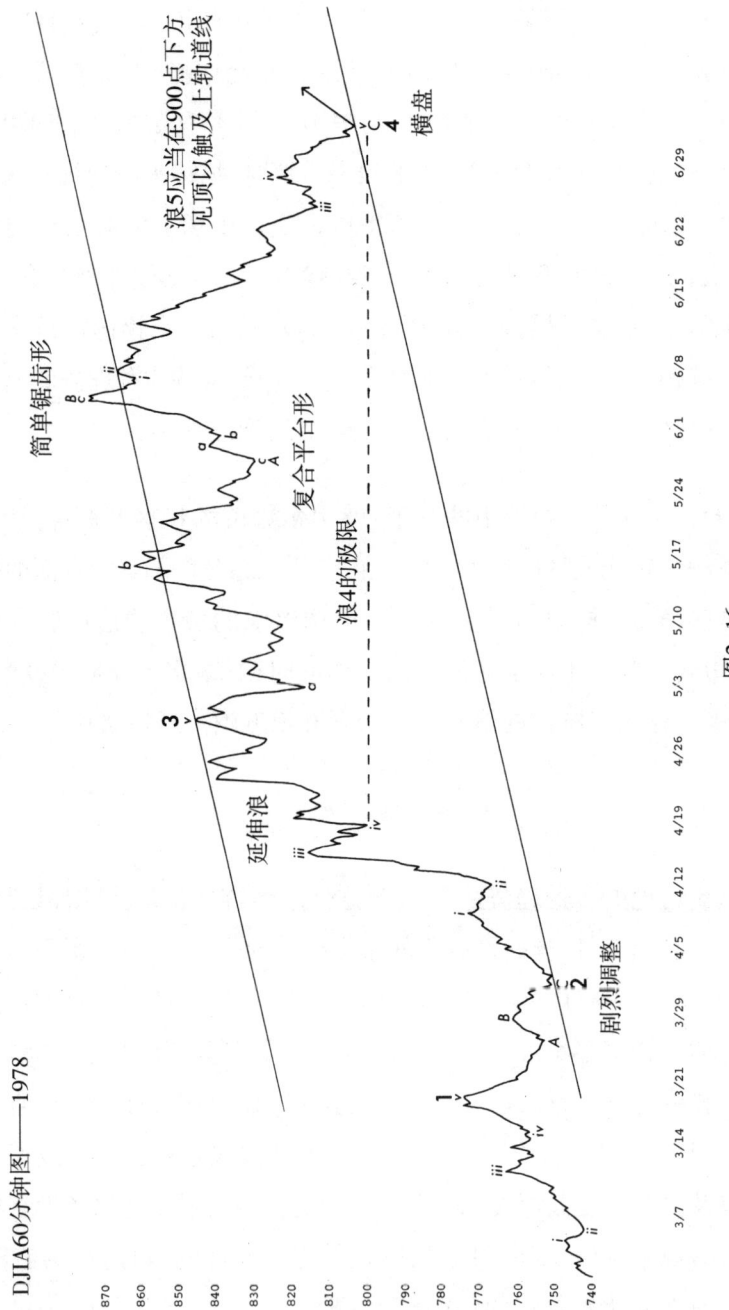

图2-16

这些指南也有例外情况，如果没有这些例外，市场分析俨然就是一门精确的科学，而不是概率论了。然而，有了波浪结构指南的完整知识，你就能对自己的数浪充分自信。你可以用实际市场活动来验证数浪，也可用数浪来预测未来的市场活动。

还要注意，艾略特波浪指南覆盖了传统的技术分析大多数，如市场动量和投资者情绪。现在传统的技术分析价值得到了更大的提高，因为它可以帮助研判市场在艾略特波浪结构中的确切位置。总体来说，这种技术分析方法应该被推广。

波浪规则和指南的总结

从理论观点而言，我们必须小心不要将艾略特波浪与它们的度量相混淆，艾略特波浪就好像是测量热度的温度计。温度计不是用来测量空气温度短期变化的，艾略特波浪也不是用来记录30种股票指数每一次短期波动的。当我们完全相信所列的规则作为一个共同心理现象控制艾略特波浪时，那么艾略特波浪导出的行动——买或卖一定的股票——的记录就不可能完全反映这些浪。因此，只是由于度量工具的不完善，这些行动的记录便可简单地从规则的完美表达中得到。换句话说，道琼斯工业价格平均指数在小浪级及以上完全服从艾略特规则，更小浪级也几乎总是如此。下面关于五个主要波浪的模式、变形、组合（除斐波那契关系）的规则和指南的总结。

推动浪

驱动浪

规则

· 驱动浪总被细分成5浪。

- 浪1总被细分为一个驱动浪或(很少)一个倾斜三角形。

- 浪3总被细分为一个驱动浪。

- 浪5总被细分为一个驱动浪或一个倾斜三角形。

- 浪2总被细分为一个锯齿形、平台形或组合形。

- 浪4总被细分为一个锯齿形、平台形、三角形或组合形。

- 浪2从不会运动超过浪1的起点。

- 浪3总是运动超出浪1的终点。

- 浪3从不是最短的浪。

- 浪4从不会运动超过浪1的终点。

- 浪1、浪3和浪5从不会都是延伸浪。

指南

- 浪4的调整模式几乎总是与浪2不同。

- 浪2通常是锯齿形或锯齿形组合。

- 浪4通常是平台形、三角形或平台组合。

- 有时浪5没有运动超过浪3的终点(在这种情况,称为截尾)。

- 不管算术刻度还是半对数刻度,遇到或稍微超过平行于连接浪2

和浪 4 终点的、由浪 3 终点划出的线时,浪 5 结束。

· 除有时浪 1 的早期部分("启动")更陡峭外,浪 3 的中心几乎总有上一浪级驱动浪中任一相等周期中最陡峭的。

· 浪 1、3 或 5 通常是延伸浪。(一个延伸浪似乎"被拉伸",因为其调整浪相对于其驱动浪太小。它相当长,并且比非延伸浪包含了更多的子浪)。

· 通常,延伸的子浪与母浪数字相同(1、3 或 5)。

· 两个子浪很少延伸,尽管当它们是循环浪或超级循环浪级的两个子浪,且在一个更高浪级的第五浪中时,浪 3 和浪 5 通常都是延伸浪。

· 浪 1 最不常是延伸浪。

· 当浪 3 被延伸时,浪 1 和浪 5 获得的收益常常会相等或是斐波那契比率。

· 当浪 5 被延伸时,浪 5 经常是浪 1 到浪 3 净运行的斐波那契比率。

· 当浪 1 被延伸时,浪 1 经常是浪 3 到浪 5 净运行的斐波那契比率。

· 浪 4 通常结束于浪 3 的子浪四的价格区域内。

· 浪 4 经常可根据时间或价格将整个驱动浪细分成斐波那契比率。

倾斜三角形

规则

· 倾斜三角形总是细分为五浪。

·终结倾斜三角形总是作为一个驱动浪的浪 5 出现或作为一个锯齿形或平台形的浪 C 出现。

·引导倾斜三角形总是作为一个驱动浪的浪 1 出现或作为一个锯齿形波浪的浪 A 出现。

·终结倾斜三角形的浪 1、2、3、4 和 5 以及引导倾斜三角形的浪 2 和浪 4 总是细分为锯齿形。

·浪 2 永远不会超出浪 1 的起点。

·浪 3 总是超出浪 1 的终点。

·浪 4 永远不会运动超出浪 2 的终点。

·浪 4 总是在浪 1 的价格区域内结束。*

·随着时间的推移,连接浪 2 和浪 4 终点的线收敛于(在收缩变形中)或发散于(在扩张变形中)连接浪 1 和浪 3 终点的线。

·在引导倾斜三角形中,浪 5 总是在浪 3 的终点以外结束。

·在收缩变形中,浪 3 总是比浪 1 短,浪 4 总是比浪 2 短,浪 5 总是比浪 3 短。

·在扩张变形中,浪 3 总是比浪 1 长,浪 4 总是比浪 2 长,浪 5 总是比浪 3 长。

---

* 我们已经发现道指中的一个倾斜三角形,其浪 4 没有到达浪 1 的价格区域,见图 1-18。

·在扩张变形中,浪 5 总是在浪 3 终点以外结束。

指南

·浪 2 和浪 4 总是回撤到前一个浪的 0.66 到 0.81。

·引导倾斜三角形的浪 1、3 和 5 的子浪通常是锯齿形,但有时也是驱动浪。

·在一个驱动浪中,如果浪 1 是倾斜三角形,那么浪 3 很可能是延伸浪。

·在一个驱动浪中,如果浪 3 不是延伸浪,浪 5 不可能是倾斜三角形。

·在收缩变形中,浪 5 通常在浪 3 终点以外结束(这种情况以外被称作为截尾)。

·在收缩变形中,浪 5 通常在连接浪 1 和浪 3 终点的线上或稍微超出线外结束(在那个线外结束的叫突破)。

·在扩张变形中,浪 5 通常在到达连接浪 1 和浪 3 终点的线稍前处结束。

调整浪

锯齿形

规则

·锯齿形总是分成三个浪。

- 浪 A 总是细分成驱动浪或引导倾斜三角形。

- 浪 C 总是细分成驱动浪或倾斜三角形。

- 浪 B 总是细分成锯齿形、平台形、三角形和由此所得的组合形。

- 浪 B 永远不会运动超出浪 A 的起点。

指南

- 浪 A 几乎总是细分成驱动浪。

- 浪 C 几乎总是细分成驱动浪。

- 浪 C 与浪 A 长度总是大致相同。

- 浪 C 几乎总是在浪 A 终点以外结束。

- 浪 B 通常回撤浪 A 的 38% 到 79%。

- 如果浪 B 是一个运行三角形,那么它通常回撤浪 A 的 10% 到 40%。

- 如果浪 B 是一个锯齿形,那么它通常回撤浪 A 的 50% 到 79%。

- 如果浪 B 是一个三角形,那么它通常回撤浪 A 的 38% 到 50%。

- 连接浪 A 和浪 C 终点的线经常平行于连接浪 B 终点和浪 A 起点的线。(预测指南:浪 C 经常在从浪 A 终点引出的平行于连接浪 A 起点和浪 B 终点的线上结束。)

平台形

规则

· 平台形总是被细分成三浪。

· 浪 A 永远不会是三角形。

· 浪 C 总是驱动浪或倾斜三角形。

· 浪 B 总是至少回撤浪 A 的 90%。

指南

· 浪 B 通常回撤在浪 A 的 100% 和 138% 之间。

· 浪 C 的长度在浪 A 长度的 100% 和 165% 之间。

· 浪 C 通常在浪 A 的终点以外结束。

注

· 当浪 B 长度大于浪 A 的 105% 且浪 C 在浪 A 终点外结束,整个形态被称为扩张平台形。

· 当浪 B 长度大于浪 A 的 100% 且浪 C 在没有超出浪 A 终点之外,整个形态被称为运行平台形。

收缩三角形

规则

· 三角形总是细分成五浪。

- 在浪 A、B、C、D 和 E 中的至少有四浪可细分为锯齿形或锯齿组合形。

- 浪 C 永远不会运动超出浪 A 的终点,浪 D 永远不会运动超出浪 B 的终点,浪 E 永远不会运动超出浪 C 的终点。随着时间的推移,连接浪 B 和浪 D 终点的线收敛于连接浪 A 和浪 C 终点的线。

- 三角形永远没有一个以上的复合子浪,复合子浪总呈锯齿形组合或三角形组合。

指南

- 通常,浪 C 细分成持续时间更长的锯齿形组合,且拥有比其他子浪更大比率的回撤。

- 有时,浪 D 细分成持续时间更长的锯齿形组合,且拥有比其他子浪更大比率的回撤。

- 有时,浪 C、D 或 E,可细分成收缩三角形或障碍三角形,就像整个三角形包含了九个锯齿。

- 60% 的可能性浪 B 不会在浪 A 的起点外结束。当这种情况发生时,该三角形被称为运行三角形。

障碍三角形

- 除了浪 B 和浪 D 在基本相同的水平结束外,障碍三角形有着收缩三角形同样的特点。但仍不得不观察 9 浪障碍三角形,因为这种波浪可能延伸。

· 当浪 5 出现在一个三角形之后,这个三角形或者是一个短暂的、迅速的运动或是一个相当长的延伸。

扩张三角形

规则

大多数规则与收缩三角形相同,只有下列不同:

· 浪 C、D 和 E 的运动会超出前一个同方向子浪的终点。(结果是,随着时间的推移,连接浪 B 和浪 D 终点的线会发散于连接浪 A 和浪 C 终点的线。)

· 子浪 B、C 和 D 至少回撤前一个子浪的 100%,但不会多于 150%。

指南

大部分指南是相同的,以下是不同点:

· 子浪 B、C 和 D 通常会回撤前一个子浪的 105% 到 125%。

· 至今没有发现子浪可细分为三角形。

组合

规则

· 组合形态包含被一个(或两个)调整形态从相反方向分开的两个(或三个)调整形态,标注为 X。(第一个调整形态标注为 W,第二个标注为 Y,第三个,如果存在的话,标注为 Z。)

- 锯齿形组合包含两个或三个锯齿形(这种情况称为两重或三重锯齿形)。

- 一个"两个三"平台形组合包含了(按顺序)一个锯齿形和一个平台形,一个平台形和一个锯齿形,一个平台形和一个平台形,一个锯齿形和一个三角形或一个平台形和一个三角形。

- 不常见的"三个三"平台组合包含了三个平台组合。

- 两重或三重锯齿形取代了锯齿形,而双重和三重三取代了平台和三角形。

- 一个扩张三角形还必须看作为一个组合的组成部分。

指南

- 当一个锯齿形或平台形作为一个完整的浪,相对于前面的浪(或如果是浪 4,前面的浪就是浪 2)太小,组合是可能的。

学习基础知识

掌握了第 1 章和第 2 章的工具,任何学者都可以进行专业的艾略特波浪分析。那些没有完全学习这个理论或只是刻板地应用这种工具的人,在真正应用之前应放弃。最好的学习方法是坚持绘制 60 分钟走势图,努力使所有的振荡符合艾略特波浪模式,同时关注所有的可能性。慢慢地,你看到的将不光只是图表,而会惊奇自己的所见。

必须要记住,投资策略必须总是和最有效的数浪方式相一致,各种交替的研判知识对处理突发事件极为有用,立刻把它们考虑到市场预期中来,并适应不断变化的市场框架。波浪构造的严格规则将无尽的可能性收入相对较小的列表中,而波浪模式的灵活性减少了无论现在市场怎么运行都是"不可能的"的叫喊。

"一旦你排除了不可能部分,剩下的部分不管多么不可能发生都必将是事实。"在阿瑟·柯南道尔的小说四签名(The Sign of Four)中,夏洛克·福尔摩斯对他的忠诚伙伴华生医生这么说道。这条忠告是你能成功运用艾略特波浪理论必须知道的事情的总结。运用波浪理论最好的方法是演绎推理。通过了解艾略特波浪规则知道哪些情况不可能会发生,你应该知道剩下的情况都可能发生,不管发生的可能性多么微小。通过运用延伸、交替、重叠、轨道、成交量以及其他所有的规则,你拥有了比初次一瞥强大得多的武器库。不幸的是,对于许多人来说,这种方法需要思考和工作,它很少提供机械的信号。然而,这种思考就是一个排除过程,从艾略特理论中得出最精华的部分。而且这种思考乐趣横生!我们真诚地期望你可以尝试一下这种思考方式。

作为这种演绎的例子,回到图 1-14,并遮住 1976 年 11 月 17 日以后的价格活动。没有波浪标识和边界线,市场就显得没有条理。用波浪理论作为指南,市场结构的含义就变得清晰了。现在问问你自己,你会如何预测接下来的波浪运动?下面是罗伯特·普莱切特的分析,取自他写给阿尔弗雷德·弗罗斯特的一封信,该信是他之前提交给美林证券报告的一份总结:

兹附上我目前对近来趋势图的看法,尽管我只用了 60 分钟走势图得出了这些结论。我的观点是,从 1975 年 10 月开始的第三大浪还没有结束它的行程,目前正在运行的是这个大浪中的第五中浪。首先也是最重要一点,我认为 1975 年 10 月到 1976 年 3 月是一个三浪结构,而不是五浪，只有当5月11日波浪失败时，才有可能形成五浪。然而，这个可能的"失败形态"后的波浪结构不能说服我的研判是正确的，因为第一个下跌至956.45点的是五浪结构，而且整个随后的结构明显是一个平台形。因此，我认为从3月24日以来我们一直处于第四调整浪中。这个调整浪完全符合扩张三角形的构造条件，它也只可能是第四浪。相关的趋势线在描述下跌时惊人的准确，第一次重要下跌的幅度（从3月24日跌倒6月7日，共55.51点）乘以1.618为89.82点。如果从第三中浪的正规顶部的1011.96点下跌89.82点，最后应该跌到922点，恰好就是上周，即11月11日当天的点数（实际60分钟图中最低点是920.62点）。现在这似乎表明第五中浪将回撤到新高点，从而完成第三大浪。这种研判的唯一问题是，艾略特认为第四浪下跌通常停在先前小一浪级第四浪的底部之前，也就是2月17日的950.57点，很显然这个底端已经被跌破了。然而，我发现这条规则并非牢不可破。反向对称三角形之后应该接有一波反弹，这波反弹接近三角形最宽部分的宽度，应该会落在1020~1030点，远达不到趋势线1090~1100点的目标。而且，在第三浪中，第一子浪和第五子浪在时间和幅度上相等。既然第一子浪在两个月内（1975年10月~12月）上涨了10%，那么这个第五子浪也应该能上涨100点（1020~1030点）并在1977年1月达到顶点，但这也达不到趋势线的目标。

现在来看看走势图的剩余部分，看一下这些指南是如何帮助预测市场未来路线的。

克里斯托弗·莫利曾经说过，"跳舞对女孩来说是一项绝佳的训练。这是她们学习在男人行动之前就揣摩出其意图的第一途径"。同样，波浪理论可以训练分析人士在市场行动之前就看清楚它的可能动向。

一旦你掌握了艾略特"才能"，它将伴你终生，就像孩子学会了骑车再也不会忘记那样。这样之后，抓住机遇就变成了一件非常普通的事情，而且真的不难。此外，通过给你一种自信，艾略特帮助你对未来不可避免的价格波动做好心理准备，把你从运用趋势线预测未来这种普遍的分析错误中释放出来。最重要的是，波浪理论常常可以提前算出下一阶段市场前进或倒退的幅度。了解这些未来趋势是你在金融市场中成败的关键所在。

实际应用

任何分析方法的实际目的是要确定适合买入（或空头回补）的市场最低点，以及适合卖出（或做空）的市场最高点。在建立交易或投资策略时，应根据环境的要求采用适当的思维模式，既灵活又果断、既激进又保守。艾略特波浪理论不是这样一种策略，但作为这种策略的基石，它无可匹敌。

尽管许多分析人士并不这样看待波浪理论，但它仍是一种客观研究方法，或像柯林斯说的那样，"是一种技术分析的严谨形式"。博尔顿曾经说过，世界上最难的事就是相信自己看到的东西。如果你不相信你的所见，那么某些你认为理所应当的东西就会出现在你的分析中。而这时，数浪变得主观而毫无价值。

怎样在不确定的世界中保持客观？一旦你找到了分析的正确目标，一切将变得轻而易举。

没有艾略特波浪理论，市场的各种可能性会无穷无尽。它首先降低了市场的很多可能性，又对市场未来的可能路径进行排序。它的很多特殊规则把未来走向的可能性降至最少。其中，最佳的研判，有时称为"首选的数浪"，就是符合最多波浪指南的那种研判。其他研判也相应排序。因此，满足波浪理论规则和指南的最佳分析应既满足所有可能性的排列顺序，又符合各种结果可能出现概率的排列顺序。这种排列顺序通常是确定的。但是，不要认为这种确定性就是确定某个特定结果会出现。只有在极少数情况中，你能明确知道市场将如何运行。你必须理解而且接受这样一种事实：即使用这个方法预测特殊事件成功的概率很高，有时也会出错。

通过不断更新第二最佳研判，有时称"替代数浪"，可以对这样的事实做好心理准备。因为使用波浪理论是一项概率练习，所以不断修正替代数浪是正确使用波浪理论的基本组成部分。一旦市场打破预期，替代数浪能把这种意外的市场活动考虑在内，立刻成为新的首选数浪。一旦从自己的马上摔下来，立刻骑上另一匹是最佳选择。

永远运用首选数浪方案来投资。有时，两个甚至三个最佳的数浪方案都给出了同样的投资策略。有时，不断关注替代方案可以帮你获得盈利，甚至是在首选数浪出错时。例如，你误以为某个次低点非常重要，在这个低点过后，市场可能会在更高浪级上再创新低。次低点之后紧随的是一个清晰的三浪反弹，而不是一个必须的五浪时，这种认识就会产生，因为三浪反弹是上升调整浪的标志。因此，转折点之后的走势常常帮助判断是否出现了最低点或最高点的假设，而且比危险发生提前了许多。

即使市场不允许转换观点，波浪理论仍然富有卓越的价值。大多数其他市场分析方法，无论是基本分析、技术分析还是循环分析，都无法在发生错误时改变观点或头寸。与之相反，波浪理论建立了内置的客观方法来停止损失。我们知道，波浪分析以价格模式为基础，而一个已经完成的模式要么已经结束，要么还没有。如果市场改变方向，分析人士就抓住了转折点；如果市场超过了一个正常完成的模式允许的范围，结论就错了，那些暴露在风险中的资金会立即被收回。

当然，很多时候，尽管经过了严密的分析，仍然得不出一个明确的首选研判。这种时候，你必须等待，让波浪自己计数。过一会，当杂乱的走势变得明朗时，市场转点即将到来的概率会突然地、令人激动地增到将近100%。能精确定位转折点非常难得，而波浪理论是唯一能够这样做的研究方法。

能定位转折点已经十分难能可贵,但波浪理论还是唯一的一种能提供预测指南的研究方法。这些指南中的大多都是具体的,而且时常产生十分精确的结果。如果实际市场是模式化的,而且这些模式有可识别的几何形状,那么无论市场出现何种变形,某些特定的价格和时间关系很可能会重演。事实上,经验证明它们的确如此。

我们的任务是提前确定市场下一步将如何运动。事先确定目标价位的一个好处是,它给市场实际走势提供了一种背景。这样,一旦市场出错你能迅速地接到警报,当市场没有按照预期运动时,改变研判使它更加准确、适合。第二个好处是,它能帮你做好心理准备,在其他投资者绝望抛售时买入,别人欢欣鼓舞自信地买入时卖出。

无论你的信念如何,永远不要将视线离开现实中正在展开的波浪结构。市场的本质就是消息,市场行为的变化可能会导致市场前景的变化。那时,一个投资者真正需要知道的就是做多、做空还是离场,有时只需迅速地看一眼走势图就可以做出决定,而有时必须在艰苦工作之后才能做出。

然而,除了全部的知识和技能之外,没什么能帮你在这场市场冒险中做好充分的准备。纸上谈兵不能,东施效颦不能,模拟游戏更不能。一旦掌握了专业运用方法的技能,你就只需要准备好工具。一旦你使用这种方法,你就遇到了真正的敌人:与自己的情绪作战。这就是为什么分析和赚钱是两码事,就好像远离战场永远无法真正地懂得战争一样。只有真正的参与其中才能明白什么是金融投资。

当你决定尝试只有千分之一的人才能做的事时——在市场上成功投资——拿出远少于总净资产的那部分钱。那样,即使你在第一阶段不可避免地投资失败,你也能在研究损失原因时有钱生活。当你找到亏损的原因时,就开始进入了第二阶段:这是理智战胜情感的长期过程,否则亏损的原因将再次占上风。这是一项没人能为你准备的工作;你只能自己完成它。然而,我们可以做的是为你的分析提供一个良好的基础。无穷无尽的潜在交易和投资生涯从选择一种毫无价值的分析方法的最开始就注定了失败。我们建议你选择波浪理论作为分析方法,它将帮你正确思考,这也是你成功投资的第一步。

没有方法能对市场无所不知,波浪理论显然也不能。然而,用正确的眼光看待,一切则皆有可能。

坐落于意大利比萨的莱昂纳多·斐波那契雕像底座上铭刻着
"A·莱昂纳多·斐波那契,13世纪比萨著名的数学家。"

小罗伯特·R·普莱切特　摄

第三章 波浪理论的历史和数学背景

斐波那契数列是由13世纪的意大利数学家莱昂纳多·斐波那契发现的(确切来说是重新发现的)。本文将概述这位奇才的历史背景,详细地讨论这个以他名字命名的数列(技术上,它是序列,而不是级数)。艾略特在自然法则中说道,斐波那契数列为波浪理论提供了数学基础。(对于波浪理论背后数学知识的进一步讨论,请见沃尔特·E·怀特撰写的"波浪理论的数学基础",收录于新经典文库。)

来自比萨的莱昂纳多·斐波那契

黑暗时代是欧洲文化全面衰退的一段时期。从公元476年罗马帝国的衰亡开始,持续到大约公元1000年。这一时期,数学和哲学在欧洲日渐衰落,由于黑暗时代没有蔓延到东方,它们在印度和阿拉伯得到了充分的发展。随着欧洲的逐步复兴,地中海发展成了一条文明之河,引导着来自印度和阿拉伯的商业、数学以及其他新思想流入欧洲。

在中世纪,比萨是一座城墙坚固的城邦,也是繁荣的商业中心,它的滨水区反映了当时的商业革命。皮革、毛皮、棉花、羊毛、铁、铜、锡和香料都在比萨城内交易,黄金是重要的货币。港口挤满了重达400吨、长至80英尺的船只。比萨城的经济支撑了皮革业、造船业和炼铁厂。即使用今天的标准去衡量,比萨的政治体制也相当完善。例如,首席治安官任期到满后才能获得报酬,而且这段任期还要接受检查,看是否能胜任工资。事实上,我们的主人公斐波那契就是检查员之一。

斐波那契,出生于1170～1180年,是一位杰出的商人、市政官的儿子,很可能生活在比萨的一座塔楼中。当时,塔楼可用作工厂、碉堡和家庭住宅,它的建筑结构可以使箭从狭窄的窗户里射出,或将烧开的柏油倒向接近塔楼图谋不轨的陌生人。斐波那契活着的时候,著名的比萨斜塔还在建造中。它是当时比萨在建的三座宏伟建筑中的最后一座,比萨大教堂和比萨洗礼堂早已在几年前完工。

还是学生时,斐波那契就开始熟悉当时的海关和商业活动,包括使用算盘。算盘是当时欧洲广泛使用的一种商用计算器。尽管斐波那契的母语是意大利语,他还学会了其他几种语言,包括法语、希腊语,甚至还有拉丁语,而且说得很流利。

莱昂纳多的父亲被任命为北非贝贾亚的海关官员不久,就要求莱昂纳多一同前往完成学业。莱昂纳多开始围绕地中海多次进行商业旅行。一次埃及旅行之后,他出版了名著的《算学》,这本书把有史以来最伟大的数学发现:十进制引入了欧洲,其中包括零是十进制的首位。这个理论,包括了常见的符号即0,1,2,3,4,5,6,7,8和9,也就是现在都广泛使用的印度—阿拉伯进制。

在真正的数位制或位值制中,一列中与其他符号排列在一起的符号的实际值,不仅取决于组成它的基本数字的值,还取决于排列中的位置,例如,58与85的实际值同。尽管早在几千年前,巴比伦人和中美洲的玛雅人就已经分别建立了数位或位值的命数法,但这些方法在其他方面有缺陷。因此,第一个使用数字零和位值的巴比伦进制,并未被引入希腊数学中,甚至没有引入罗马进制中。罗马命数法中有七个符号:I,V,X,L,C,D 和 M,这些符号没有数字值。用这些非数字符号进行加、减、乘、除并不容易,尤其当数字比较大时。自相矛盾的是,罗马人使用算盘——这种非常古老的数字工具来解决这个问题。而算盘是基于数字的,而且含有数字零,它对罗马人的计算体系起到了必要的补充作用。在当时,书记员和商人都要依靠算盘来解决问题。斐波那契在巨著《算学》中解释了算盘的基本原理后,开始在旅行中使用这种新进制。通过他的努力,这种简单的新进制终于传入了欧洲。渐渐地,罗马数字被阿拉伯数字代替。将这种新进制引入欧洲,是自罗马帝国衰亡后 700 年来数学领域里的最重要成就。斐波那契不仅使中世纪的数学保持了活力,还为高等数学、物理学、天文学和工程学的相关领域的巨大发展奠定了基础。

尽管后来世界几乎忘记了斐波那契,但他无疑是那个时代的巨人。他非常的著名,科学家、学者弗里德里克二世都特别前去比萨访问他。弗里德里克二世是圣罗马帝国的皇帝,西西里王国、耶路撒冷王国的国王同时也是欧洲和西西里王国两个贵族家庭的后裔,在那个时期,他是最有威望的王子。他信仰君主专政制,一直生活在一个罗马皇帝应有的奢华中。

斐波那契与弗里德里克二世的会晤发生在公元 1225 年,是当时比萨城的一件盛事。皇帝骑着马走在队伍的前面,队伍里有号兵、侍臣、骑士、官员和威风的随从。皇帝对这位著名数学家提出的一些问题在《算学》中都有详尽的记载。显然,斐波那契解决了皇帝提出的这些问题,因为他被允许可随时进入皇宫。斐波那契在公元 1228 年再版《算学》这本书,并把修订版献给了弗里德里克二世。

毫不夸张地说,莱昂纳多·斐波那契是中世纪最伟大的数学家。斐波那契总共写了三本数学著作:1202 年出版、1228 年修订的《算学》,1220 年出版的《实用几何学》,以及《平方数书》。公元 1240 年,比萨公民尊称他为"言行谨慎且学识渊博的人",而且最近《大英百科全书》的资深编辑约瑟夫·基斯说道,未来的学者迟早会"给比萨的莱昂纳多'世界上伟大的学术先驱之一'的称号"。多年以后,斐波那契的著作终于从拉丁文译成英文。对于那些感兴趣的读者,约瑟夫·基斯与弗朗西斯·基斯合著的《比萨的莱昂纳多和中世纪的新数学》是一本关于斐波那契时代及其著作的优秀专著。

尽管斐波那契是中世纪最伟大的数学家,但人们对他的纪念只是与比萨斜塔隔着阿诺河的一座雕像,以及两条以他的名字命名的街道——一条在比萨,另一条在佛罗伦萨。很奇怪的是,参观著名的高达179英尺的比萨斜塔的游客中,很少有人听说过斐波那契,或瞻仰过他的雕像。斐波那契与公元1174年开始建造的比萨斜塔的设计师波纳纳是同时代的人,两者都对世界做出了贡献,而对世界影响颇深的一个人却几乎不为人知。

斐波那契数列

在《算学》中,由一个问题产生了数列1,1,2,3,5,8,13,21,34,55,89,144,到无穷,这就是斐波那契数列。这个问题是:

在一个封闭区域中,如果一对兔子从第二个月开始,每个月生一对新兔子,那么,在一年内会有多少对兔子?

我们发现每对兔子,包括第一对,需要一个月的时间长大,一旦可以生育,每个月都会生出一对新兔子。前两个月兔子的对数是相同的,所以数列是1,1。第一对兔子最终在第二个月生下一对新兔子,所以从第三个月开始时,就有了两对兔子。在这两对兔子中,老兔子又生了第三对兔子,所以在第四个月的开始,数列扩大为1,1,2,3。在这三对兔子中,两对较老的兔子,再次生育,这样兔子就有五对。下一个月,有三对兔子可以生育,因此数列扩大到了 1,1,2,3,5,8,并依此类推。图 3-1 就是以指数形式加速膨胀的兔子家族树。按这个数列发展几年,就会产生天文数字。例如,100 个月后,我们会得到 354,224,848,179,261,915,075 对兔子。由兔子问题引出的斐波那契数列有许多有趣的特性,序列中的各项几乎有着恒定的关系。

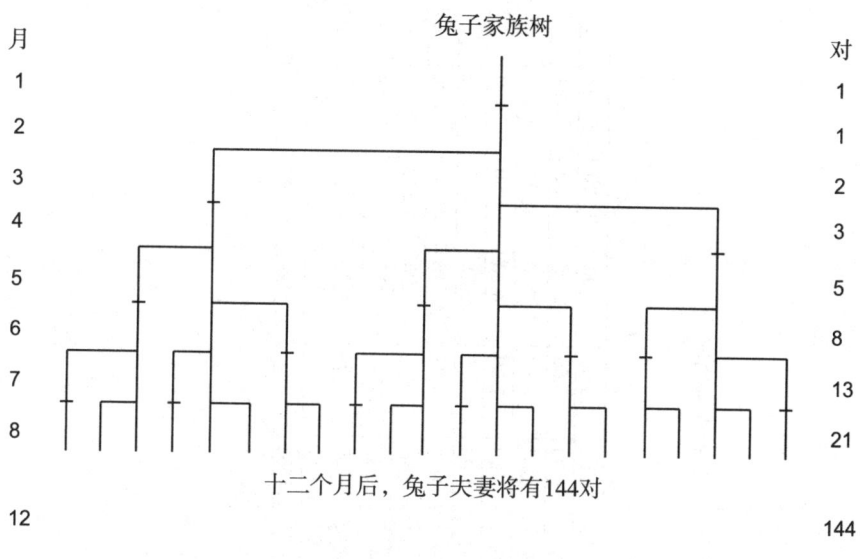

图 3-1

数列中任何两个相邻的数字和,等于下一个更大的数字,即,1 加 1 等于 2,1 加 2 等于 3,2 加 3 等于 5,3 加 5 等于 8 等等,直到无穷。

黄金比率

除数列中的头几个数字,任何一个数字与下一个数字的比大约是 0.618 比 1,而与前一个数字的比值大约是 1.618 比 1。随着数列的推移,比值就越接近于一个无理数 ϕ,即 0.618034……数列中,两个间隔数字之间的比率是 0.382,倒数是 2.618。图 3-2 是斐波那契数列中从 1~144

的比率表。

斐波那契比率表

分子\分母	1	2	3	5	8	13	21	34	55	89	144
1	1.00	2.00	3.00	5.00	8.00	13.00	21.00	34.00	55.00	89.00	144.00
2	.50	1.00	1.50	2.50	4.00	6.50	10.50	17.00	27.50	44.50	72.00
3	.333	.667	1.00	1.667	2.667	4.33	7.00	11.33	18.33	29.67	48.00
5	.20	.40	.60	1.00	1.60	2.60	4.20	6.80	11.00	17.80	28.80
8	.125	.25	.375	.625	1.00	1.625	2.625	4.25	6.875	11.125	18.00
13	.077	.154	.231	.385	.615	1.00	1.615	2.615	4.23	6.846	11.077
21	.0476	.0952	.1429	.238	.381	.619	1.00	1.619	2.619	4.238	6.857
34	.0294	.0588	.0882	.147	.235	.3824	.6176	1.00	1.618	2.618	4.235
55	.01818	.03636	.0545	.0909	.1455	.236	.3818	.618	1.00	1.618	2.618
89	.011236	.02247	.0337	.05618	.08989	.146	.236	.382	.618	1.00	1.618
144	.006944	.013889	.0208	.0347	.05556	.0903	.1458	.236	.382	.618	1.00

（至最佳比率）

图3-2

φ是唯一一个与1相加，可以得到其倒数的数字：0.618 + 1 = 1 ÷ 0.618。这种相加和相乘的结合，产生了以下等式序列：

$0.618^2 = 1 - 0.618$,

$0.618^3 = 0.618 - 0.618^2$,

$0.618^4 = 0.618^2 - 0.618^3$,

$0.618^5 = 0.618^3 - 0.618^4$,等等

或

$1.618^2 = 1 + 1.618$,

$1.618^3 = 1.618 + 1.618^2$,

$1.618^4 = 1.618^2 + 1.618^3$,

$1.618^5 = 1.618^3 + 1.618^4$,等等

这四种比率的相关性质还可如下表示：

$1.618 - 0.618 = 1$,

$1.618 \times 0.618 = 1$,

$1 - 0.618 = 0.382$,

$0.618 \times 0.618 = 0.382$,

$2.618 - 1.618 = 1$,

$2.618 \times 0.382 = 1$,

$2.618 \times 0.618 = 1.618$,

$1.618 \times 1.618 = 2.618$。

除了 1 和 2，任何斐波那契数字乘以 4，再有选择地加上一个斐波那契数字，就可以得到另一个斐波那契数字，如下：

$3 \times 4 = 12$；$+1 = 13$，

$5 \times 4 = 20$；$+1 = 21$，

$8 \times 4 = 32$；$+2 = 34$，

$13 \times 4 = 52$；$+3 = 55$，

$21 \times 4 = 84$；$+5 = 89$，等等。

在新数列展开过程中，第三个数列从它与 4 倍的乘积相加的数字开始。这种关系是存在的，因为隔两个数字的斐波那契数字间的比率是 4.236，而 0.236 不仅是 4.236 的倒数，也是 4.236 与 4 的差。其他乘积产生了不同的数列，它们都基于斐波那契乘积。

我们列举了部分与斐波那契数列有关的现象，以下所示：

1）两个连续的斐波那契数字没有公约数。

2）如果把斐波那契数列标上 1，2，3，4，5，6，7，等等，会发现，除了第四个斐波那契数（3），每当斐波那契数字是素数（仅能被 1 和自身整除的数）时，它的序列号也是素数。同样的，除了第四个斐波那契数（3），所有序列号是合数（除了 1 和自身以外，还能被其他整数整除的数）的斐波那契数字也是合数，如下表 3-1 所示。这些现象反过来就并不总成立了。

斐波那契:素数与合数

P	P	P	X	P		P			P		P	
1	1	2	3	5	8	13	21	34	55	89	144	233	377	610	987
1	2	3	4	5	6	7	8	9	10	11	12	13	14	15	16
			X	C			C	C	C		C		C	C	C

译者注:P:素数;C:合数

3)数列中的任何十个数字之和,均可被 11 整除。

4)至数列中任一点的所有斐波那契数字之和加 1,等于该点后两项的斐波那契数字。

5)从第一个 1 开始的任何相连的斐波那契数列的平方和,总是等于所选数列的最后一个数字乘以下一个更大的斐波那契数字。

6)一个斐波那契数字的平方,减去数列中比这个数字小两项的数字的平方,得到的还是一个斐波那契数字。

7)任何斐波那契数字的平方,等于数列中这个数字的前一项与后一项的乘积再加上 1 或减去 1。数列中加上 1 或减去 1 相互交替。

8)一个斐波那契数字 F_n 的平方加上下一个斐波那契数字 F_{n+1} 的平方等于斐波那契数字 F_{2n+1}。公式 $F_n^2 + F_{n+1}^2 = F_{2n+1}$ 适用于直角三角形,它的两条短边的平方和等于最长边的平方。右边是一个例子,使用 F_5、F_6 和 $\sqrt{F_{11}}$。

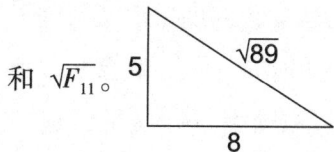

9)用一个公式可以表示数学中两个无处不在的无理数 π 和 φ 之间的关系:

$F_n \approx 100 \times \pi^2 \times \phi^{(15-n)}$,其中 $\phi = 0.618\cdots\cdots$ n 代表斐波那契数列中各项的序列号,而 F_n 代表这个项本身。在这个公式中,数字"1"仅出现了一次,因此 $F_1 \approx 1, F_2 \approx 2, F_3 \approx 3, F_4 \approx 5$ 等等。

例如,令 n = 7,则:

$F_7 \approx 100 \times 3.1416^2 \times 0.6180339^{(15-7)}$

$\approx 986.97 \times 0.6180339^8$

$\approx 986.97 \times 0.2129 \approx 21.02 \approx 21$

10) 我们可以想象但未曾提到的一个现象是:斐波那契数字间的比率产生一个数,非常接近于另一个斐波那契数字的千分之一,其差值是第三个斐波那契数字的千分之一,所有数列(见比率表,图3-2)都可满足。因此,在比率上升方向,相同的斐波那契数字比是 1.00,或 0.987 加 0.013;相邻一项的斐波那契数字比是 1.618,或 1.597 加 0.021;相邻两项的斐波那契数字之比是 2.618,或 2.584 加 0.03 相关;依此类推。在比率下降方向上,相邻一项的斐波那契数字之比是 0.618,或 0.610 加 0.008;相邻两项的斐波那契数字之比是 0.382,或 0.377 加 0.005;相邻三项的斐波那契数字之比是 0.236,或 0.233 加 0.003;相邻四项的比率是 0.146,或 0.144 加 0.002;相邻五项的比率是 0.090,或 0.089 加 0.001;相邻六项的比率是 0.056,或 0.055 加 0.001;相邻七项至相邻十三项的比率本身就与从 0.034 开始的一个斐波那契数字的千分之几相关。这个分析有趣的是,相邻 14 项的两个斐波那契数字之间的比率又回到了 0.001,是斐波那契数列开始数字的千分之一。所有的计数,就像斐波那契数列热衷者总结的那样,创造了"一个无穷级数繁衍"的"特征传递",揭示了"所有数学关系中最紧密的"特性。

最后,我们注意到,$(\sqrt{5}+1)/2 = 1.618$ 而 $(\sqrt{5}-1)/2 = 0.618$,其中 $\sqrt{5} = 2.236$。5 是波浪理论中最重要的数字,而它的平方根是 Φ 的数学解。

1.618（或0.618）即所谓黄金比率或称黄金平均数。这个比例总让人赏心悦目，因而经常出现在生物、音乐、绘画和建筑中。威廉·霍法在1975年12月号的史密森人杂志曾写道：

…0.618034比1是纸牌、巴台农神庙、向日葵与蜗牛壳、希腊花瓶与外宇宙的螺旋星系形状的数学基础。大量古希腊人的绘画和建筑都基于这个比例，并称之为"黄金平均数"。

斐波那契的魔术兔子在许多意想不到的地方出现过。这些数字无疑是一种神秘的自然和谐，让人感觉舒适、悦目，甚至是动听。例如，音乐的一度有8个音符，钢琴上用8个白键，5个黑键，共13个键表示。最悦耳动听的音乐和声是大六度，这绝不是巧合。音符E的振动是音符C[*]的0.62500倍，仅仅与准确的黄金平均数相差0.006966，大六度的比例引起内耳耳蜗——正好也是对数螺线形的器官——的和谐振动。

自然界中不断出现的斐波那契数字和黄金螺线，正好解释了为什么在绘画中0.618034比1会让人感觉舒适。人们可以在绘画中发现基于黄金平均数的肖像。

小到大脑中的微细管以及DNA分子（见图3-9），大到行星的距离和周期，大自然在它最初始构建和最高级模式中均采用了黄金比率。它包含在非常广泛的现象中，如准晶体排列，光束在玻璃表面上的反射，大脑和神经系统，乐谱，植物、动物的结构等。科学正在迅速地证明确实存在一种基本的自然比例原理。此外，你正用五个附肢中的两个拿着这本书，每个附肢有三个相连的部位，附肢的顶端有五个手指或脚趾，而每个手指或脚趾有三个相结合的部分，这也是一种波浪理论的5-3-5-3前进。

---

[*] 注：作者指的是C音符大六度或小六度。

黄金分割

任何长度都可以这样分割,即使较短部分与较长部分之间的比率,等于较长部分与整个长度之间的比率(见图3-3)。这个比率永远是0.618。

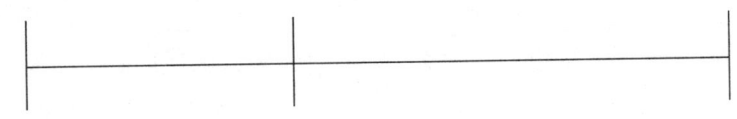

图3-3

黄金分割在自然界到处都是。事实上,从外形尺寸到面部排列,整个人体有着黄金分割(见图3-9)。"在蒂迈欧篇中",彼得·汤普金斯说,"柏拉图曾深入考虑过Φ及其产生的所有数学关系中最紧密的黄金分割比例关系,并认为它是宇宙物理学的关键。"16世纪,约翰尼斯·开普勒在谈到黄金分割或称"神赐分割"时,说它实质上描绘了万物,尤其象征着"特征传递"的上帝造化。人体可以在肚脐处形成黄金分割。统计上的平均值大约是0.618。这个比率对男女都一样,是一种"特征传递"的完美标志。人类的进步是不是也是一种"特征传递"的创造呢?

黄金矩形

黄金矩形相邻两边之比是1.618∶1。要构建一个黄金矩形,首先得画一个两个单位长度乘两个单位长度的正方形,然后从正方形一边的中点至对边直角的顶点作一条连线,如图3-4。

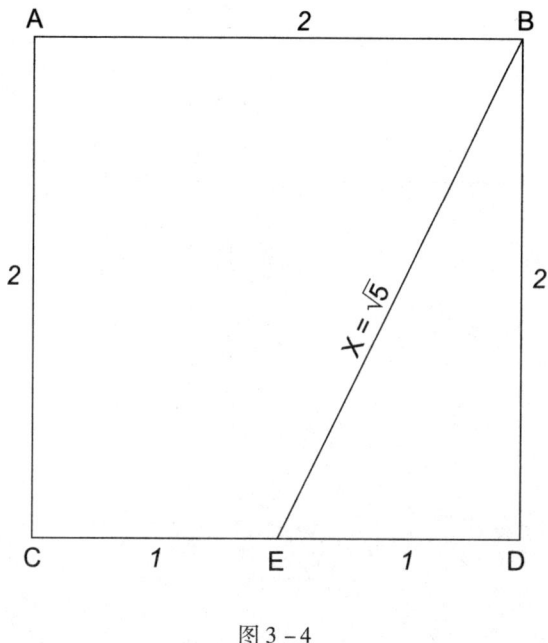

图 3-4

三角形 EDB 是一个直角三角形。大约在公元前 550 年,毕达哥拉斯曾证明,直角三角形的斜边(X)的平方等于另外两边的平方和。因此,在本例中,$X^2 = 2^2 + 1^2$,或 $X^2 = 5$。所以,线段 EB 的长度一定是 5 的平方根。构建黄金矩形的下一步是延长线段 CD,使 EG 的长度等于 5 的平方根或 2.236 个单位长度,如图 3-5 所示。此时,矩形的边呈黄金比率,矩形 AFGC 和矩形 BFGD 也都是黄金矩形。证明过程如下:

$CG = \sqrt{5} + 1$ 且 $DG = \sqrt{5} - 1$

$FG = 2$ $FG = 2$

$\dfrac{CG}{FG} = \dfrac{\sqrt{5}+1}{2}$ $\dfrac{DG}{FG} = \dfrac{\sqrt{5}-1}{2}$

$= \dfrac{2.236+1}{2}$ $= \dfrac{2.236-1}{2}$

$$= \frac{3.236}{2} \qquad\qquad = \frac{1.236}{2}$$
$$= 1.618 \qquad\qquad = 0.618$$

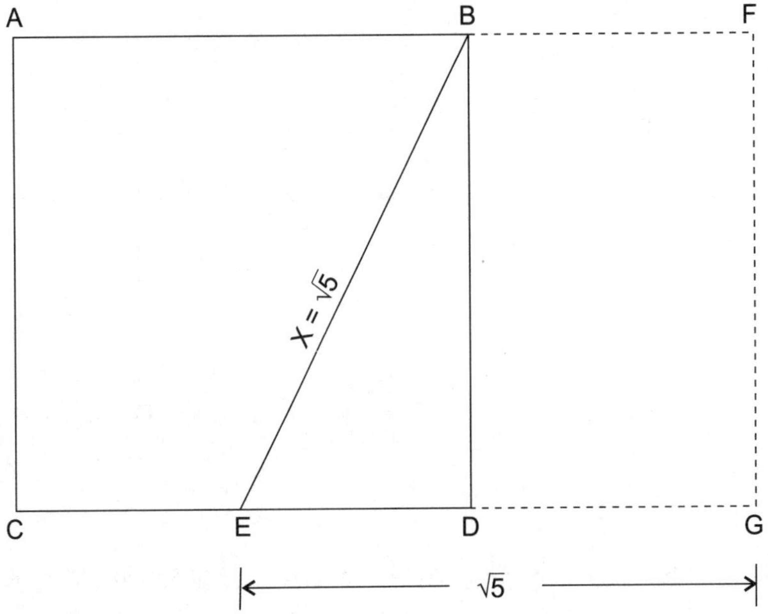

图 3-5

矩形的边呈黄金比率,所以这个矩形被定义为黄金矩形。

黄金矩形大大丰富了艺术领域。在古埃及、古希腊和文艺复兴这些文化顶峰时期,黄金比的价值与应用非常广泛。莱昂纳多·达·芬奇对黄金比率做出了重要贡献。他也发现这种比率会令人愉快,并说道,"如果一件东西外形不协调,它就不可能完美"。达·芬奇的许多绘画作品外形协调,因为他有意识地用黄金比例来增强作品的表现力。古代和现代的建筑师,尤其是那些设计雅典巴台农神庙的著名建筑师,都成功地把黄金矩形运用到他们的设计之中。

显然,Φ 比率确实对形态的观察者产生影响。试验已证实,这个比例在美学上有舒适感。例如,让实验人员从一组不同类型的矩形中挑选出一个,平均来说,都会选择接近黄金矩形的形状。如果要求实验人员用他们最喜欢的方式,将一根杆子与另一根杆子交叉,通常划分比例为Φ。窗户、画框、建筑、书籍以及墓地的十字架的比例都近似于黄金矩形。

如同黄金分割一样,黄金矩形的价值不仅仅只限于美学,显然还有其他作用。所有的例子中最有说服力的就是,DNA的双螺旋结构在旋转的间隔处呈精确的黄金矩形状(见图3-9)。

黄金分割与黄金矩形代表了自然界和人造的美学及工用的静态形态,而要体现舒适的美学活力,一种生长或发展的有序过程,则莫属黄金螺线——宇宙中最独特的形态之一,最为合适了。

黄金螺线

黄金矩形可以用来构造黄金螺线。任何一个黄金矩形,如图3-5中所示,都可被划分成一个正方形和一个较小的黄金矩形,如图3-6所示。理论上这个细分过程可以无限延伸。这样细分出的正方形明显向内旋转,分别标示为A、B、C、D、E、F和G。

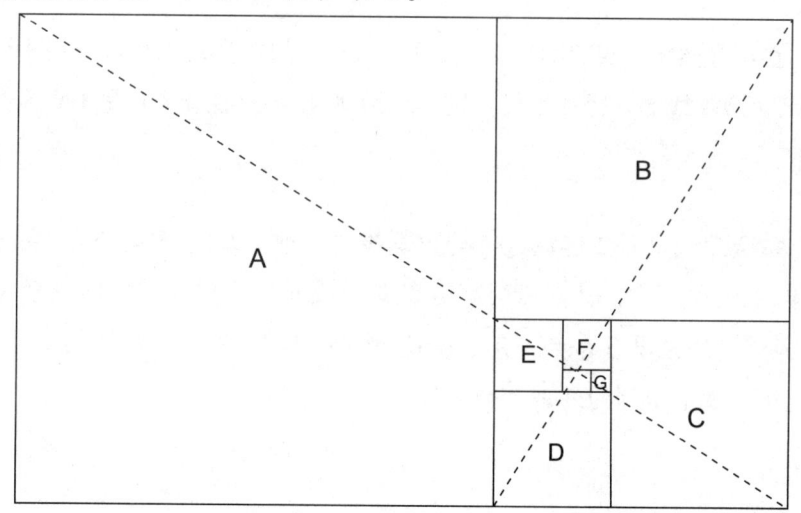

图3-6

本身互为黄金比例的两条虚线,对角平分了矩形,它们的交点正是正方形旋转的理论中心。在靠近中心点处,可以绘制一条如图3-7所示的螺线,即按正方形增大的方向,连接每个旋转正方形的交叉点形成一条曲线。当正方形向内或向外旋转时,它们的连接点就描绘出了一条黄金螺线。

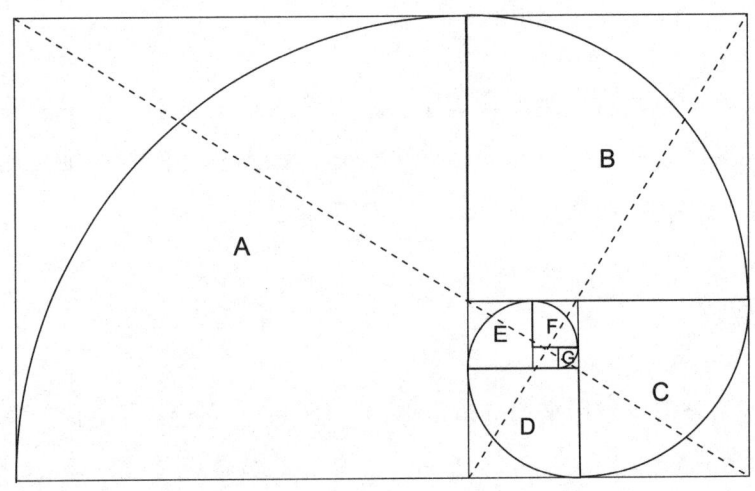

图3-7

在黄金螺线形成中的每一点,弧长与直径的比都是1.618。如图3-8所示,黄金螺线的直径和半径分别与相距90度的直径和半径呈1.618倍数关系。

黄金螺线是对数螺线或称等角螺线的一种类型,它没有终点,会无限延伸。从螺线上的任何一点,都可以向内或向外无限延伸。向内触不到中心点,向外也没有终点。在显微镜下观察图3-8对数螺线的核心,与从光年外观察得到的外表一模一样。

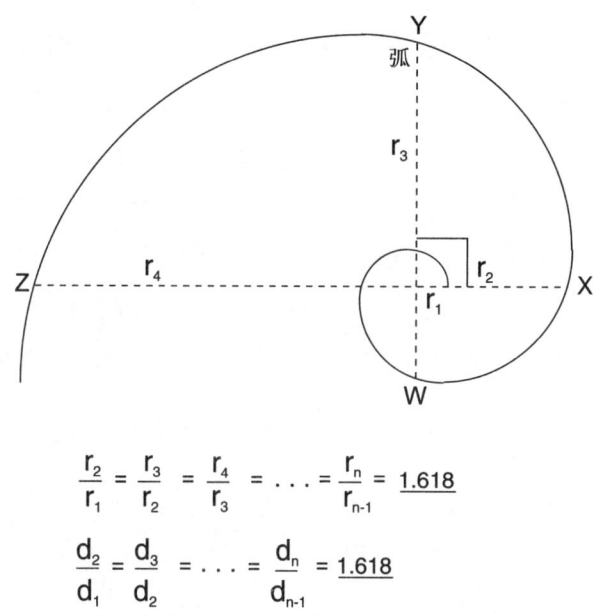

$$\frac{r_2}{r_1} = \frac{r_3}{r_2} = \frac{r_4}{r_3} = \ldots = \frac{r_n}{r_{n-1}} = \underline{1.618}$$

$$\frac{d_2}{d_1} = \frac{d_3}{d_2} = \ldots = \frac{d_n}{d_{n-1}} = \underline{1.618}$$

（这里 $d_1 = r_1 + r_3, d_2 = r_2 + r_4,$ 等）

$$\frac{\text{arc} XY}{\text{arc} WX} = \frac{\text{arc} YZ}{\text{arc} XY}, 等 = \frac{\text{arc} XZ}{\text{arc} WY} = \underline{1.618}$$

$$\frac{\text{arc} WY}{\text{diam.}(WY)} = \frac{\text{arc} XZ}{\text{diam.}(XZ)}, 等 = \underline{1.618}$$

图 3 – 8

欧几里得几何形态（可能除椭圆以外）通常意味着静止，而螺线则意味着运动：生长和衰老，扩散和收敛，前进和倒退。对数螺线是整个宇宙中自然生长现象的精华。它覆盖了小到原子，大到银河系的各种运动。就像大卫·伯嘉米尼在其著作《数学》（"时代－生活"的科学书库系列）中提到的那样，彗星远离太阳时尾巴画出一条对数螺线的弧；黑蜘蛛的网也是一条对数螺线；细菌的生长加速度也是一条对数螺线；陨星撞击地球表面形成的陨坑也是一条对数螺线；电子显微镜下观察的准晶体也画出了对数螺线；松果、海马、蜗牛壳、软体动物的壳、海浪、蕨类植物、动物的角，以及向日葵和菊花上的种子分布曲线，都呈成一条对数螺线；飓风云、漩涡和外太空的星系以对数螺线旋转；甚至是人的手指——由互成黄金分割的三根骨头组成,在弯曲时也与凋谢中的猩猩木叶子(见图3-9)的螺线形一样。在图3-9中可以看到很多形态都受到这种无穷的螺线影响。无尽的时间和空间分开了松果和星系,但它们的设计是一样的:自然动态结构的主要形态——对数螺旋线。不管精确还是模糊,大部分这些形态的都包含斐波那契比率。例如,松果和向日葵螺线中的单位数呈斐波那契数列;准晶体呈五角星形态;蜗牛壳每一周的半径以比率1.6-1.7倍扩张。以符号形式展开的黄金螺线,是自然界重要的设计理念,是一种无穷扩散或收敛的力量,是一条主宰动态变化的静态规律,而且都呈黄金平均数——1.618比率。

φ的含义

各个时代的智者都对这种普遍的现象大加赞赏。历史上许多学者沉迷于这种数学表达式。毕达哥拉斯把五角星用作他的签名,因为五角星中的每一条边线与它临近的较短线段呈黄金比例;17世纪著名的数学家雅科布·伯努利把黄金螺线刻在自己的墓碑上;伊萨克·牛顿在床头板(现由美国新罕布什尔州新波士顿市的重力基金会收藏)上刻上了相同的螺线。已知的最早的狂热者是埃及吉萨金字塔的建筑师,大约5000年前他们就在建筑中使用φ。埃及的工程师们特意把黄金比率用在大金字塔中,使大金字塔侧面的斜高等于底边长度一半的1.618倍,这样金字塔的垂直高度正好等于1.618的平方根乘以底边长度的一半。《大金字塔的秘密》(哈普&罗出版公司,1971年)的作者彼得·汤普金斯写到,"希罗多德的报告的确是对的,因为大金字塔高的平方是$\sqrt{\phi} \times \sqrt{\phi} = \phi$,而斜面的面积是$1 \times \phi = \phi$"。此外,埃及的设计师使用π和φ(显然是为了建造北半球的比例模型),利用这两个数字的特性,非常精确地计算出圆的面积和球的体积(也就是,使它们分别有相同的面积和体积),这个创举在近四千年里都未曾被复制。

提到大金字塔，总是摆脱不了人们对它的质疑（也许对金字塔神秘的更好的解释），但它的形态的神秘连科学界、数学界、艺术界和哲学界的大师都为之着迷，这些大师包括柏拉图、毕达哥拉斯、贝努里、开普勒、达·芬奇和牛顿。那些设计、建造金字塔的人可能是卓越的科学家、天文学家、数学家和工程师。很清楚，他们是要成千上万年地将黄金比率作为一种至高无上的东西珍藏下来。这些高超的学者从事这种任务本身就是十分重要的，后来又有一些古希腊和欧洲启蒙运动时期的智者，出于对黄金比率的痴迷也加入了这些人的行列。至于为什么，目前只得到几个作家的推测。尽管这些推测看似愚钝，却符合我们的观察。大金字塔建成后的几个世纪里，人们猜测它是那些懂得宇宙伟大奥秘的人建立的庙宇。这种"奥秘"，例如永恒的秩序和生长，只能传授给那些能发现事物的真正面目，且不被表面现象迷惑的人。"这些奥秘"中包括 ϕ 吗？汤普金斯解释说，"舒瓦勒·卢比茨曾说过，埃及法老们认为 ϕ 不仅是一个数字，而且是一种创造能力的标志，或者一个无穷序列再生的标志。对于他们来说，它代表了'生命之火、雄性力量、圣约翰福音（中提到的）逻各斯'"。逻各斯是希腊词汇，赫拉克里特和后来的异教徒，犹太教和基督教的哲学家都认为这个词代表着一种宇宙的理性秩序、一种内在的自然法则、一种蕴藏在万物中生命的力量，以及主宰并渗透世界的宇宙力量。

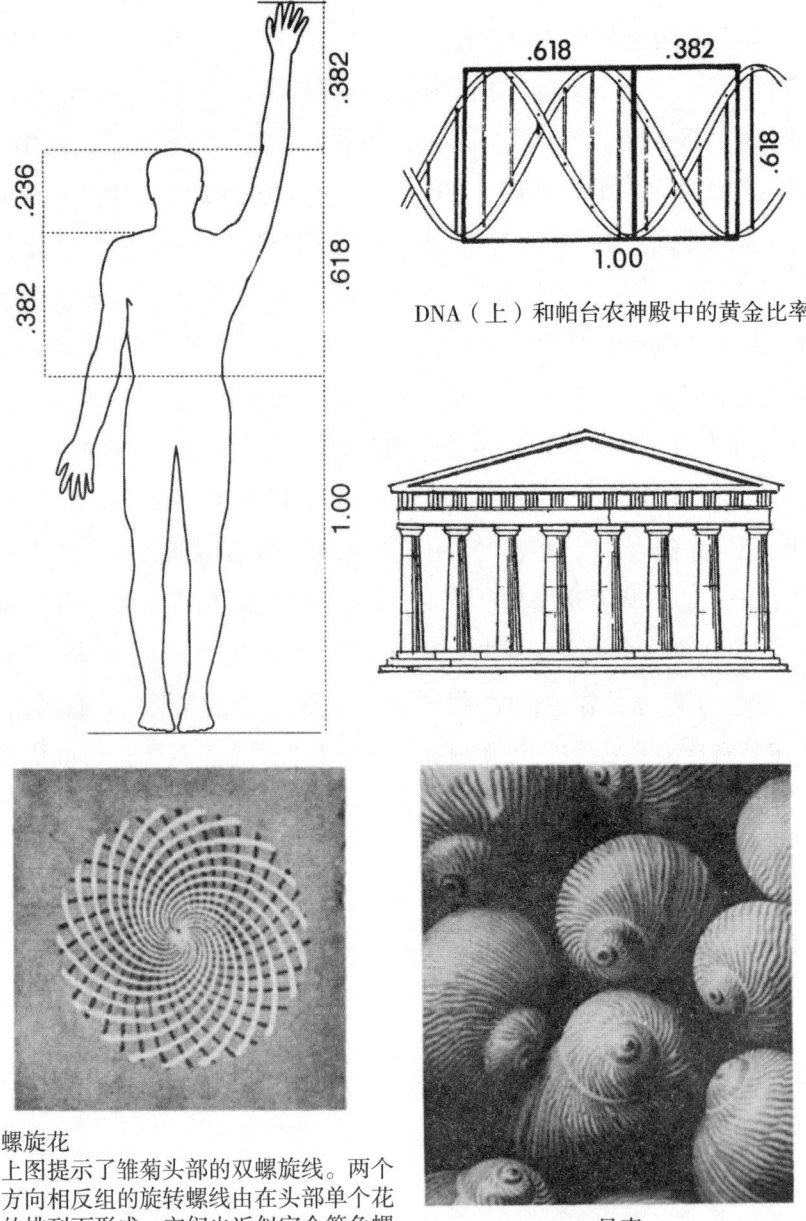

DNA（上）和帕台农神殿中的黄金比率

螺旋花

上图提示了雏菊头部的双螺旋线。两个方向相反组的旋转螺线由在头部单个花的排列而形成。它们也近似完全等角螺线，在顺时针方向有wq，在逆时针方向有34。这个21∶34的比率包含了神秘斐波那契数列的两个相邻项。

贝壳

第一部分 艾略特理论 107

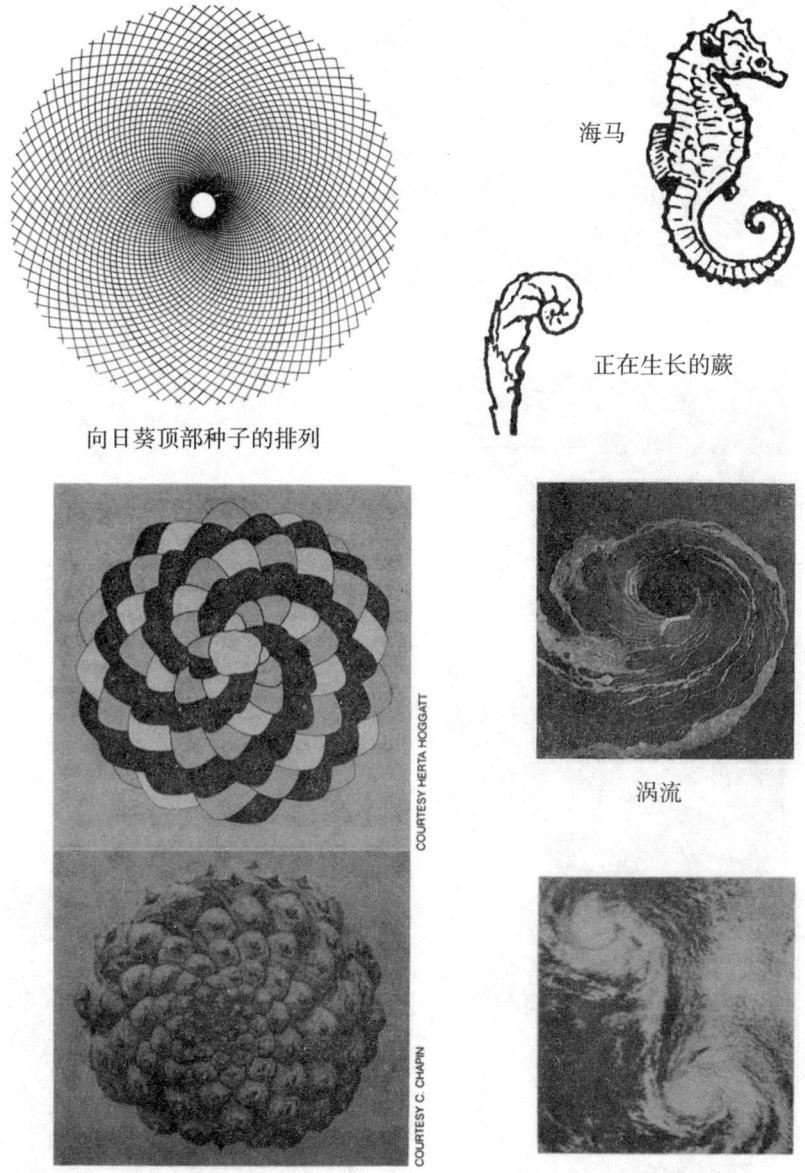

向日葵顶部种子的排列

海马

正在生长的蕨

涡流

坚果

飓风

电子显微镜下的准晶体

正在死亡的猩猩木树叶

D. Schechtman, Technion, Israel

羊角

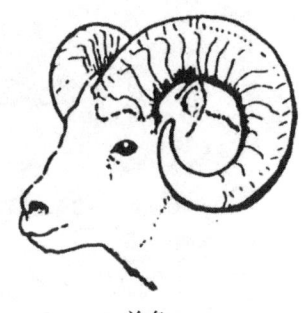

气泡室中的原子粒子

海浪

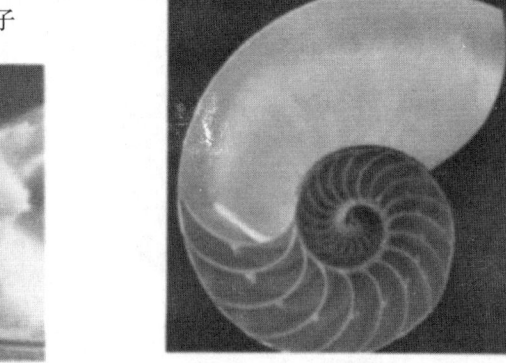

鹦鹉螺

螺线星系

图 3-9

在阅读这些华丽而模糊的描述时，请牢记这些人不能清晰地明白他们感觉到的东西。他们没有图表和波浪理论来证明自然的生长模式，只能尽最大可能的总结出自然界成型的原理。如果古代哲学家的观点是正确的，即宇宙量主宰并渗透着世界，那么为什么这种力量不主宰并渗透到人类世界呢？如果宇宙中的各种形态，包括人体、大脑和DNA，都呈φ形态，那么人类行为也呈φ形态吗？如果φ是宇宙的生长力量，那么是它推动了人类生产力的进步吗？如果φ是一种创造能力的象征，它能主宰人类的创造活动吗？如果人类发展是基于"一种无穷级数"的生产和再生产，基于φ的螺线形态，是人类生产力的运动，例如股票市场，那么这种情况可能吗？合理吗？聪明的埃及人知道，在宇宙无序的表面之下显然隐藏着有序和生长的真谛。同样，股票市场也可以被正确认识，只要观察的是股票市场的本质，而不是草率的、未经思考的市场表现。股票市场不是随机的、不是对即时信息的混乱反应，而是一种对人类进步的精确记录。

天文学家威廉·金斯兰德在《实际与理论中的大金字塔》中写到，埃及的天文学或星象学是一种"与人类进化大循环相联系的深奥科学"。波浪理论解释了人类进化的大循环，并揭示了波浪是如何且为何会这样展开的道理。此外，它不仅包含了小规模的循环，还包含了大规模的循环，这些循环都是基于一种物力悖论，并在一种恒定的形态中变化。

正是这种形态创造了宇宙的结构和统一。自然界无法证明生命是无序的或者是无形的。"宇宙"这个词意味着"一种秩序"。如果生命有形态，那么我们必定无法否认，作为现实生活的一部分，人类的前进也有秩序和形态，以此类推，代表人类生产活动的股票市场也应该有秩序和形态。所有股市的技术分析手段都必须基于秩序和形态的基本原理。而艾略特的理论更胜一筹，因为无论形态孰大孰小，基本的设计是恒定的。

在第二篇专论中，艾略特用自然法则—宇宙的奥秘来代替波浪理论,并广泛地运用到各种人类活动中。艾略特称波浪理论就是宇宙的奥秘,似乎有点言过其实,因为大自然创造了无数的形态和过程,而不只是一种简单的设计。尽管如此,前文提到的历史上的一些科学巨匠,很可能会赞同艾略特的观点。但至少来说,波浪理论是宇宙中最重要的奥秘之一是可信的。

螺线形股票市场斐波那契数

我们能推理并观察到,股市就像许多其他自然现象一样,有着相同的数学基础吗?答案是肯定的。艾略特在最后的统一结论中说道,波浪的前进有着相同的数学基础。斐波那契数列决定着股票价格运动中形成的波浪数,按照第1章开头描述的5∶3的基本关系展开。

正如图1-4所示,市场的本质结构产生了完整的斐波那契数列。调整浪的最简单表现形式是直线下降。推动浪的最简单表现形式是直线上升。一个完整的循环中有两条直线,再复杂一点,相应的数字是3、5和8。如图3-10所示,这个数列是无限的。波浪会形成斐波那契数列的事实表明,人类的情绪是这条自然数学法则的关键。

比较图3-11和图3-12中的结构会发现,每一幅图都解释了内旋黄金螺线的自然法则,而且都呈现斐波那契比率。每一浪都是前一浪的0.618倍。事实上,道指点数本身就体现斐波那契数学,图3-11描述了1930~1942年的序列,市场的摆动分别接近260、160、100、60和38点,这与下降的斐波那契比率:2.618、1.618、1.000、0.618和0.382很相近。

112　艾略特波浪原理：市场行为的关键

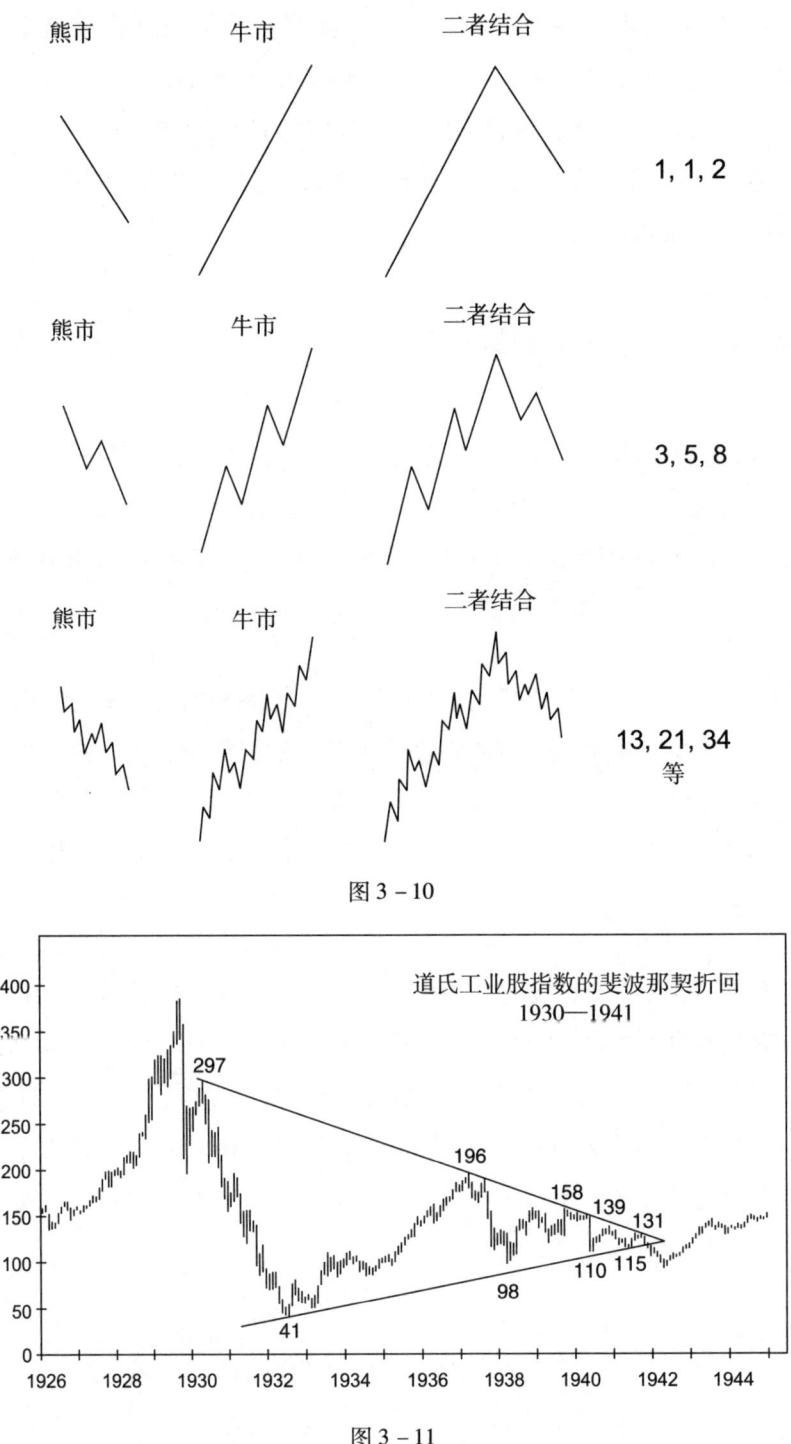

熊市	牛市	二者结合	
			1, 1, 2
			3, 5, 8
			13, 21, 34 等

图 3－10

图 3－11

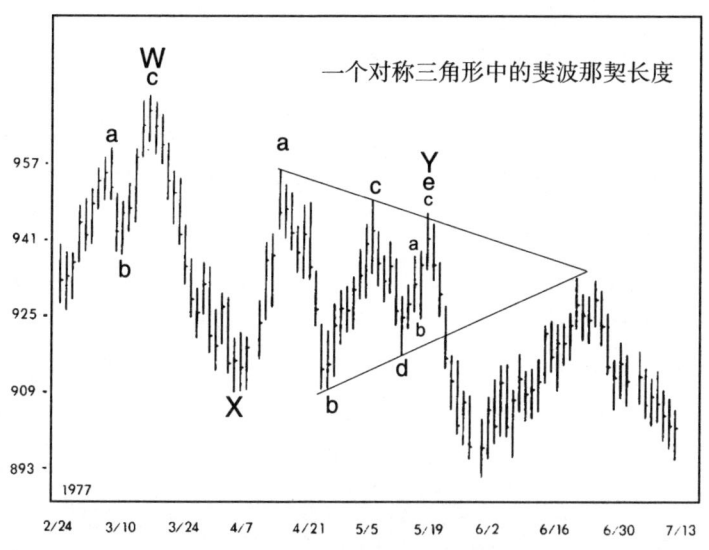

图 3–12

在图 3–12 中,从 1977 年向上调整的浪 X 开始,指数的摆动几乎正好是 55 点(浪 X)、34 点(浪 a 至浪 c)、21 点(浪 d)、13 点(浪 e 中的浪 a)和 8 点(浪 e 中的浪 b),即斐波那契数列本身。全过程净增加了 13 点,而且三角形调整浪的顶点正好是从 930 点开始调整的位置,也是后来 6 月份反弹的高点水平。无论波浪中的实际点数是巧合还是被设计的,每一个相连波浪间 0.618 的恒定比率绝不是巧合。第四章和第七章将重点讨论各种市场模式中的斐波那契比率。

那么呈斐波那契数列的股市是螺线生长吗?答案又是肯定的。如图 1–3 所示,理想的艾略特股市前进就是一条对数螺线形成的最佳基础,图 3–13 大致说明了这一点。这个结构中,更高浪级的每一个相连浪的顶点都是以指数式展开的螺线的中心点。

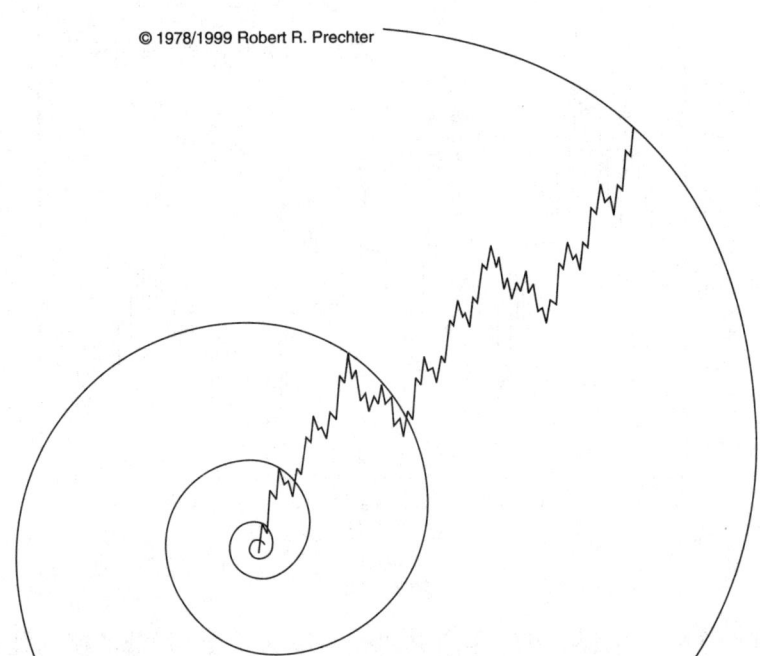

图 3-13

在这两种关键的方法中(斐波那契数列和螺线形展开),人类生产活动的社会价值反映了整个自然界中其他生长形态。因此,我们认为它们遵循同一法则。

波浪理论结构中的斐波那契数学

甚至是结构复杂的艾略特波浪都符合斐波那契数列。存在 1 种基本形态:五浪序列;2 种波浪方式:驱动浪(可以细分成基本类型的波浪,用数字标示)和调整浪(可以细分成辅助类型波浪,用字母标示);3个级别简单的波浪模式:五浪、三浪和三角形(三角形既有五浪特征又有三浪特征);5族简单模式:推动浪、倾斜三角形、锯齿形、平台形和三角形;13种简单模式的变形:推动浪、终结倾斜三角形、引导倾斜三角形、锯齿形、双重锯齿形、三重锯齿形、规则平台形、扩张平台形、运行平台形、收缩三角形、障碍三角形、扩张三角形和运行三角形。

因为调整的方式有两种:简单和组合,所以得到了3组类型。2个级别组合形的调整(双重调整和三重调整),使级别总数变成5。如果每个组合形中只有一个三角形并且每个组合形中只有一个锯齿形(这是必须的),总共就会有8族组合形:锯齿形/平台形、锯齿形/三角形、平台形/平台形、平台形/三角形、锯齿形/平台形/平台形、锯齿形/平台形/三角形、平台形/平台形/平台形和平台形/平台形/三角形,使得族的总数变成13。简单模式和组合形的总族数是21。

图3-14就是这种复杂性的展开结构。它列出了这些组合的排列,或次要波浪的进一步变形,如哪一浪延伸了(如果存在的话),什么时候交替能满足,一个推动浪是否包含倾斜三角形,组合中的三角形都属于哪些类型等等,这种展开可以无限进行下去。

这个排列中,可能存在着一些人为的修饰,因为按照这种分类,可以得到所有可能的变体。尽管如此,呈现出斐波那契数列关系的规则说明了斐波那契数列本身也是值得关注的。

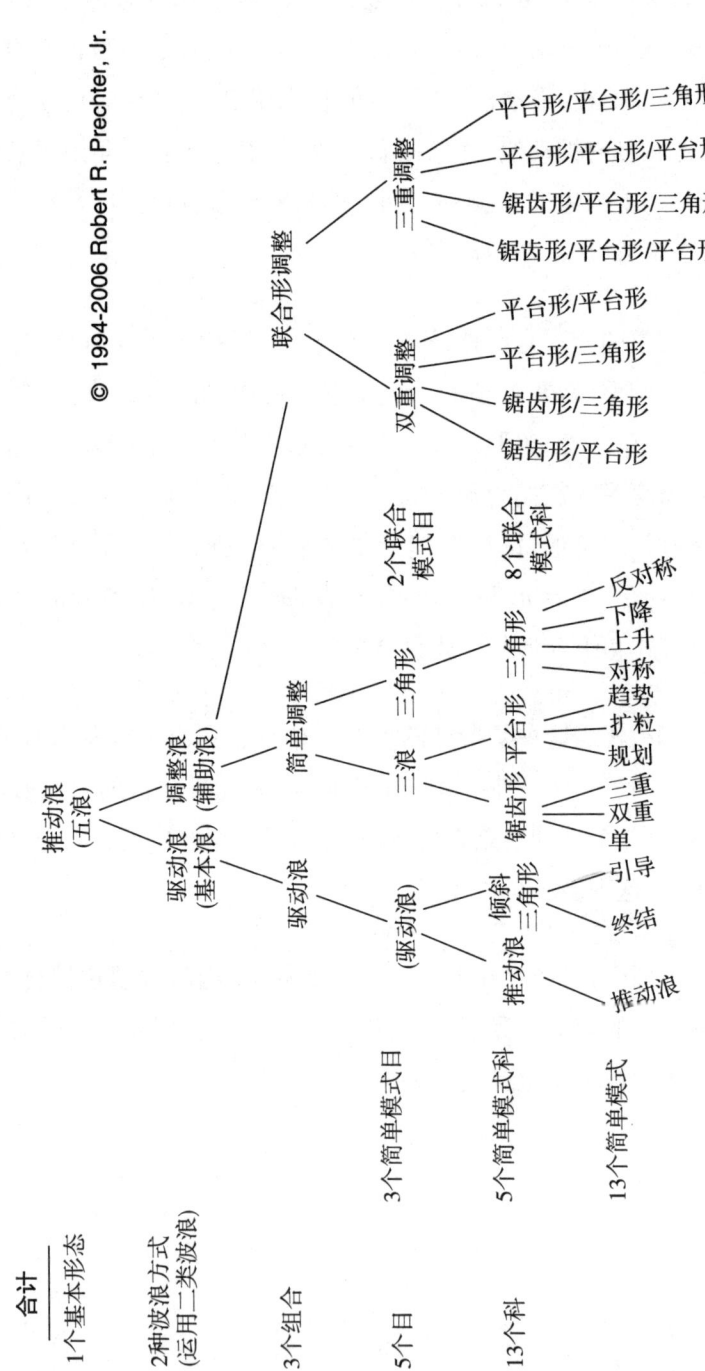

图3-14

φ与加性增长

正如我们将在后几章中写到的那样,黄金比率控制着市场活动。即使是市场统计数据中的斐波那契数字也比机会允许更经常出现。然而,关键的是要懂得,在波浪理论的大概念中,数字本身在理论上就很重要,而比率才是这种类型的成长模式的关键。尽管很少有文献会提到,斐波那契比率来源于加法序列,而无论序列从哪两个数字开始。斐波那契数列也是自身的基本加法数列,它从数字1开始(见图3-15),而1是数学增长的起点。然而也可以任意选取两个数字,如17和352,相加得到第三个数字,继续相加就会产生更多的数字。随着加法的继续,数列中相邻两项的比率很快就会接近极限φ。加到出现第八项时,比值就很明显接近φ了(见图3-16)。

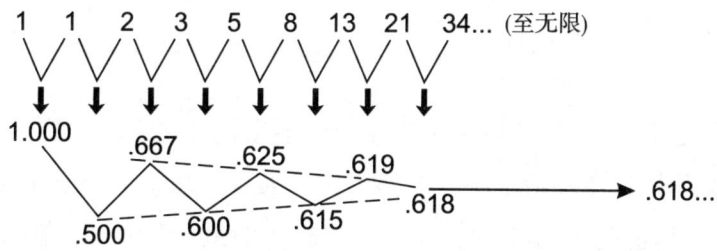

图3-15

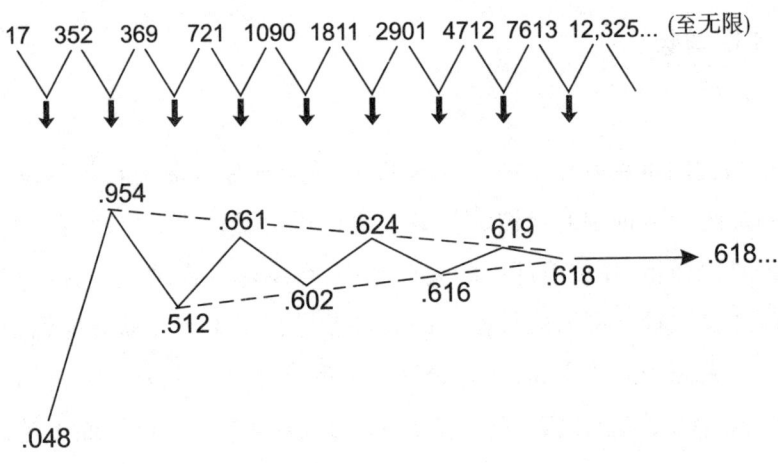

图 3-16

因此,尽管斐波那契数列中的数字描绘了市场中波浪的理想前进,但斐波那契比率是几何前进的基本法则,即前进中前两个单位相加产生了下一个单位。这就是为什么这个比率主宰着与生长和衰退、扩散和收缩以及前进和倒退的自然现象。

广义上来说,艾略特波浪理论认为塑造生物和星系的法则,也存在于人类群体的灵魂和活动中。股票市场是大众心理最细致的平面反射器,它的数据也是人的社会心理状态和趋势的最佳纪录。这种反映了人类生产活动自我价值波动的记录,是社会前进或倒退的绝佳证据。波浪理论要说明的是,人类的前进(股票市场有确定的估价)不会沿直线运动,也不是随机的,更不是循环往复的。倒不如说,是呈"三步前进,两步倒退",这是自然界选择的结果。更广义地说,因为人类的社会活动与斐波那契数列和前进的螺线模式有关,显然它也是宇宙中有序生长的普遍法。在我们看来,波浪理论与其他自然现象之所以如此相似,仅仅是因为人们忽略了太多的未知。就概率而言,可以认为存在着一种原理,它无处不在,决定着各种社会事务的形态,而且当爱因斯坦说道:"上帝不和宇宙玩掷色子的游戏"时,他其实知道自己想要表达什么。股票市场也不例外,因为群体行为与某种可被研究、定义的法则有关。表达这个原理的最简要方法就是一个简单的数字:比率1.618。

诗人马克思·埃哈曼在《迫切需要物》一诗中写道,"你是宇宙的孩子,就像树木和星星;你有权来到此。无论你是否明白,宇宙无疑以它应有的方式展开。"这是生命的秩序？是的。这是股票市场中的规则？显然也是的。

第二部分　艾略特理论的实际应用

1939年,《金融世界》杂志出版了艾略特的十二篇论文,题目是"波浪理论"。原出版人在介绍这些论文时,这样写道:

在过去的七八年时间里,金融类杂志的出版人和投资咨询领域内的组织人已经被各种各样的"系统"淹没了,这些系统声称可以准确地预测股票市场的走势。其中一些方法确实曾起过作用,而另一些则很快被证明毫无价值。《金融世界》杂志曾对所有的方法都强烈的怀疑。但在研究了R·N·艾略特先生的波浪理论之后,《金融世界》杂志开始相信关于波浪理论的一系列论文将会很有吸引力,并对读者有益。是否把波浪理论作为市场预测的工具是读者自己决定的事,但至少可以证明,波浪理论是对基于经济因素得出的某些结论的一种有效检验。

在本书的第二部分,我们将改变编辑的观点,通过检验完全基于艾略特波浪理论的市场预测,发现经济因素至多只是一种辅助工具。

第四章　比率分析和斐波那契时间序列

比率分析

比率分析是在时间和幅度上，评估一个浪与另一个浪的比例关系。关于黄金比率在股票市场五浪上升、三浪下降的运动循环中的位置，人们期望任何牛市结束时，紧随其后的调整浪能在时间和幅度上是先前上升行情的五分之三。这样简单的情况很少见。然而，与黄金分割相关的市场趋势总是存在，帮助我们正确认识每一浪。

对股票市场中波浪振幅的研究常常会有一些令人惊讶的发现，使得一些艾略特波浪理论的实践者着迷于它的重要性中。尽管斐波那契时间比率极为少见，但多年绘制平均指数的经验使本书的作者们确信，基本上每一浪的幅度（用算术刻度或用百分比刻度表示）与相邻波浪、替代波浪和（或）分浪的幅度的比率关系都是斐波那契数列中的某个数字。然而，我们应该努力提出例证，让它按自己的标准决定成立或错误。

在所有相关资料中，股票市场上第一个反应时间和幅度比率的数据，来自于道氏理论家罗伯特雷亚的著作。1936年，雷亚在他的《平均指数史话》中，收集整理了从1896年到1932年，这36年的市场数据，其中包括九个道氏理论牛市和九个道氏理论熊市。为何必须整理出这些数据，尽管它们很快就毫无用处了，他这样解释道：

无论这些(即对平均指数的回顾)是否会对整个金融史做出贡献,我可以肯定的是,已有的统计资料将帮其他研究人员节约很多时间……所以,最好记录下全部的统计资料,而不只是看似有用的那部分……标题下的图表可能在预测未来走势时毫无价值;但是,作为平均指数总体研究的一部分,处理它们还是很有必要的。

观察结果之一如下:

上表(仅考虑工业股平均指数)表明,整个期间的九个牛市和九个熊市持续了13115个日历日。牛市运行了8143天,熊市则为余下的4972天。这些数字之间的关系说明熊市的持续时间是牛市的61.1%。

最后,

第一栏是每个牛市(或熊市)的所有主要运动的总和。很明显,这个数值比任何牛市的最高点和最低点间的差距要大得多。例如,我们在第二章讨论的牛市(仅考虑工业股平均指教)从29.64点开始,在76.04点结束,它们的差距,或者说净涨幅是46.40点。这波上涨主要有四个波动,涨幅分别是14.44点,17.33点,18.97点和24.48点。这些涨幅之和是75.22点,即第一栏中出现的那个数字。如果用净涨幅46.40点去除所有涨幅之和75.22点,将得到1.621,即第一栏中的百分比。假定两个投资者在操作中没有失误,一方在牛市底部买进股票,并一直持有到牛市的最高点才卖出,我们假设他获利100%。而另一个方,也在牛市底部买进,但在每个主要振荡的最高点卖出,再在第二轮回撤的底部买进同样的股票——相比第一个投资者

100%的利润,他的利润将是162.1%。因此,二次回撤幅度之和是净上涨的62.1%[加以强调]。

正如罗伯特·雷亚在1936年发现的那样,牛市和熊市在持续时间和幅度上有比率关系,尽管当时他并不知道那是斐波那契比率。幸运的是,他知道当前的数据可能在当下实际操作中用处不大,但在未来可能会发挥作用。同样,关于比率我们还有很多东西要学,对比率的介绍也是皮毛而已,但这些介绍似乎能指引未来的波浪分析人士解决我们甚至从来未曾想过的问题。

回撤

通常,一个调整的出现能回撤掉先前波浪的斐波那契百分比长度。如图4-1所示,剧烈地调整通常能回撤掉先前波浪的61.8%或50%,特别是在推动浪的浪2、大一浪级锯齿形的浪B或多重锯齿形的浪X中。位于在浪1位置的引导倾斜三角形之后通常紧跟着一个78.6%($\sqrt{\phi}$)的锯齿形回撤。盘整形调整通常能回撤掉先前推动浪的38.2%,特别是在浪4中,如图4-2所示。

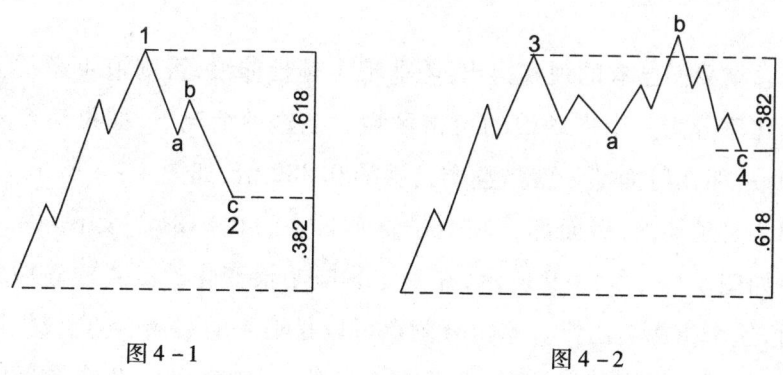

图4-1   图4-2

回撤有大有小。图4-1、图4-2中的比率仅仅是一种趋势。不幸的是,大多数分析人士往往过度关注回撤比率,因为测量这个比率很容易。正如下一节介绍的那样,交替浪之间或同向展开的波浪长度之间的关系更为精确、可靠。

驱动浪的倍数

第二章中曾提到过,如图4-3所示,如果浪3是延伸浪,那么浪1和浪5或趋于等长,或呈0.618倍率关系。事实上,所有三浪驱动浪都与斐波那契数列有关,或等长,或1.618倍,或2.618倍(1.618和2.618的倒数分别是0.618和0.382)。这些推动浪之间的关系通常呈百分比。例如,1932到1937年的浪Ⅰ上涨了371.6%,而1942至1966年的浪Ⅲ上涨了971.7%,或者说上涨了浪Ⅰ的2.618倍。要揭示这些关系,应使用半对数刻度。当然,在较小浪级中,算术刻度和百分比刻度基本上会得到相同的结果,每个推动浪的点数就是同样的倍数。

另一个典型的走势如图4-4所示,浪5的长度有时与浪1至浪3的长度成斐波那契比率关系,变成一个延伸的第五浪。第五浪没有延伸时,就会出现0.382和0.618的比率关系。在这种极少数情况下,如果浪1是延伸浪,那么浪2将很合理地用黄金分割法细分整个推动浪,如图4-5所示。

总结我们已有的观察得出:除非浪1是延伸浪,否则浪4经常会按黄金比率分割一个推动浪的价格区域。在这种情况下,如果浪5不是延伸浪,那么后面部分就是整个长度的0.382倍,如图4-6所示;而如果浪5是延伸浪,后面部分则会是整个长度的0.618倍,如图4-7所示。如图6-8、图6-9所示,在确定影响子浪变化的浪4的确切分割点时,这个指南会出错。这个分割点可以是浪4的起点、终点或极限逆势点。因此,根据实际情况,它给浪5的终点确定了2-3个紧密相连的目标点。这个指南解释了为什么五浪之后的回撤通常都在先前第四浪的终点和0.382的回撤点。

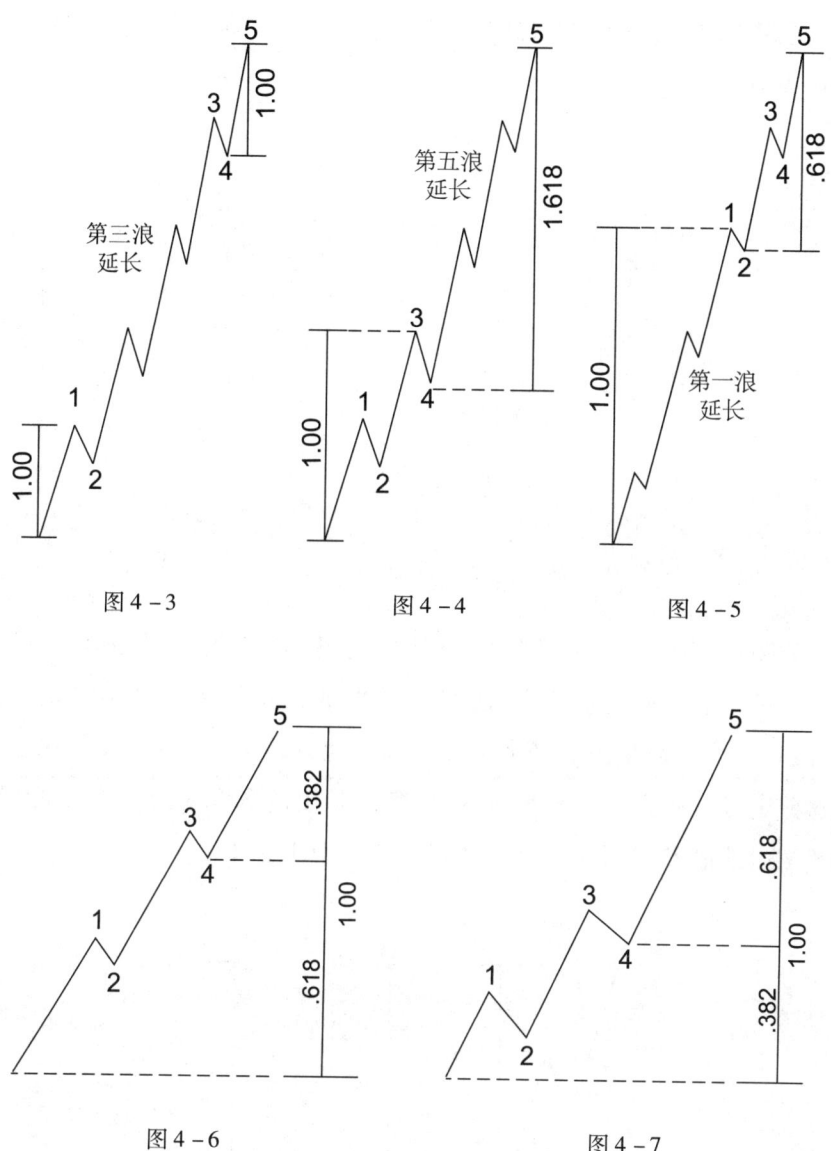

图 4-3   图 4-4   图 4-5

图 4-6   图 4-7

调整浪的倍数

如图 4-8 所示,在锯齿形中,浪 C 的长度通常等于浪 A 的长度,,尽管浪 C 的长度是浪 A 的 1.618 或 0.618 倍也不少见。同样的比率关系也适用于双重锯齿形模式中第二个锯齿形调整浪与第一个之间,如图4-9所示。

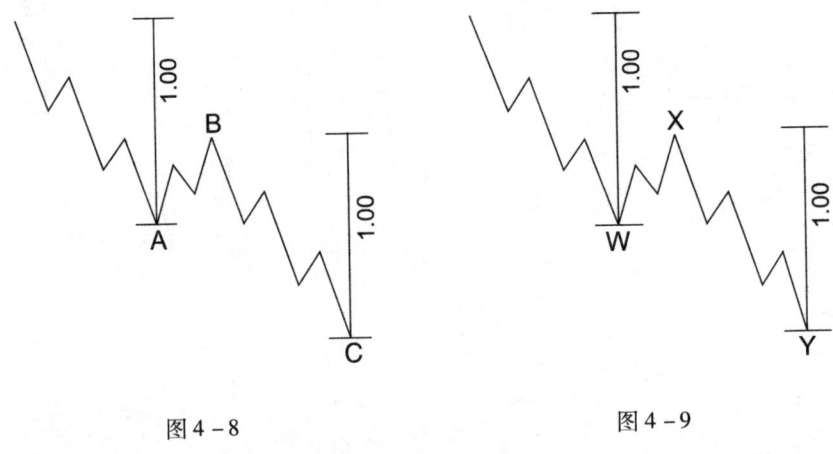

图4-8　　　　　　　　　　　　图4-9

如图4-10所示,在规则平台形调整浪中,浪A、浪B和浪C几乎等长。在扩张平台形调整浪中,浪C的长度通常是浪A的1.618倍。有时,浪C也会在超出浪A终点0.618倍的地方结束。图4-11说明了上述这些走势。在少数情况下,浪C是浪A长度的2.618倍。扩张平台形调整浪中的浪B有时是浪A长度的1.236或1.382倍。

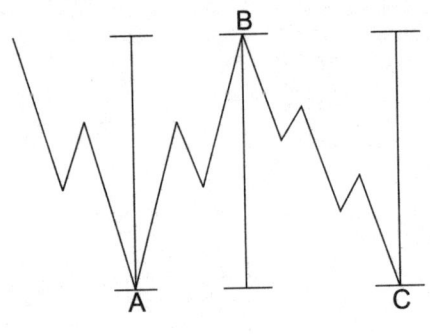

图4-10

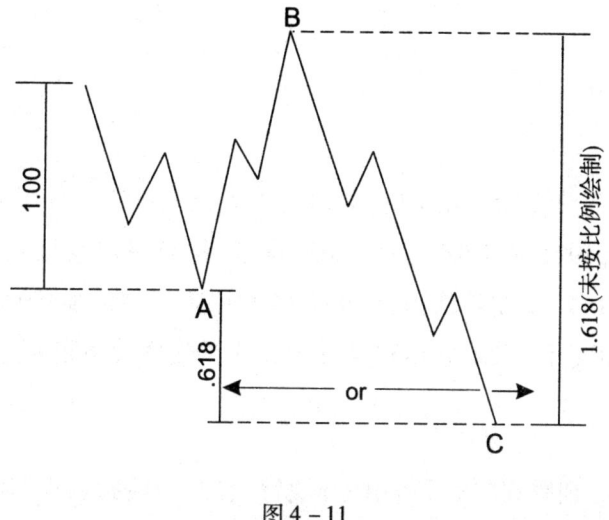

图 4-11

在三角形中,我们发现至少有两个交替浪按 0.618 比率相关。也就是如图 4-12 所示,在收缩三角形或障碍三角形中,浪 e = 0.618C,浪 c = 0.618a 或浪 d = 0.618b。在扩张三角形中,这个倍数是 1.618。

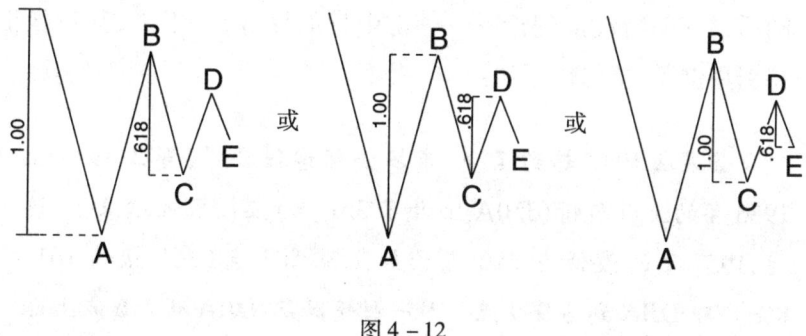

图 4-12

在双重和三重调整浪中,一个简单模式的净幅度通常与另一个等长,或特别地,当三重调整浪中的一个是三角形调整浪时,呈 0.618 的比率关系。

最后,浪 4 的毛价格范围和(或)净价格范围,常常与相应的浪 2 相等或呈斐波那契数字比例。在推动浪中,这些关系通常是百分比形式。

比率分析的应用

在雷亚的著作问世几年后,艾略特本人首先将比率分析运用到实际中。他发现,1921 至 1926 年的 DJIA 点数,从第一浪发展到第三浪,是 1926 至 1928 年(艾略特认为,1928 年才是牛市正规的顶部)第五浪点数的 61.8%,正好和 1932 至 1937 年第五浪中的比率关系完全一样(参见图 2-11 和 2-12)。

1957 年,刊登在《银行信用分析家》上的"艾略特波浪"副刊中,A·汉密尔顿·博尔顿根据对典型波浪行为的预期,做出了如下的价格预测:

> 如果市场能再稳固一年或沿着正规趋势线运动,积聚的能量很可能使大浪Ⅴ非常壮观,在这一轮上世纪 60 年代初的投机狂潮中,将 DJIA 带到 1000 点甚至更高。

随后,《艾略特波浪理论——一份中肯的评价》一书中,其包含很多艾略特引用例子,博尔顿写到:

> 如果从 1949 起到至今,市场仍然遵循公式,那么 1949 至 1956 年的上升行情(DJIA 上升了 361 点)应该已经结束了,这时,1957 年的最低点 416 点已经上涨 583 点(361 点的 161.8%),即 DJIA 到达 999 点。另一种情况是,DJIA 从 416 点上涨 361 点,最终到达 777 点。

后来,当博尔顿撰写 1964 年的"艾略特波浪副刊"时得出结论:

> 既然现在已经大大超出了 777 点的水平,1000 点将是我们下一个目标。

1966年的股市证实了上述结论是股票市场历史上最准确的预言。1966年2月9日下午3点，60分钟读数收于高点995.82点（"日内"最高点是1001.11点）。而早在这个高点出现的六年前，博尔顿已成功预测出，而且仅与高点当天的DJIA相差3.18点，误差不到三百分之一。

尽管曾经有过这样成功的预言，但博尔顿仍然认为，同时我们也是这么认为的，波浪的形态分析必须优于比率关系的分析。确实，应用比率分析首先必须理解、应用艾略特数浪方法和标示方法，以决定从哪一点开始测量。在正规模式终点水平的波浪长度间的比率是很可靠的；而非正规处的价格极点并非如此。

本书作者也使用比率分析方法，而且常常获得令人满意的结果。通过抓住了1962年10月"古巴危机"的最低点发生的时间，并使用电报通知正在希腊的汉密尔顿·博尔顿，A.J·弗罗斯特证明了自己拥有识别市场转折点的能力。后来，在1970年的《银行信用分析家》的副刊中，他认为正在行进的循环浪级调整浪的最低点可能出现在572点，即1966年的最低点之下——当年下跌行情的0.618倍处出现。四年后，1974年12月的DJIA60分钟线的精确最低点是572.20点，由此开始了自1975至1976年的爆发性涨势。

比率分析在小浪级波浪中也有应用价值。1976年夏，罗伯特·普莱切特在给美林证券的一份报告中指出，正在行进中的第四浪是少见的扩张三角形。在10月，他用1.618比率断定这8个月的模式的预期最低点应当在道指的922点。五周后，即11月11日11时，这个最低点920.63点出现了，并由此开始了年末的第五浪上升行情。

1977年10月，普莱切特先生提前5个月计算出了1978年的重要底部很可能在"744点或稍低"位置，1978年3月1日11时，道指恰巧在

740.30 点创下了最低点。底部形成的两周后发表的一份后续报告中,再次确认了 740 点——这个点位的重要性,报告摘录如下:

……第一,就道指而言,在 740 点这个点位上,1977 至 1978 年的调整浪正好是 1974 至 1976 年整个牛市的 0.618 倍。数学表达式为:$1022-(1022-572)\times 0.618=744$(或用 12 月 31 日的正规顶部,$1005-(1005-572)\times 0.618=737$)。第二,这个点位,使 1977 至 1978 年的调整浪,正好是先前 1975 年 7 至 10 月的调整浪长度的 2.618 倍,数学表达式为 $1005-(885-784)\times 2.618=742$。第三,就下跌中的内部分浪的目标位而言,可发现如果浪 C 最低点在 746 点,那么浪 C 的长度 = 浪 A 长度的 2.618 倍。1977 年 4 月的研究影响波浪因素的报告中,也将 740 点视为一个可能的转折点。正是因为这些判断,这个交汇点的数浪尤为引人注目,市场也趋于平静,而且在循环浪级牛市的论点下,最后可让人接受的斐波那契目标位也已经在 3 月 1 日达到 740.30 点。根据艾略特理论,正是这样的时刻,市场"要么筑底,要么破底"。

报告中的三幅走势图如图 4-13(图中一些额外标注来自报告中的注解)、图 4-14 和图 4-15 所示。它们表明的是从大浪级跌到小浪级形成的最新低点的波浪结构。即使是在这样的早期时候,740.30 点似乎也是循环浪Ⅴ中大浪②的低点。

过去也曾证实过 740 点——这个点位很重要。可能是因为 1974 年的最低点 572.20 点比 1966 年的最高点 995.82 点正好低了 423.60 点,而 740.30 点比 1976 年的正规顶部的 1004.65 低了大约 261.80 点,这两个距离恰好呈斐波那契比率关系。普莱切特进一步讨论了 740 点这个位置:

第二部分 艾略特理论的实际应用 133

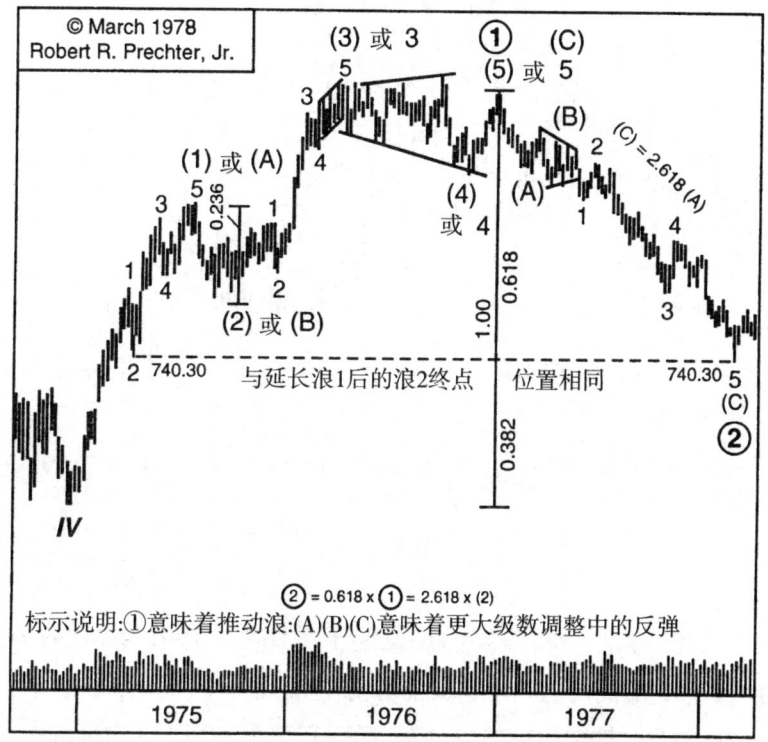

图 4 – 13

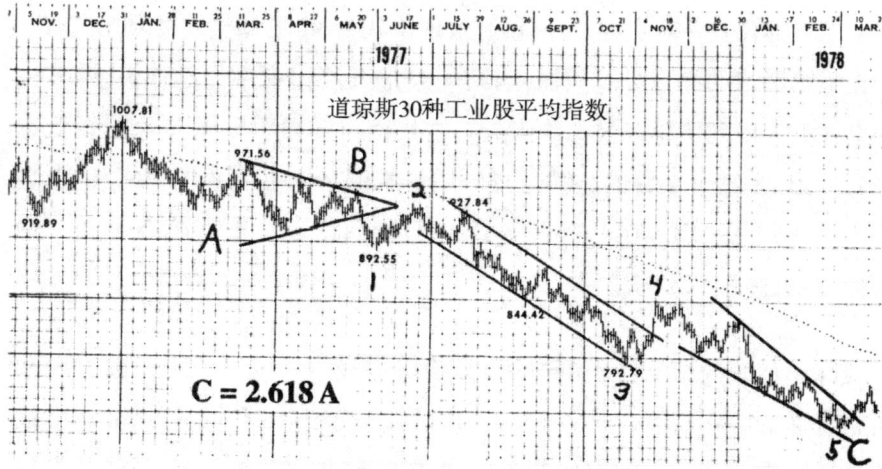

图 4 – 14

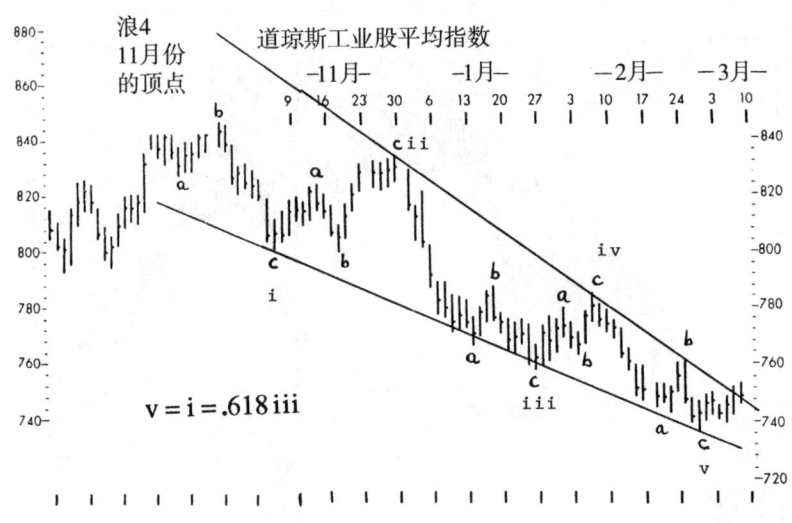

图 4－15

　　740 点在过去是个很重要的点位绝不是偶然。1961 年，日内的道指达到了 741.30 的高峰，此时出现了历史上最高的 P/E 比；1966 年，日内最低点 735.74 点是第一波下跌的最低点，也是循环浪 IV 熊市的低点（在该点处，循环浪 IV 下跌了整个幅度的 61.8%）；在 1963 年、1970 年、1974 年和 1975 年，740 点在各个方向上的突破都伴随着巨大的振荡；1978 年，长期趋势线的支撑位在 740 点处。而且，波浪理论认为，市场调整的极限在先前小一浪级第四浪的终点处。然而，当第一浪是五浪序列中的延伸浪，调整极限会在五浪序列中第二浪的终点处。由指南可知，3 月 1 日这个最新低点 740.30 点，是一个重要的止跌位置。从华尔街杂志上刊登的 60 分钟走势图中，可以看出 DJIA 在 1975 年 3 月 25 日达到底部 740.30 点，完成第二浪回撤。[见图 4－13 的注释]

　　除了传统的艾略特预测方法，普莱切特开始研究波浪因子在时间和价格方面的数学特征。他发现，驱动浪是这些因子的整数倍数，而调整浪则是因子的斐波那契比率倍数。这种方法出现在美林证券最近的几份报告中。

毫无疑问，某些人会认为我们在自吹自擂，事实确实如此。但坦白说，我们希望这些艾略特成功例子，可以激发他人学习波浪理论，取得同样的成功。据我所知，只有波浪理论才能如此精确地预测市场。当然，我们也失败过，不过，艾略特波浪理论分析方法的缺点在过去被过度放大了。即使市场没有实现预期，波浪理论也多次警告分析人员，转换另一种可能的策略，让市场本身指导行动方向，从而避免损失。

预先确定价格目标十分有用。如果市场在目标价位发生转折，而且波浪计数可行，那么就会得出一个有双重意义的点。如果市场忽略了目标价位，或直接跳过它，就是在提醒你，市场将达到下一个目标价位。由于下一个目标价位通常较远，所以极有可能包含很有价值的信息。而且，在目标价位常常能得到令人满意的波浪计数。因此，如果这些目标价位没有达到或以很大幅度被超过，多数情况下，你必须及时地重新考量首选波浪计数方法，拿出一个更好的研判结果。这个方法能帮你远离危险，记住所有合理的波浪研判，并使用比率分析从运行中市场上得到更多的线索。

多个波浪的关系

请注意，各种趋势的浪级能同时在市场中运行。因此，在给定的任意一点，市场在展开的各种不同浪级中，充满斐波那契比率关系。市场还遵循一个原则：未来可能存在多个斐波那契关系的点位，比只存在一个斐波那契关系的点位，更可能成为市场的转折点。

例如，如果大浪①被大浪②回撤掉0.618，即可得到一个点位。在那一点，加上不规则调整中的中浪（A）的1.618倍可得到中浪（C）的位置。在中浪（C）处，加上1.00倍的小浪1又得到了小浪5的位置。此时，你有充分的理由相信，在这个被计算出的价位点处会发生转折。图4-16

描述的就是这个例子。

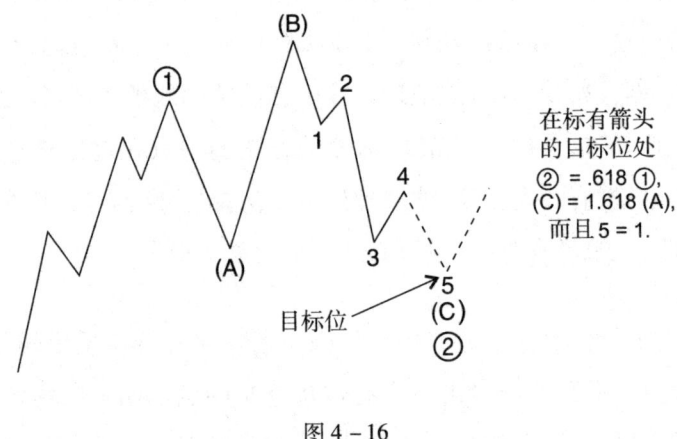

图 4-16

图 4-17 是一个虚构的理想艾略特波浪,它在平行趋势轨道内结束。它是一个市场中经常能出现比率的例子。其中,有以下 8 个比率关系:

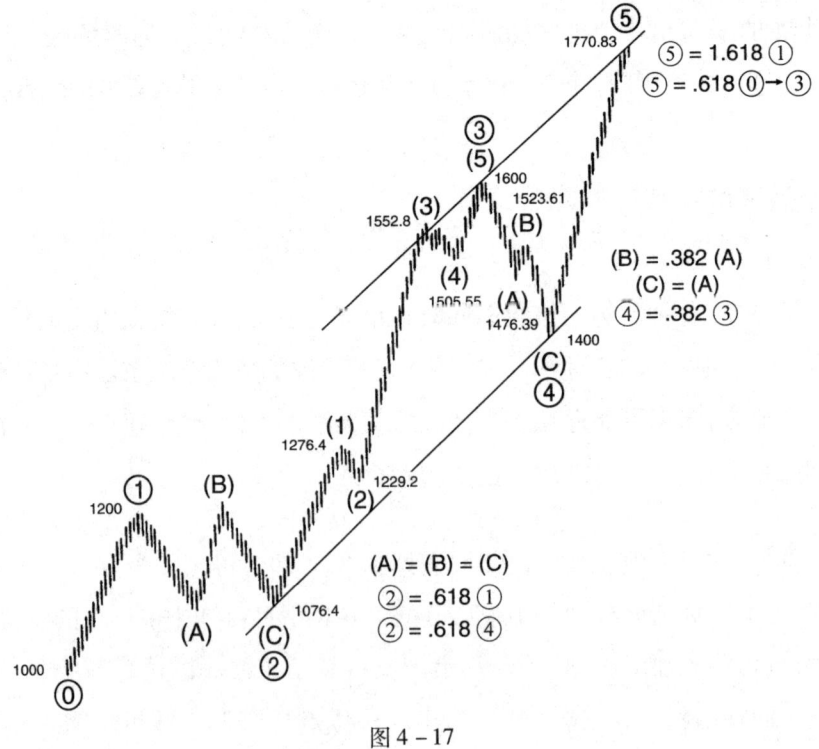

图 4-17

② = 0.618 × ①；

④ = 0.382 × ③；

⑤ = 1.618 × ①；

⑤ = 0.618 × ◎→③；

② = 0.618 × ④；

在②中，(A) = (B) = (C)；

在④中，(A) = (C)；

在④中，(B) = 0.236 × (A)

如果完整的比率分析法能成功地分解成许多基本的原则，那么艾略特波浪理论的预测结果会更加科学。但它只是一种可能性，而非必然。尽管主宰生命和生长的自然法则永恒不变，但是，还是会出现一些特殊的结果，市场也不例外。此时，我们只能说，通过精确地比较波浪的价格长度，发现斐波那契序列比率是决定波浪在何处停止的关键。比率分析的确令人敬畏，但并不令人讶异。例如，1974年12月至1975年7月的上升正好走过了先前1973至1974年熊市的61.8%；1976至1978年的下跌正好走过了先前1974年12月至1976年9月上升行情的61.8%。尽管不断有证据证明0.618的重要性，但预测最基本的依赖必须是形态，而比率分析只是支持或验证目前运动模式的证据。博尔顿对比率分析的建议是"把它想的简单一点"。对比率分析的研究还将进一步大放异彩，因为它仍处于萌芽阶段。我们期待着那些研究比率分析的学者将为艾略特理论增光添彩。

斐波那契时间序列

还没有一种确定的方法能用时间因素本身进行预测。艾略特曾说,时间因素常常"与模式相适应",比如与趋势轨道相适应,而它的意义也正在此。然而,持续时间和时间关系本身经常呈斐波那契关系。挖掘时间单位的斐波那契数列数似乎超出了数字命理学的范围,它精确地符合波浪跨度。通过算出市场转折点可能发生的时间,特别是当这个转折时间与价格目标和波浪计数一致时,斐波那契数常常能为分析人员提供另外的视角。

在自然法则中,艾略特列出了市场重要转折点的斐波那契时间跨度的例子,以下:

1921 至 1929 年	8 年
1921 年 7 月至 1928 年 11 月	89 个月
1929 年 9 月至 1932 年 7 月	34 个月
1932 年 7 月至 1933 年 7 月	13 个月
1933 年 7 月至 1934 年 7 月	13 个月
1934 年 7 月至 1937 年 3 月	34 个月
1932 年 7 月至 1937 年 3 月	5 年(55 个月)
1937 年 3 月至 1938 年 3 月	13 个月
1937 年 3 月至 1942 年 4 月	5 年
1929 至 1942 年	13 年

在1973年11月21日的道氏理论通讯中,理查德·罗素给出了另一些斐波那契时间周期的例子:

1907年恐慌性的最低点至1962年恐慌性的最低点　　55年

1949年的大底部至1962年恐慌性的最低点　　13年

1921年衰退的低点至1942年衰退的低点　　21年

1960年1月的顶部至1962年10月的底部　　34个月

1968年,沃尔特·E·怀特在他的艾略特波浪理论的专题研究中,指出:"下一个重要的最低点可能会在1970年"。为了证明这点,他列出了以下斐波那契序列:1949+21=1970;1957+13=1970;1962+8=1970;1965+5=1970。而1970年5月是三十年以来最大下跌的最低点。总体而言,这些距离明显不是巧合。

最后一个大循环浪的高点——1928年(可能是正规的)和1929年(名义的),也产生了斐波那契序列:

1929 + 3 = 1932年的熊市底部;

1929 + 5 = 1934年的调整底部;

1929 + 8 = 1937年的牛市顶部;

1929 + 13 = 1942年的熊市底部;

1928 + 21 = 1949年的熊市底部;

1928 + 34 = 1962年的暴跌底部;

1928 + 55 = 1983 年可能是大循环浪的顶部。

目前大循环浪中的第三循环浪的高点——1965 年（可能是正统的）和 1966 年（名义的），也有相似的序列：

1965 + 1 = 1966 年的名义最高点；

1965 + 2 = 1967 年的反转最低点；

1965 + 3 = 1968 年次级公司股票上扬形成的喷发性顶部；

1965 + 5 = 1970 年的暴跌最低点；

1966 + 8 = 1974 年的熊市底部；

1966 + 13 = 1979 年与 9.2 和 4.5 年循环的最低点；

1966 + 21 = 1987 年可能是大循环浪的最低点。

因此，我们预测不久的将来可能迎来 DJIA 的转折点，第八章将深入讨论这些可能性。

除了会经常出现外，股票市场中斐波那契数字和时间单位比率显然不只是数学命理学这么简单。首先，自然时间单位就与斐波那契数列有关。一年有 365.24 天，接近 377 天。一年有 12.37 个月亮周期，接近 13 个。这两个数字与斐波那契数字之间的比例分别是 0.9688 和 0.9515。当地球自转速度更快时，这些数将同时等于真实的斐波那契数字。（太阳系可能以那样的频率开始它的周期性吗？）当然有可能，因为这是天体的乐章。

一年有52.18周,接近55。周可能不是自然时间单位,但一个月有四周,使得周与月之间接近斐波那契比率关系,因为一个斐波那契数×4.236后会得到另一个斐波那契数。如果月份数字是斐波那契数,那么月换算成周,这段时间的周数字也正好接近斐波那契数。例如,13个月 = 56(55 + 1)周。没有理由相信人造的时间结构,比如分、世纪这种单位,会服从斐波那契数列,但我们还不知道这种服从会持续多久。

我们已经观察到,波浪序列的持续期越长,时间单位就会越偏离斐波那契数。随着持续期的变长,偏离范围本身也是一个斐波那契数列。自然时间单位波浪序列的持续时间以及它们的偏离范围如下所示:

5 + 或 – 0

8 + 或 – 0

13 + 或 – 0

21 + 或 – 1

34 + 或 – 1

55 + 或 – 2

89 + 或 – 2

144 + 或 – 3

233 + 或 – 3

在市场模式中应用斐波那契时间周期时,博尔顿发现,时间的"排列组合无限"而且时间"周期可以是从头部至底部、头部至头部、底部至底部和底部至头部"。除了这个保留意见,他在1960年出版的同一本书中指出,基于斐波那契数列,1962或1963年可能会出现一个重要的转折点。正如我们现在知道的那样,1962年确实出现了可怕的熊市和大浪④的最低点,紧接之后的是一轮持续将近四年的不间断的涨势。

除了时间序列分析,罗伯特·雷亚还发现,牛市和熊市之间的时间关系对预测十分有用。在写给美林证券的报告中,罗伯特·普莱切特写道,他曾在1978年3月注意到"4月17日这一天,A–B–C形状的下跌由1931个60分钟点数形成,或浪(1)、(2)和(3)上涨需要3124个60分钟点数的0.618倍。"星期五,4月14日,道指从死气沉沉的头肩底模式开始向上突破,而且星期一,4月17日,是成交量突然放大的日子,达到6350万股(见图1–18)。尽管开始突破、放大的时点不是最低点,但它确实把人们从先前的熊市压力中释放了出来。

贝纳理论

塞缪尔T·贝纳曾是一家钢铁厂的老板,但1873年美国内战后的大恐慌使他出现了财务危机。之后,他在俄亥俄州种植小麦,作为一项兴趣,他开始进行价格运动的统计研究,试图找到商业价格反复涨跌的秘密。1875年,贝纳写了名为《未来价格涨跌的商业预言》的一本书。书中的预测主要是关于生铁价格循环以及金融恐慌。在许多年里,贝纳的预言都惊人的准确,作为一名统计学家和预言家,他创造了令人羡慕的记录。甚至在今天,贝纳的图表仍然吸引着循环学者的兴趣,并屡次再版,虽然有时没有获得原作者的允许。

贝纳注意到,商业趋势的高点遵循一种重复的8—9—10年模式。如果我们把这种模式应用在从1902年开始的,历经75年的DJIA的高点上,将得到以下结果。这些结果并非是多年前贝纳的预测,只是8–9–

10 重复模式在历史记录中的应用罢了。

年	间隔(年)	市场最高点
1902		1902 年 4 月 24 日
1910	8	1910 年 1 月 2 日
1919	9	1919 年 11 月 3 日
1929	10	1929 年 9 月 3 日
1937	8	1937 年 3 月 10 日
1946	9	1946 年 5 月 29 日
1956	10	1956 年 4 月 6 日
1964	8	1965 年 2 月 4 日
1973	9	1973 年 1 月 11 日

考虑到经济低点,贝纳注意到两组时间序列,这两组时间序列表明衰退(不景气)和大萧条(恐慌)趋于交替(考虑到艾略特的交替原则,就不会对此感到惊奇)。关于恐慌,贝纳认为1819年、1837年、1857年和1873年是恐慌年,并在初始的"恐慌"图中标示出这些年份,来反映16－18－20年模式的重复,结果发现这些再现事件的不规则周期。尽管他把序列应用于衰退或"不景气",但很少有股票低点会像大恐慌时的低点那样,使用16－18－20模式。16－18－20模式应用在交替出现的股票低点中能精确的吻合,就像1967年首次出现在银行信用分析家的副刊中的贝纳－斐波那契循环图(图4－18)那样。

1902-1987年的贝纳-斐波那契循环图

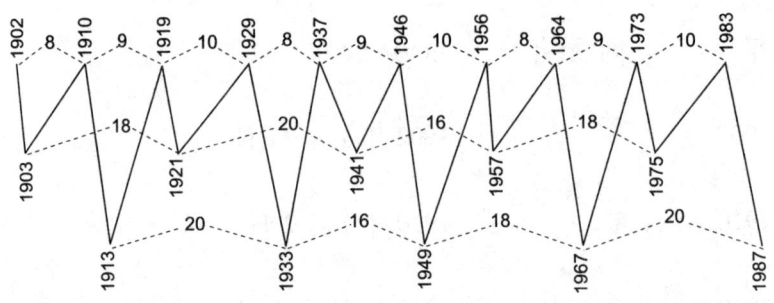

波峰:8-9-10年重现。波谷：16-18-20年重现。大波谷：16-18-20重现。

图 4－18

值得注意的是,与现在循环结构相同的最后一次循环出现在 19 世纪 20 年代,这与第七章中讨论的康德拉蒂耶夫图一致,是循环浪级的第五浪的最后一次出现。

贝纳有关顶部和底部循环出现的观点,与大部分本世纪股票市场的转折点相吻合。这个模式是否总能找到未来的每个高点是另一个问题。毕竟,它们是固定循环,而不是艾略特循环。然而,在关于它为什么能与现实相符的研究中,我们发现贝纳理论相当接近斐波那契序列,因为 8－9－10 的重复序列产生了高达 377 的斐波那契数字,且误差很小,如下表所示。

8-9-10系列		经挑选的小计	斐波纳奇数字	误差
8	=	8	8	0
+9				
+10				
+8	=	35	34	+1
+9				
+10	=	54	55	−1
……+8	=	89	89	0
……+8	=	143	144	−1
……+9	=	233	233	0
……+10	=	378	377	+1

我们的结论是,基于底部和顶部反复颠转的时间周期而不是固定重复周期的贝纳理论,他的循环重复次数是斐波那契序列。如果我们没有使用过这种方法,可能就不会提到它,但过去的事实证明,把它与艾略特波浪行进的知识结合起来时十分有效。1964年末,A·J·弗罗斯特运用贝纳的概念做出了(在当时)一个不可思议的预测:下一个十年,股票价格基本上是在盘整运动中,在1973年DJIA将达到最高点,1000点左右,在1974年末或1975年初在500点至600点的区域内达到最低点。下面是弗罗斯特写给汉密尔顿·博尔顿的一封信。图4-19是信中所附的有完整注释的走势图。因为这封信写在1964年12月10日,所以它代表了另一个长期的艾略特预测,而且这个预测成为事实,而不只是臆想。

1964年12月10日

A·H·博尔顿先生

博尔顿,特布雷公司

舍布鲁克西街1245号

魁北克省蒙特利尔市25

亲爱的哈米:

既然我们已经在当前的经济膨胀中走得太久,而且投资热情正逐渐减弱,这时,抛光水晶球,做一些逆势的估计似乎是很明智的。在预测走势时,除了有时气氛不太好外,我对银行信用处理方法还是很有信心的。我不能忘记1962年。我觉得,似乎所有的基本分析工具都只能承受较低的压力。但艾略特的理论,尽管运用有难度,确实有些特性能抵抗较大压力。因此,我关注波浪理论,而且现在的所见所闻也吸引了我的关注。在我学习艾略特理论的时候,股票市场非常脆弱,而且自1942年开始的大循环的终点就在眼前。

……我想说,我们正处在危险中,证券公司应采取一种谨慎的投资策略(如果一个人可以用庄重之间表达轻浮的行动),抛空一切。

从1942年开始上涨的第三浪,也就是1949年6月至1960年1月的上升行情,是大循环的延伸……因此,从1942年开始的整个循环可能已经到达了正规的顶点。现在,摆在我们面前的很可能是一个双重顶和一个循环级的长期平台形。

……应用艾略特理论的交替原则,接下去的三个大运动应该形成一个持续时间较长的平台形调整浪。如果真是这样,倒也非常有趣。同时,作为应用艾略特和贝纳想法的艾略特理论家,我并不介意做一只出头鸟,做出十年的预测。没有比艾略特式的分析师更自重的分析人士愿意做这样的事,这也正是艾略特理论的独特之处。

祝好!

A·J·弗尹斯特

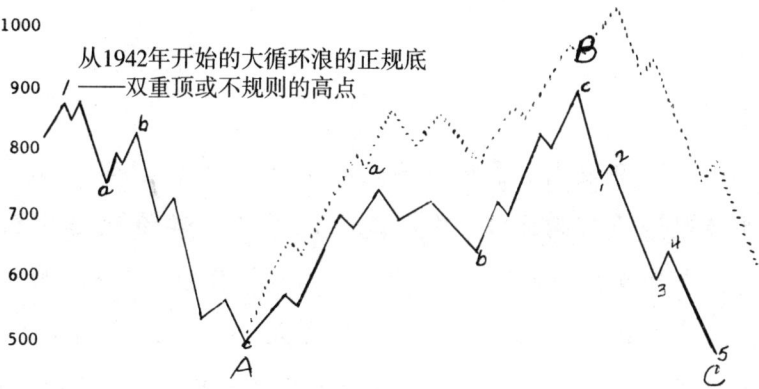

注：
a）艾略特的交替理论要求大浪或循环浪级的平台包含下三个主浪。最后的一个大熊市1929—1942明显是一个向上的锯齿形。
b）巨大的货币刺激可能给予上面的模式一个向上和向前的倾斜，如虚线表示的那样。
c）开始于1942年的循环浪的从1949年6月到1960年1月（后战争牛市）的浪3延伸在任何程度上都不可能被破坏。因而向下的极限不会超过500点。
d）贝纳的固定周期性的规则已经被用于主要的顶和底部——标记为A，B和C。

图4-19

尽管我们已能像本章前半部分描述的那样，将比率分析完善地编纂起来，但是股票市场中还有许多例子能证明斐波那契比率。这里介绍的方法仅仅只是给未来的分析家抛个砖，把他们带到正确的轨道。接下来的章节将继续讨论比率分析的应用，并评价它的复杂性、准确性和实用性。很明显，秘诀就在那儿。剩下的，就是这个秘诀能解决多少未知的问题。

第五章 长期浪和当前的复合体

1977年9月,福布斯杂志发表了一篇关于通货膨胀复杂理论的有趣文章,题目是:"汉堡包大悖论",作者大卫·沃什在文中问道,"是什么在影响汉堡包的价格,为什么汉堡包的价格上涨了一个世纪之久,又再次趋于平稳?"他引用了英国牛津大学的E·H·菲利普斯·布朗和希莉亚V·霍普金斯教授的话:

一个世纪以来,价格似乎遵循一种强势的法则;价格一变化,就会盛行一种新的法则。把价格推向新高点的比打压价格要难得多。然而,我们是否知道是什么在这个时代留下印记,为什么价格可以在震荡中坚挺如此之久,却又迅速改变?

布朗和霍普金斯认为价格"遵循一种无所不能的法则",这与R·N·艾略特说的完全一样。这个无所不能的法则是在黄金比率中发现的,而黄金比率是自然法则的基础,它塑造了人类肉体、精神和感情结构。就像沃什看到的那样,人类是在突然的振荡不断前进的,而不是牛顿力学的平滑中。我们同意沃什先生的结论,而且,这些振动并不仅仅是形态或时间上某个值得关注的浪级,而是人类前进的对数螺线上的所有浪级,从细浪级以及更小的浪级，到超级循环浪级以及更大的浪级。这个观点的另一种解释是，假设这些振动本身就是时钟的组成部分，一块手表看似平稳，但是它的前进是由一个计时器发出的阵阵振荡所控制的，无论这个计时器是机械的还是石英晶体的。人类进步的对数螺线也是以相似的方式驱动，但这个振动与时间间隔没有关系，影响它的是重复的形态。

如果你认为这个理论是一派胡言，那么请注意，我们讨论的极可能不是外生变量，而是内生变量。因为确定性而否认波浪理论，不能回答本书中介绍的社会模式是怎么样的以及为什么是这样的。我们所要说的是，正如市场行为揭示的那样，人类在社会行为中会产生一种自然属性。知道我们主要描述的是社会形态，而不是个体形态，这点非常重要。个体的意志自由，而且确实能辨别出这些典型的社会行为模式，并从中获利。与大众和自己的自然倾向反向行动和思考，并不容易，但通过训练和经验的帮助，一旦你建立了对市场行为的真正本质的最初洞察力，就可以训练自己这样反向行动。不用说，这些行动与人们原先的信仰背道而驰，无论它们是否被基本分析人士对事情的因果关系做出的漫不经心的假设所影响，是否被经济学家们提出的机械模型，学院派提出的"随机漫步"，或市场阴谋理论家提出的"苏黎士的守财人"（有时代称"他们"）所影响。

我们假设一般投资者对他死时的、或者他外曾祖父的外曾祖父当时的投资环境并不感兴趣。不关心未来和过去，就很难处理投资环境。我们必须估计各种长期浪，第一是因为过去的发展情况在很大程度上决定了未来，第二是因为这条法则既适用于长期情况，也适用于短期情况，产生相同的股票市场行为模式。

换言之，所有浪级的股票市场模式都是相同的。小型浪的运动模式用60分钟走势图来描绘，大型浪的运动模式用年走势图来描绘。例如，图5-1和图5-2是两幅走势图，一幅描述的是1962年6月25日至7月

10日这十天,道指每60分钟的价格波动情况,另一幅是1932至1978年S&P500的每年的波动情况(感谢《大众金融周刊》提供材料)。尽管时间的跨度是,但这两幅走势都显示出相似的模式。尽管时间跨度比率是1500比1,这两幅图反应了相似的运动模式。长期结构仍在进行中,从1974年最低点开始的浪V并没有走完全程,至今这个模式依旧与60分钟线的走势平行。在每一个浪级上,形态都是不变的。

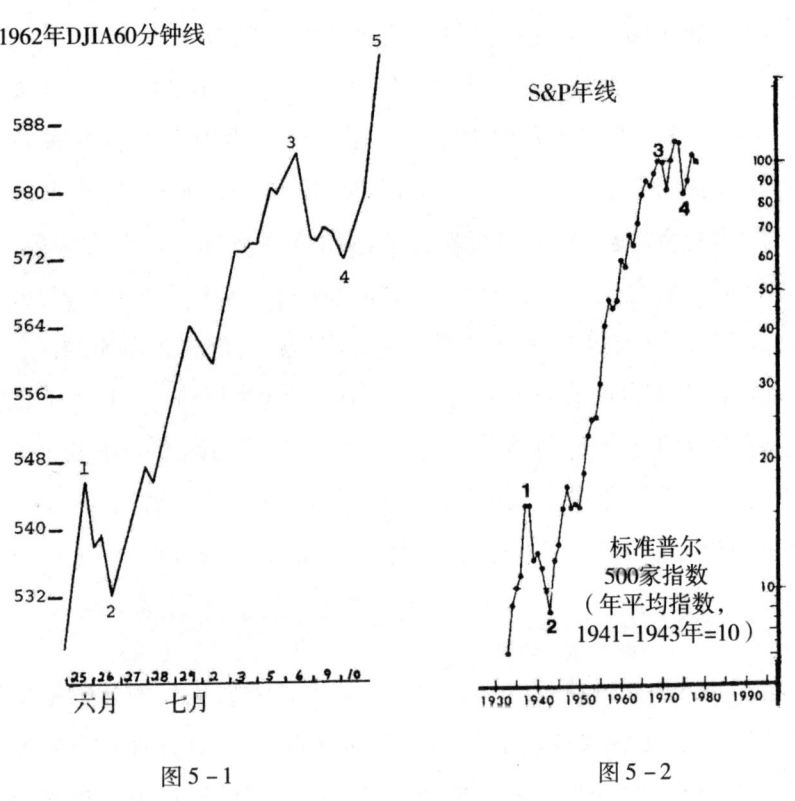

图 5-1   图 5-2

本章我们将简要说明,从千年浪过渡到如今循环浪级的牛市过程中的"振荡"的当前位置。此外,正如我们看到的,因为当前正处于千年浪和复合浪中"五浪"的金字塔结构中,最近十年可能是世界历史上撰写并研究艾略特波浪理论最多的时期。

1. 从黑暗时代开始的千年浪

反映过去 200 年价格趋势的数据并不难以获得，但是我们不得不用不太准确的统计数据来预测更早的趋势走向。由 E·H·菲利普斯·布朗和希莉亚 V·霍普金斯教授编制，并经大卫·沃什进一步扩展的长期价格指数，基于公元 950 至 1954 年的"市场篮子"。

把布朗和霍普金斯的价格曲线和 1789 年以后的工业股票指数连接起来，就能得到过去一千年的长期价格走势图。图 5-3 大致表明了从黑暗时代至 1789 年的总体价格摆动。对于从 1789 年开始的第五浪，我们特别用了一根直线来代表股票价格振荡，在下一节中会进一步分析。奇怪的是，这张图虽然只是粗略地描述了价格趋势，却产生了一个艾略特五浪模式。

伴随着历史价格运动的，是持续几个世纪的商业与工业的扩张。罗马帝国，它的伟大文化曾经与前一个千年浪的高峰同时发生，最终在公元 476 年崩溃。在随后的 500 年，也就是千年浪的熊市阶段，文明几乎没有发展。商业革命（950—1350）最终点燃了第一个扩张超级循环浪。1350 至 1520 年的价格水平反应了商业革命时期价格的"调整"过程。

下一个价格上涨时期是资本主义革命时期（1520—1640），也是英国历史上最伟大的伊丽莎白时期。结束了那场耗尽英国国力的英法战争后，伊丽莎白一世（1533—1603）登上了王位。那时候的英国贫穷而绝望，但到了伊丽莎白过世的时候，英国已经能与所有的欧洲强国抗衡，伊丽莎白一世扩张了大英帝国，使它成为世界上最繁荣的国家。那曾是莎士比亚、马丁·路德、德雷克和雷利活着的时代，一个世界历史上真正繁荣昌盛的时代。在这个辉煌而奢华的时期，商业扩张，物价上涨。到了 1650 年，价格已经达到了顶峰，开始走平，形成了长达一个世纪的超级循环浪级的调整。

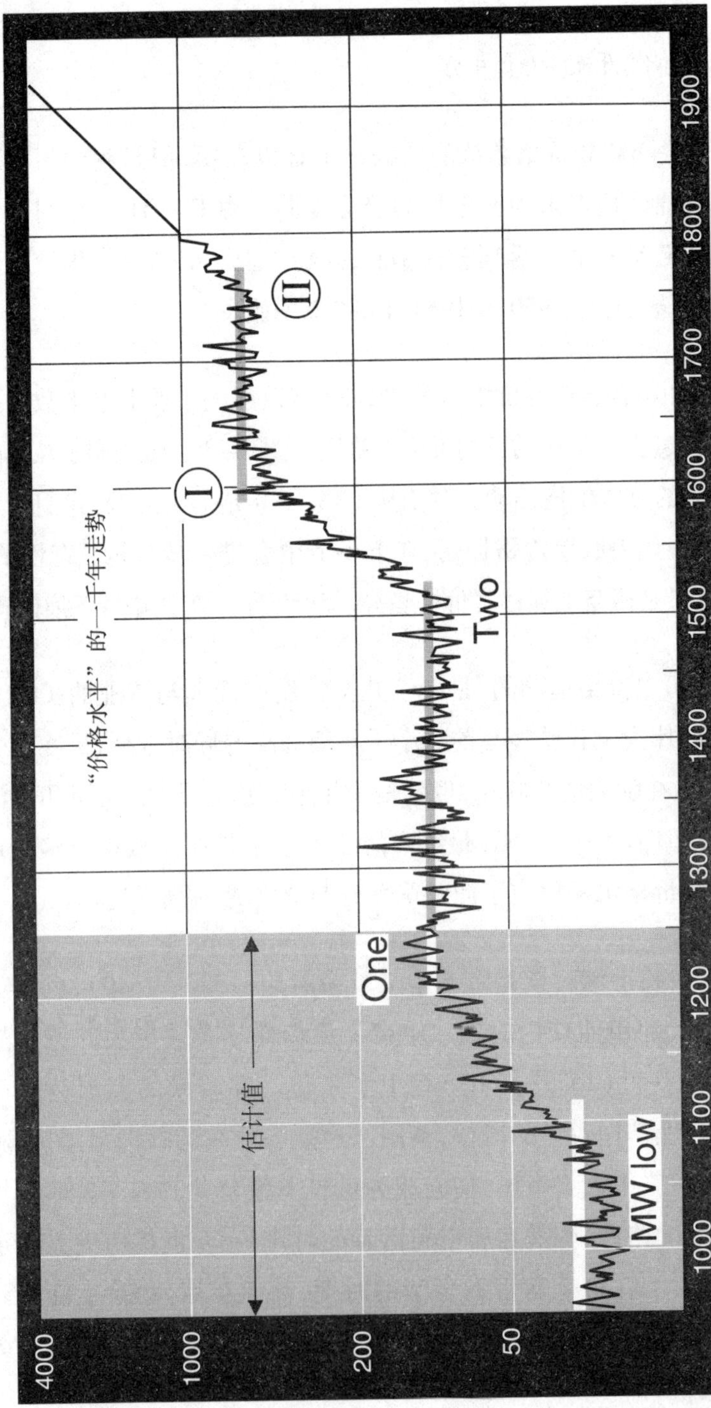

图5-3

伴随着这个千年浪,商品指数的下一个超级循环浪大约从 1760 年开始,而不是我们假定的 1770 至 1790 年这段时期,我们把这个时期标示成"1789 年",股票市场数据从那时开始有了记录。然而,正像格特鲁德·舍克在 1977 年 4 月/5 月号的《循环》杂志中刊登的那样,商品价格指数的趋势比股票指数的趋势大约提前了 10 年。从这个思路出发,我们发现上述两种趋势确实完美的契合了。这个超级循环浪的进展伴随着工业革命中生产力的爆发,也伴随着美利坚合众国崛起为世界超级大国。

艾略特的逻辑表明,从 1789 至今的超级循环浪,必须在时间和幅度上,与进行中的艾略特其他波浪前后呼应。如果这个假设是真的,那么除非这个千年浪是延伸浪,否则它几乎已经走完全程,并将被三个超级循环浪调整(二个下降,一个上升),这三个浪将覆盖下一个五百年。很难想象,世界经济的低迷情况会持续这么久。但是,这种长期困境并不能否认技术可以缓和社会化发展的严酷这一点。艾略特波浪理论是关于概率和浪级的法则,而不是一种精确的预测仪器。然而,当前大循环浪(Ⅴ)的结束,应当会产生经济和社会的震荡,而这种震荡可能产生下一个衰退与绝望。毕竟,如果最终推翻腐败罗马帝国的是野蛮人,那么现代的野蛮人没有同样图谋和目的吗?

2. 从 1789 至今的超级循环浪

这个长浪由五浪组成,其中三个浪与主要趋势相同,两个浪与主要趋势相反,是与美国史上最强劲、最进步时期相对应的第三延伸浪。在图 5-4 中,大循环的子浪分别被标示为(Ⅰ)、(Ⅱ)、(Ⅲ)和(Ⅳ),而浪(Ⅴ)还在进行中。

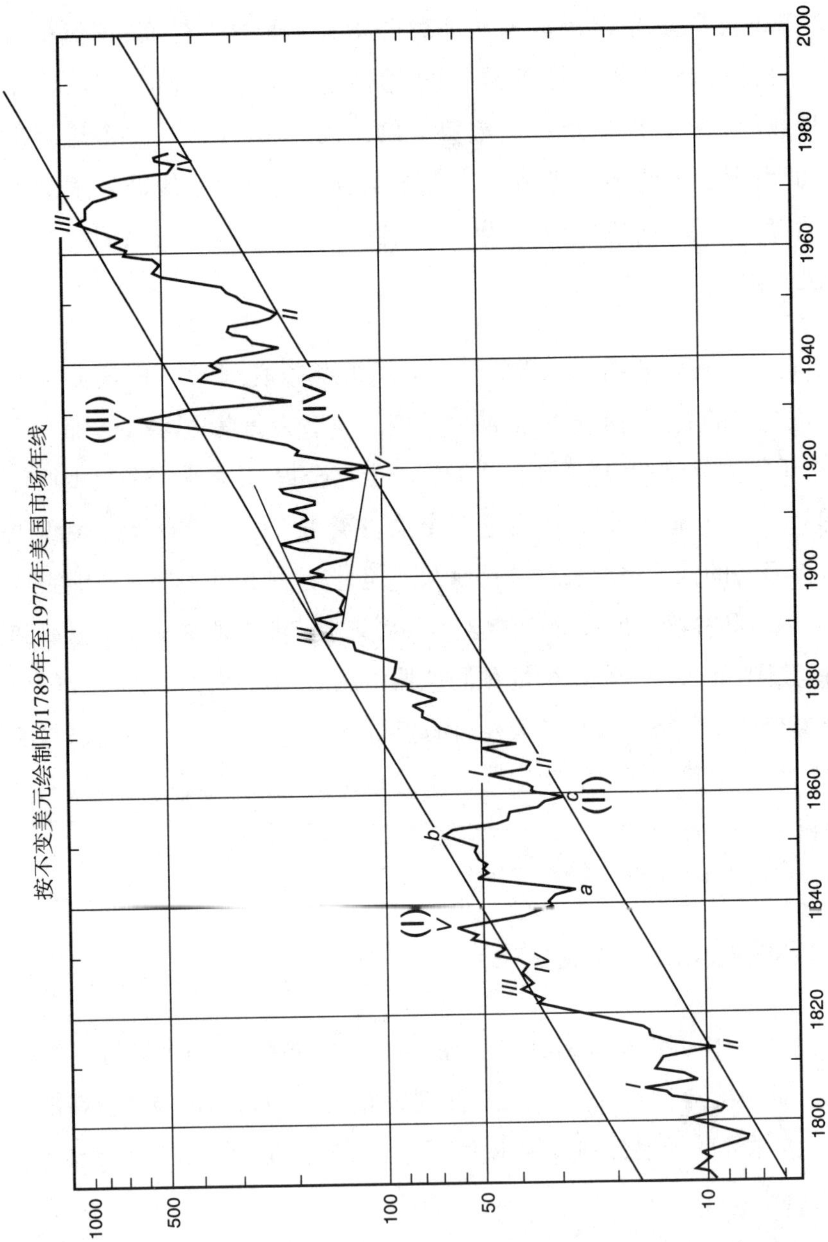

154 艾略特波浪原理:市场行为的关键

图5-4

追溯到运河公司、马拉的驳船以及缺乏统计资料的年代,格特鲁德·舍克为《循环》杂志绘制的"不变美元"工业股指数的走势图,形成了惊人的清晰的艾略特波浪。尤其引人注目的是趋势轨道,轨道的基准线连接着几个重要的循环浪和大循环浪的最低点,而上平行线连接了几个上升浪的最高点。假定零售价格指数没有彻底的净变化,那么1983年形成的市场最高点将合理地落在2500至3000点的目标区域,并将触碰上平行线。

假定1789年是大循环浪的开端,那么浪(Ⅰ)很显然是"浪五"。如果浪(Ⅱ)是平台形,按交替原则,预示着浪(Ⅳ)将是锯齿形或三角形*。如果浪(Ⅲ)延伸,并能被细分成必要的五个子浪,其中第四子浪是一个典型的扩张三角形。1929至1932年的浪(Ⅳ)在先前小一浪级的第四浪中结束。

图5-5中的浪(Ⅳ)细致地刻画了大循环浪的锯齿形调整浪,它也是美国历史上最惨烈的暴跌。在下跌的浪a中,日线图以典型方式表示了下降的第三子浪,其中包括1929年10月29日的华尔街大崩盘。然后,浪a大约被浪b回撤了50%,理查·德罗素称它是"著名的1930年上升调整",这段期间,甚至是罗伯特·雷亚也受到反弹情绪的影响,买进股票填补空头。浪c最终落在41.22点,下跌了253点,大约是浪a长度的1.382倍。在三(一个斐波那契数)年中,股票价格完成了89%(89也是斐波那契数)的下跌。

必须再次强调,艾略特总是把1928年看作浪(Ⅲ)的正规顶部,把1929年的最高点看作是一个不规则顶。同查尔斯·柯林斯一样,我们发现了此处的几个错误,即认为1929年很可能出现了正规的最高点。首先,1929至1932年的下跌是一个完美的5—3—5锯齿形下跌。其次,因

---

* 图5-4表明浪(Ⅴ)是锯齿形。当其在实际价格中是锯齿形时,其根据通胀调整后的价格是一个三角形,正如一年后看到的那样(见附录)。

为浪(Ⅲ)在 1928 年见顶,我们不得不假设浪(Ⅳ)有着与 3—3—5 扩张平台形调整浪不一样的"正确的外表"。在这种解释下,浪 c 与较小的浪 a、浪 b 不成比例,会在远远低于浪 a 最低点的位置结束。另一个错误是关于浪 b 的力度,就像在第五浪中那样,浪 b 很好地保持在上升轨道内,并在突破上升趋势线后结束。而浪(Ⅳ)的比率分析,既支持艾略特不规则顶的论点,又支持我们正规顶的看法,因为在艾略特的分析中,浪 c 是 1928 年 11 月至 1929 年 11 月期间浪 a 净下跌的 2.618 倍,而在我们的分析中,浪 c 是 1929 年 9 月至 1929 年 11 月期间浪 a 的 1.382 倍(0.382 是 2.618 的倒数)。

这个超级循环浪中的浪(Ⅴ)仍在继续,目前,它与期望值极为接近,因为浪(Ⅲ)是一个延伸浪,而且不管是时间还是百分比幅度,浪(Ⅴ)都应与浪(Ⅰ)大致相等。浪(Ⅰ)全程走了大约五十年,浪(Ⅴ)应该也像预期那样,持续五十年。在不变美元的走势图中,浪(Ⅰ)的高度大约与浪(Ⅴ)相同,按百分比计算也就是涨幅相同,甚至它们的"形态"差别也不大。下面进一步分析超级循环浪中的浪(Ⅴ)。

3. 从 1932 年开始的大循环浪

大循环浪(Ⅴ)从 1932 年开始,至今仍在展开中(见图 5-5)。如果说要选出完美的艾略特波浪结构,那么这个长期艾略特波浪序列就是一个首要选项。循环浪被细分如下:

第二部分 艾略特理论的实际应用 157

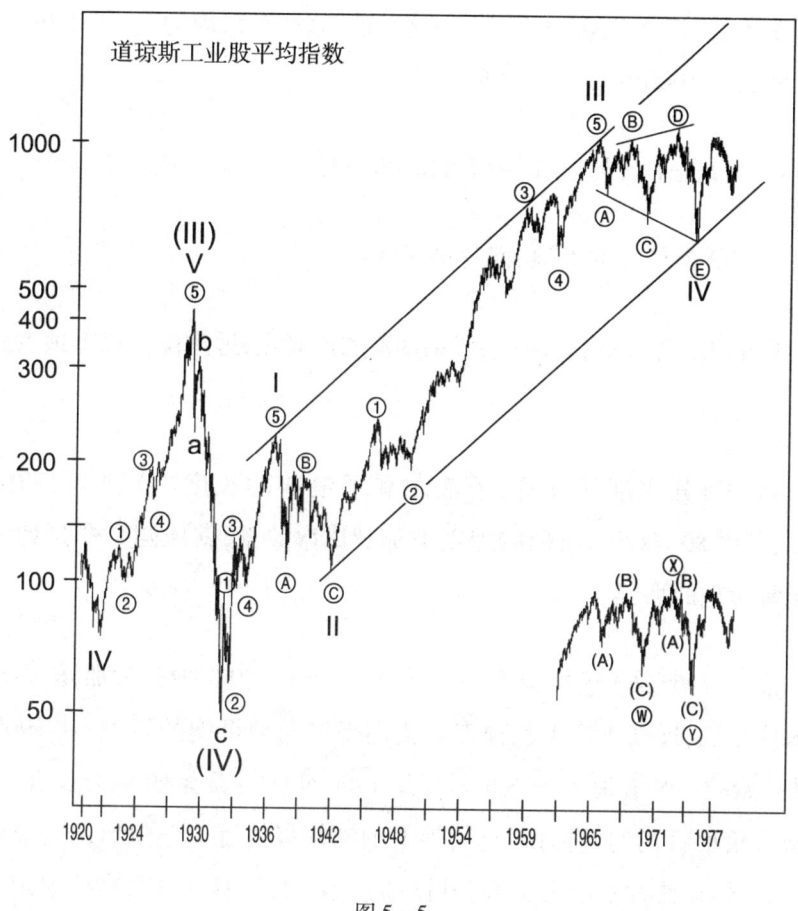

图5-5

浪Ⅰ：1932至1937年——根据艾略特规则，浪Ⅰ是一个清晰的五浪序列。它回撤掉从1928年和1929年的最高点开始的市场下跌的0.618，而且在这一浪中，延伸的第五浪是第一浪和第三浪距离的1.618倍。

浪Ⅱ：1937至1942年——在浪Ⅱ中，子浪A是一个五浪，子浪C也是一个五浪，所以整个形态是锯齿形的。大部分的价格损失发生在浪A中。因此，整个调整浪的结构强度很大，远超出了我们正常的期望，因为在调整中，浪C才刚刚开始出现新低点。浪C的大部分损失是因为侵蚀，持续的通货紧缩使得股票的市盈率达到了比1932年时更低的水平。

浪Ⅲ：1942 至 1965（6）年——这一浪是延伸浪，因为它，道指在 24 年中上涨将近 1000%。它的主要特征如下：

1）浪④是平台形，与锯齿形的浪②交替。

2）浪③是最长的大浪，而且是延伸浪。

3）浪④调整至先前小一浪级第四浪的最高点，远远位于浪①顶点的上方。

4）按百分比涨幅计算，子浪①和子浪⑤的长度（分别是 129% 和 80%，其中 80 = 129 × 0.618）呈斐波那契比率关系，就像两个非延伸浪之间经常出现的那样。

浪Ⅳ：1965（6）至 1974 年——在图 5 – 5 中，浪Ⅳ像通常那样，在浪④区域内见底，远高于浪Ⅰ的顶点。我们得出两种可能的研判：从 1965 年 2 月开始的一个五浪扩张三角形和从 1966 年 1 月开始的一个双重三浪。尽管三角形研判的目标位较低，浪Ⅴ的涨幅将接近于三角形调整浪最宽的部分，但这两种数浪方法都是可行的。然而，没有其他艾略特规则支持弱浪正在形成的说法。一些艾略特理论家试图把 1973 年 1 月至 1974 年 12 月的最后一次下跌看作五浪，把循环浪Ⅳ标示成一个大的平台形。在技术上反对五浪计数的理由是，假定的第三子浪太短，而且第一浪会因此被第四浪覆盖，这两条都违反了基本的艾略特规则。因而，它明显是一个 A – B – C 下跌。

浪Ⅴ：1974 至？——这个循环级的浪仍在进行中。两个大浪似乎已经在这个交叉点走完，市场正处在第三大浪中，而这个大浪应当创下历史新高。最后一章将较为详细地描述对当前市场的分析和期望。

因此，根据艾略特理论，目前股票的牛市可能开始于从 1932 年开始的第五浪，这个浪开始于从1789年开始的第五浪，而1789年的这个狼甚至可能开始于黑暗时代的第五浪。图5-6的复合走势图很好地说明的这点。*

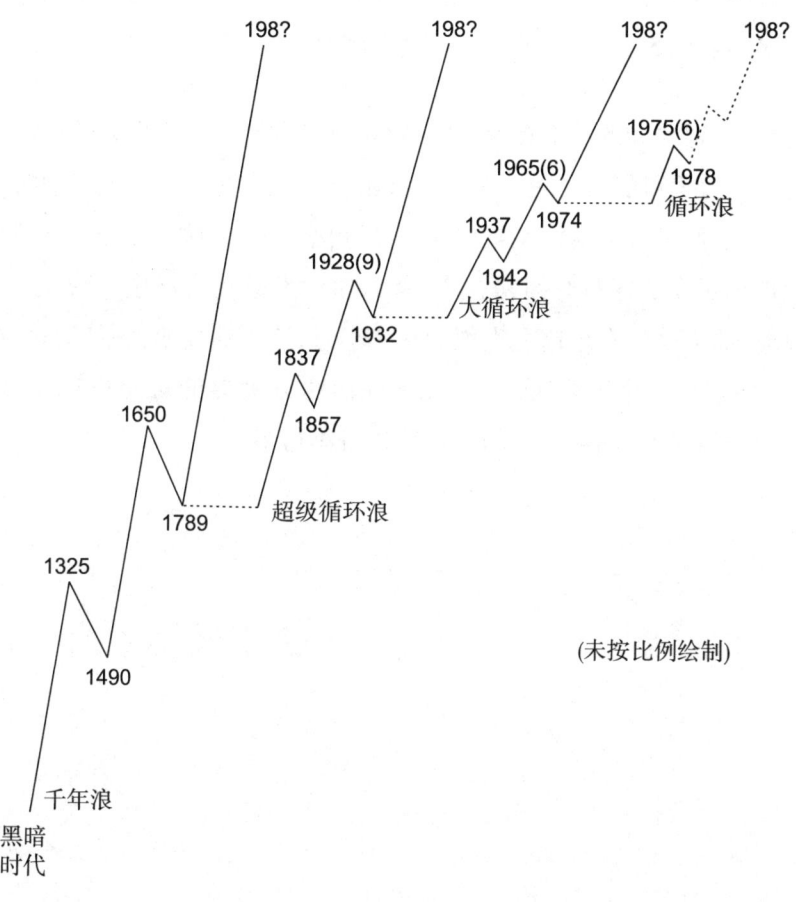

图5-6

从黑暗时代开始的西方历史似乎是一个不间断的人类进步,它可以被命名为千年级波浪。欧洲和北美的文化复兴,此前希腊城邦的振兴和

---

* 在潮汐波的波峰(1995)显示了从黑暗时代开始的包含一个正在延伸的浪的一个变形图。因而,它有点修正了这里表现的观点,得到正在到来的后退更可能"仅"是超级循环浪而不是千年浪。

罗马帝国的扩张,以及此前埃及社会进步的千年浪,可以被称为文化千年浪,每一浪都被停滞浪或倒退细分,每一浪都持续了几个世纪。有人这样认为,甚至是到今天仍有记录的五浪,也可以组成一个正在进行中的纪元级的波浪,某个社会灾难(可能是核战争或生物战争,或其他未知)发生时最终会造成5000年人类社会的最大倒退。

当然,螺线型的波浪理论表明,存在着一种比纪元级更大的波浪。人类的进化过程可能就是更大浪级的波浪。人类本身是灵长类动物的一个发展阶段,而灵长类动物又是地球生命进化中更大浪级波浪的一个阶段。假设地球至今的存在时间是一年,那么生命形态从海洋中出现发生在5周以前,而人类仅在地球上出现了6个小时,还不到其他生命形态存在时间的1%。按照这种算法,罗马文化统治西方世界的时间只有5秒钟。从这个角度来看,超级大浪的级别就显得小得多。

第六章 股票和商品

个股

投资是一门买卖股票及其他证券,使得收益最大化的艺术。何时投资比挑选何种股票要重要得多。选股并非不重要,但与时机相比,它是次要的。无论是交易者还是投资者,要想在股市中成为赢者,就必须了解大趋势的方向,顺势投资,而非逆势操作。仅做基本面分析很少能投资成功。1929年美国钢铁公司股票一股260美元,对于孤儿寡母来说,是一个很好的投资。因为它的红利是每股8美元。但是华尔街的暴跌使它的股价降到每股22美元,而且这家公司四年内没有支付任何红利。股票市场通常要么牛市要么熊市,很少出现其他情况。

因为从众心理,市场平均指数以艾略特波浪模式展开,而不是个股的价格运动。尽管波浪理论对个股有某一些作用,但波浪计数常常因为一些原因而太模糊,没什么大的实用价值。换言之,艾略特理论只会告诉你比赛速度很快,而不是哪匹马会赢。对于个股而言,相比硬将股票价格波动归结成一种可能存在也可能不存在的艾略特波浪计数,其他类型的分析方法可能更有效。

理由如下:波浪理论允许个人因素影响个股的价格模式,并在较小程度上,影响一小群股票的价格模式,这是因为艾略特波浪理论反映的只是投资大众的每一个投资人的决策过程。所以,在更大形态的波浪结构中,许多个体投资者和公司的个人因素相互抵消,剩下的只是一面反映群体思想的镜子。换言之,波浪理论的形态反映的不是单个人或单个公司,而是人类整体和其企业的发展。很多公司成立了又消失了。趋势、时尚、文化、需求和渴望随着人类活动潮起潮落。因此,波浪理论极好地反映了总体商业活动的发展。每个个体活动都有自己的本质,自己的生活期望以及与其他个体的相关关系。因此,每一家公司,就像个体人一样,作为总体的一部分出现,扮演着它的角色,并最终成为组成整体的一粒尘埃。

如果我们通过显微镜观察一小滴水,可以得到体积、颜色、形状、密度、含盐量、细菌数等很多个体特征,但是,如果这滴水是海洋中波浪的一个部分,那么不管它的个体特征如何,它都会在波浪和海潮力量下随波逐流。纽约股票交易所内的上市股票就好像二千多万颗"小水滴",市场平均指数是群体心理的最佳表现形式这个说法还值得怀疑吗?

尽管群体和个体差别重大,但许多股票或多或少与市场保持一致。事实表明,平均来说,75%的股票随着市场一同上涨,而90%的股票会随着市场一同下跌,尽管个股的价格波动通常比平均指数更不稳定。显而易见,与其他大多数股票相比,投资公司的封闭式股票及大周期性公司的股票,与平均指数的运动模式更加一致。然而,新兴公司股产生的艾略特波浪模式最清晰,因为强烈的投资者情绪一直影响着股票。最好的方法是避免用艾略特理论基础来分析个股,除非出现在你眼前的是一个清晰无误的波浪模式。只有在那时才能采取最佳的决策行动,而且必须在不考虑市场总体波浪计数的情况。忽略这样的模式比预防它花出的代价更大。

尽管上文已详细的警告过,但仍有大量用波浪理论分析个股的例子,图6-1至图6-7中的七只个股分别代表三种艾略特波浪模式。美国**钢铁**

第二部分　艾略特理论的实际应用　163

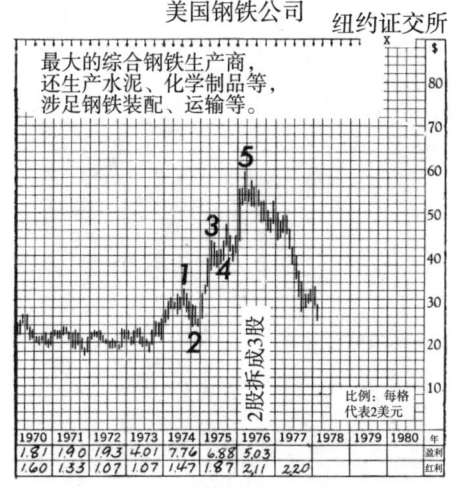

图6–1

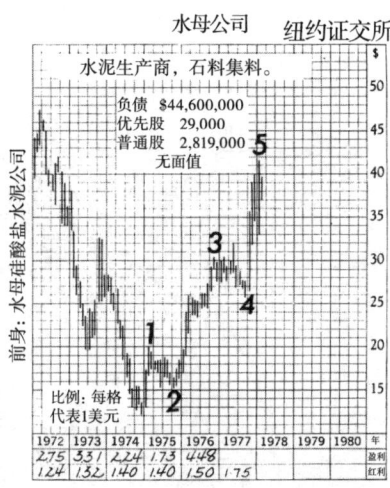

图6–2

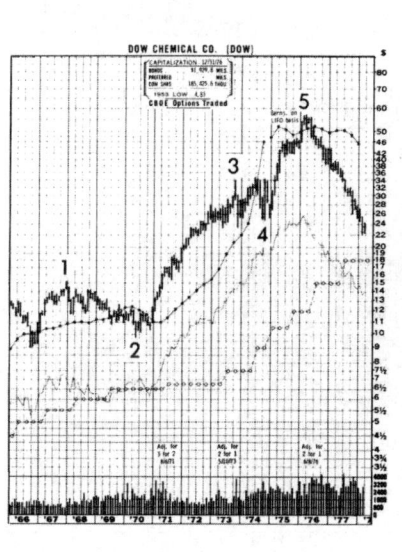

图6–3

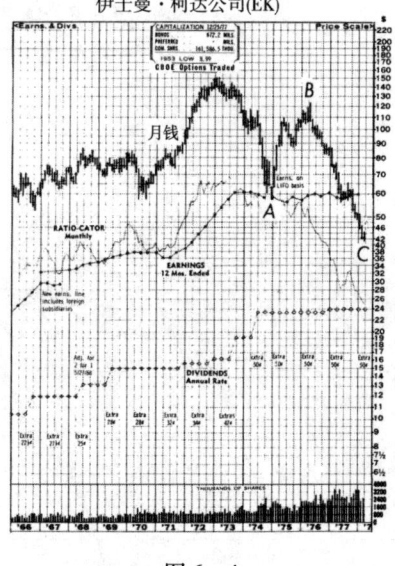

图6–4

164 艾略特波浪原理：市场行为的关键

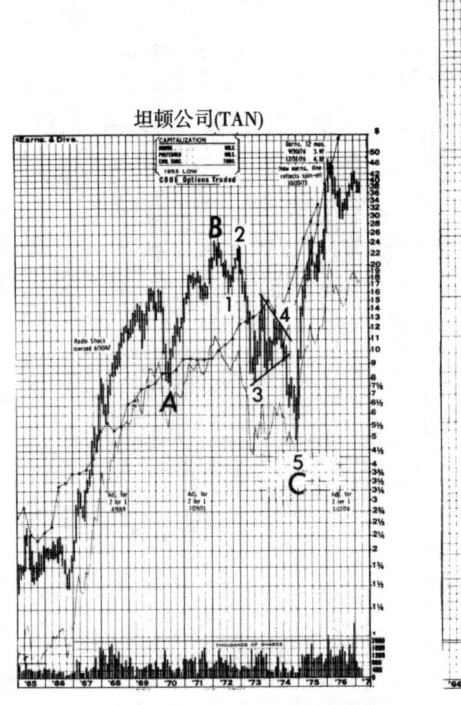

图 6 – 5

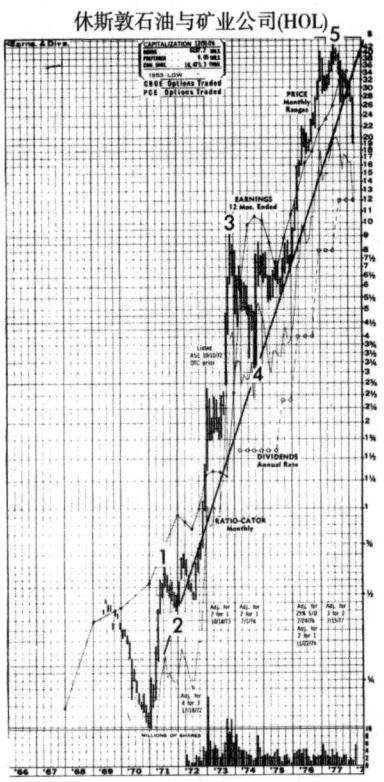

图 6 – 6

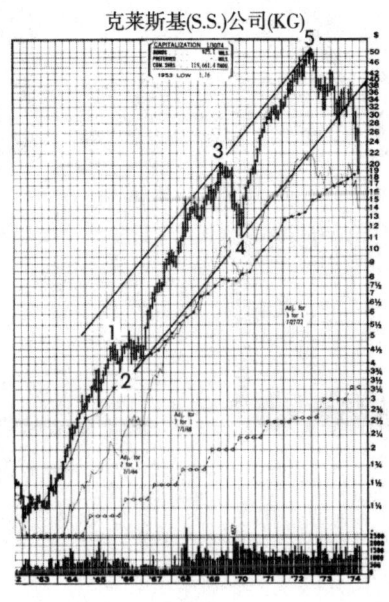

图 6 – 7

公司、道氏化学公司和水母公司的牛市是一轮从各自的大熊市最低点开始的五浪上升行情。伊士曼·柯达公司和坦顿公司的股票走势是一轮持续至1978年的A－B－C熊市。卡马特公司（前身是克莱斯基公司）、休斯敦石油及矿业公司的股票走势描绘了艾略特模式的长期"成长性"上升行情，并在满意的波浪计数后，突破了它们的长期支撑轨道线。

商　品

商品和股票一样拥有很多特性。商品行为与股票市场平均指数的不同是，在商品中大牛市和大熊市常常相互重叠。比如，图6-9中的大豆期货的走势那样，有时一个完整的五浪牛市不能使商品价格出现新高点。因此，尽管在许多商品中都存在着漂亮的大循环级波浪走势，但是实例中能找到的最高浪级是大浪级或循环浪级。超过这个浪级，波浪理论就会出现很多问题。

与股票市场相比，商品市场大多在大浪级或循环浪级的牛市中的第五浪开始延伸。这种倾向与反映人类真实情绪的波浪理论相一致。股票市场的第五浪上升通常是受希望的驱动，而商品的第五浪上升则是受一种相对戏剧性的情绪——恐惧——的驱动：恐惧通货膨胀，恐惧干旱，恐惧战争。在走势图上，希望与害怕总是大相径庭，这也是为什么商品市场的顶点通常是股票市场低端的原因之一。而且，商品牛市的延伸常常紧跟着三角形之后出现，处在第四浪的位置上。因此，股票市场中的三角形之前的冲击常常"迅速而短暂"，而大浪级商品牛市中的三角形则经常出现在延伸之前。图1-44中的白银走势图就是这样的一个例子。

最佳的艾略特波浪模式诞生于从延伸的盘整底部模式开始的重要长期突破，就像20世纪70年代的不同时候出现在咖啡、大豆、糖、黄金以及白银市场中的那样。不幸的是，适于表现艾略特趋势轨道的常用半对数刻度不能用于这种研究。

图6－8描述了从1975年中期至1977年中期这两年内咖啡价格的暴涨。这个模式无疑是"艾略特模式",甚至在小浪级也是如此。比率分析法漂亮地算出了价格的顶峰位置。在这些计算中,上涨到浪(3)顶点的幅度,和上涨到浪3顶点的幅度,以相等的距离黄金分割了整个牛市。走势图的底部还列出了各种可行的波浪计数,这些顶点都可以标示成浪③的顶点,都符合比率分析的指南。在到达第五浪的顶点后,出现了毁灭性的熊市,这显然出乎人们的意料。

图6－9描述的是大豆在五年半期间的价格走势。和咖啡价格暴涨一样,大豆价格在1972至1973年从一个长期底部开始了爆发性的上涨。大豆的价格也达到了目标区域,用上涨到浪3顶点的幅度乘以1.618,可以精确地得到浪3的终点至浪5顶点的距离。在接踵而来的A－B－C熊市中,一个完美的艾略特锯齿形调整浪展开了,并在1976年1月到达底部。这个调整中的浪B比浪A长度的0.618稍短一些。一轮新的牛市在1976至1977年展开了,尽管它在亚正常范围内,因为浪5的顶点没有达到最小目标价位——＄10.90。在这种情况下,涨到浪3顶点的收益(＄3.20)乘以1.618得到＄5.20,加上浪4中的最低点＄5.70,正好得到目标位＄10.90。在这些牛市中,开始的测量单位都是相同的,即牛市起点到第三浪顶点的距离。因此,这个距离是从浪3的顶点、浪5的最低点或二者之间开始测量得到的浪5长度的0.618倍。换句话讲,如第四章中描述的那样,在每种情况下,浪4中的一些点黄金分割整个上涨幅度。

图6－10是芝加哥小麦期货的高低点周线图。在顶峰达到＄6.45后的四年里,期货以明显的内部关系,形成了艾略特A—B—C结构的熊市。浪B是一个收缩三角形,与第二章和第三章中讨论的一样。五个交点正好形成了趋势线的边界。三角形的子浪以一种不寻常的方式——黄金螺线展开,每条边与另一条都呈斐波那契比率(c＝0.618b;d＝0.618a;

第二部分 艾略特理论的实际应用

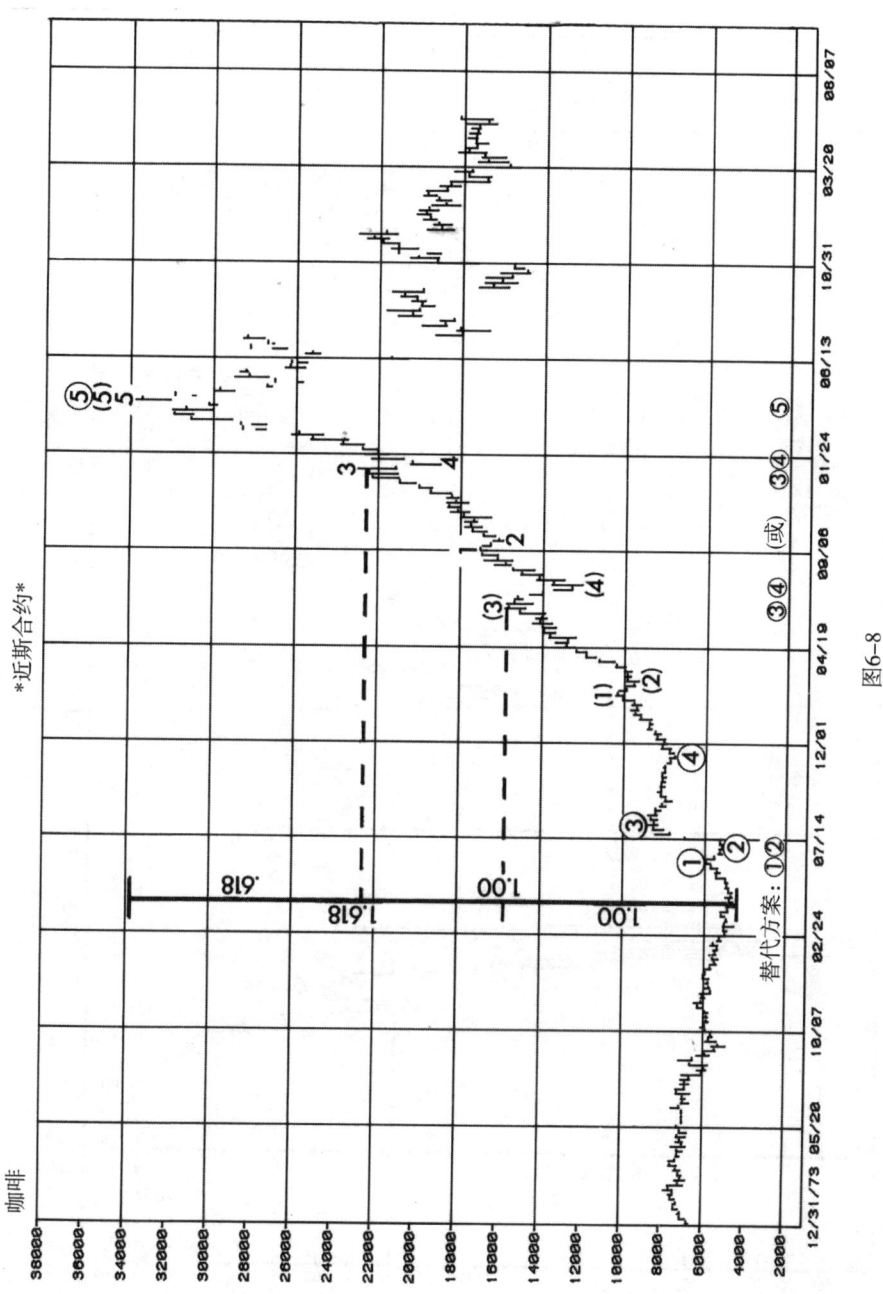

图6-8

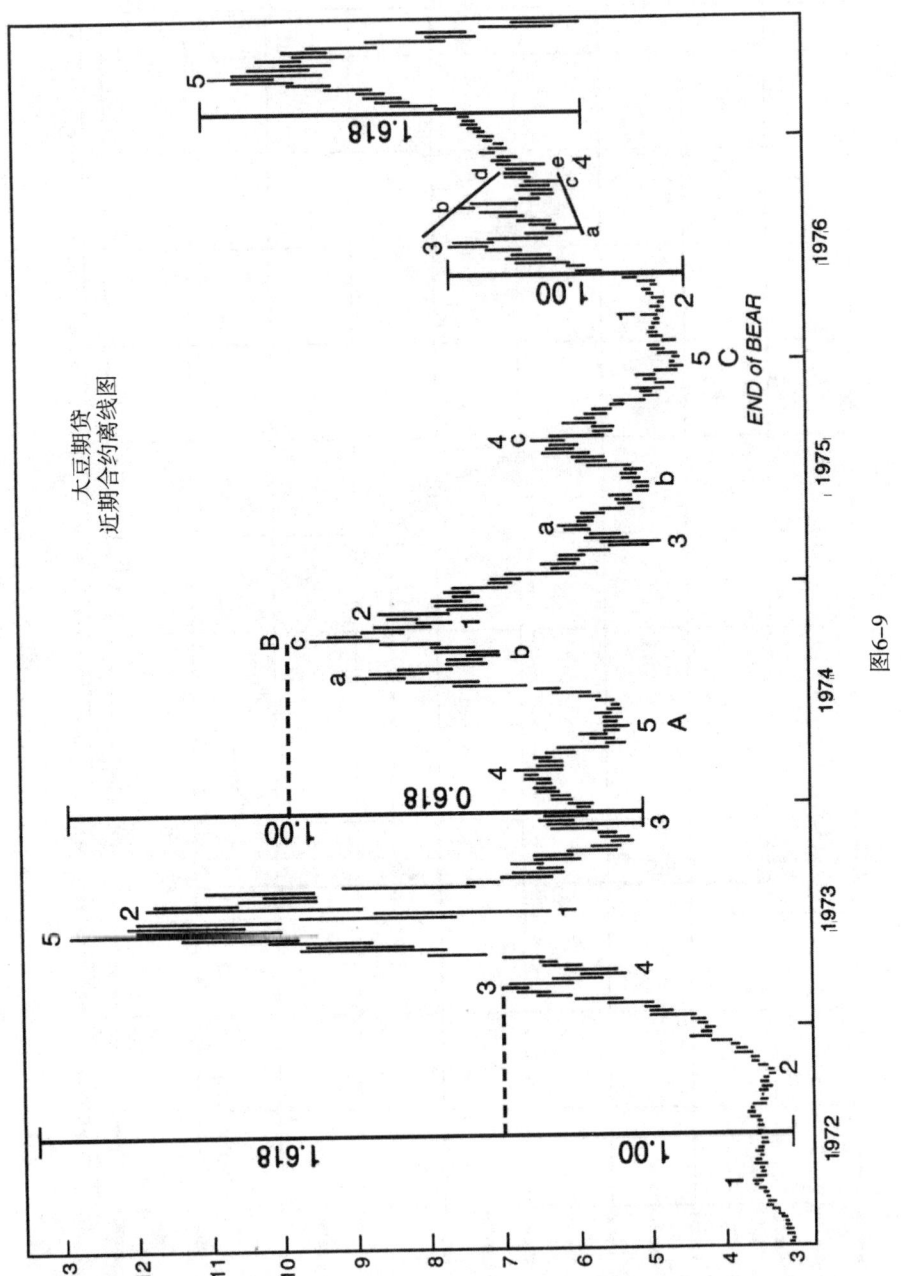

图6-9

$e=0.618d$)。一个典型的"失败突破"发生在波浪展开的末端,尽管这个失败的突破不是由浪 e,而是浪 c 中的浪 2 完成的。此外,浪 A 的跌幅大约是浪 B 和浪 C 长度的 1.618 倍。

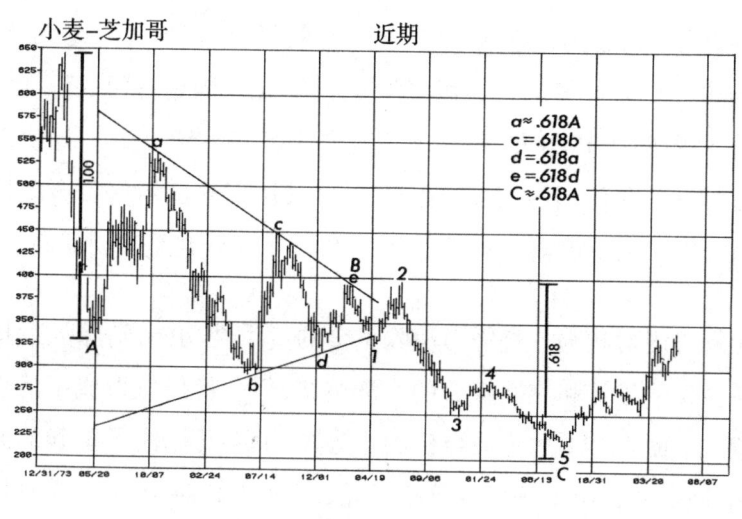

图 6-10

因此,我们可以说,商品具有一些特性,这些特性反映艾略特发现的宇宙秩序。我们似乎可以说,一种商品的特性越多,它就越不可能是人类存在的必要组成部分,就越不能完美地反映艾略特模式。能和人类保持持久不变关系的商品是黄金。

黄金

近几年内,黄金价格相对股票市场常常"反循环地"运动。金价在下跌后反转上升时,股票市场往往转为下跌,反之亦然。因此,关于黄金价格的艾略特解读能为道指反转点的预测提供有力的证据。

1972 年 4 月,美国政府将长期固定金价从每盎司 35 美元提高到每盎司 38 美元,并于 1973 年 2 月再提高到每盎司 42.22 美元。以兑换为目的、由中央银行固定的"官方"金价,和20世纪70年代初的非官方金价的上涨,导致了所谓的"双重"机制。1973年11月,黄金的官方定价和双重体制被废除了,取而代之,由自由市场的供需情况决定金价。

黄金自由市场的价格从1970年1月的每盎司35美元起,涨到了接近1974年12月30日的每盎司197美元的"伦敦固定价"顶峰。随后,金价开始下滑,并在1976年8月31日跌到低点103.50美元。这次下跌的基本面"原因"是所谓的前苏联抛售黄金、美国财政部抛售黄金以及国际货币基金组织拍卖黄金。从那之后,金价逐步回升并且屡创新高。

尽管美国财政部一直努力消除黄金的货币性功能,消除人们把黄金作为一种保值工具和交换媒介的高涨情绪,但金价仍然形成了清晰的艾略特模式。图6-11是伦敦金价的走势图,上面已标注了正确的波浪标记。请注意,从自由市场形成价格开始,一直到1974年4月3日每盎司179.50美元的最高点,是一个完整的五浪序列。1970年以前官方固定的每盎司35美元的金价阻止了之前波浪的形成,而且因此创造了一个必要的长期底部。从这个底部的有力突破,非常符合艾略特波浪对商品的计数准则,而且波浪走势清晰。

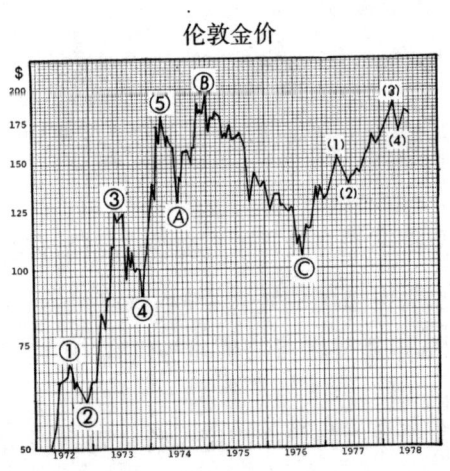

图6-11

火箭式的上升五浪几乎是完美的波浪，它的第五浪正好在趋势轨道（未表示出）的上边界处结束。商品价格的斐波那契比率预测法在这里得到了应用，因为到达浪③顶点时，涨幅为90美元，它为测量到正规顶部的距离提供了基准数字。$90 \times 0.618 = 55.62$ 美元，加浪Ⅲ的顶点125美元，得到了180.62美元。而浪Ⅴ顶点的实际价格是179.50美元，两者相当接近。还值得注意的是，金价在179.50美元时，正好是35美元价位的五（一个斐波那契数字）倍。

随后在1974年12月，最初的浪A下跌之后，金价创出天价，接近每盎司200美元。这一浪是扩张平型调整浪中的浪B，它沿着上升轨道的下轨道线爬升，就像上升行情的调整浪常常做的那样。因为浪"B"特性，这轮涨势显然很虚假。首先，众所周知，新的消息面似乎预示着黄金牛市，因为美国的黄金持有合法化从1975年1月1日开始生效。浪B以一种看似不合情理但又符合市场逻辑的方式，在1974年的最后一个交易日达到顶峰。其次，无论是北美还是南非的金矿股，在上涨中都表现不佳，他们拒绝承认假想的黄金牛市，并提醒人们注意陷阱。

浪C是一场毁灭性下跌，黄金股票价格急剧下降，某些股票又回到了1970年的起始位置。本书作者们曾在1976年初，用常用的比率关系计算出了牛市金价，认为最低点的位置应该在98美元附近。因为浪A的长度51美元乘以1.618，等于82美元，从正统的顶180美元减去82美元，就得到了目标价位98美元。这轮调整的最低点正好处在先前小一浪级的第四浪的区域内，离目标价位很近，在1976年8月25日接近伦敦收盘价103.50美元，而8月正好是处于7月的道氏理论股票市场的顶峰和9月略高的道琼斯工业股指数的顶峰之间。

接下来的涨势至今已走出了四个完整的艾略特波浪，并开始进入第五浪，而第五浪应该会把金价推向历史新高点。图6-12是一幅近期从1976年8月的底部涨起的最初三浪的走势图，其中每一个上升浪都可以清楚地划分成一个五浪推动浪。用半对数刻度度量，每一个上升浪都遵循艾略特的趋势轨道。这轮上升的坡度不像最初的牛市那么陡，最初的牛市是多年价格管制后的一次性爆发。目前金价上涨似乎很可能是因为美元贬值，因为按其他货币计算，金价还没有达到它的历史最高点。

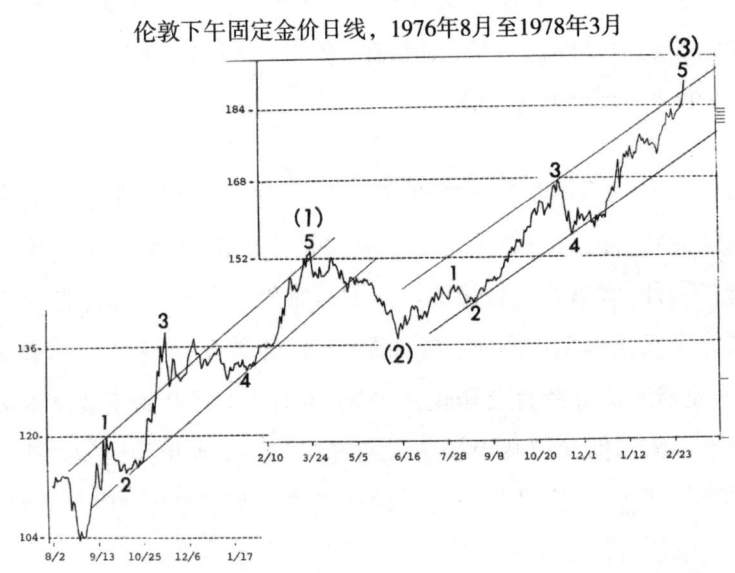

图 6 – 12

既然金价已经把先前第四浪带到一个正常的后面位置上，数浪结果很可能是一个完整的五浪序列，或是一个正在展开的第三浪延伸暗示着高通货膨胀即将来临，股票市场和商品价格将一同攀升，尽管我们对于这个问题还没有明确的见解。但是，A－B－C扩张平台形调整浪意味着下一浪的巨大冲击会把金价推向新高。但应牢记，商品可以形成被包含的牛市，这种牛市不必展开成浪级不断增高的波浪。因此，谁也不必假设，金价从35美元的低点开始进入了一个巨大的第三浪。如果这个从103.50美元低点开始的涨势，按所有的艾略特规则形成了一个清晰的五浪序列，那么它至少是一个暂时卖出的信号。在任何情况下，98美元的价位仍然是任何重要下跌行情的最大极限。

从历史上来说，黄金是经济生活的依靠之一，它给世界带来了良好的秩序。这也是为什么政客们一再地努力忽视它、谴责它并不再把它当做货币。然而，政府却总要持有部分黄金储备"以防万一"。如今，作为一种旧日的遗迹，黄金在国际金融舞台上失去了往日的光辉，但它仍是未来的先兆。有秩序的生活才是多彩的生活，这个说法适用于各个方面，从尘土飞扬的耕种一直到国际金融。

黄金是历史悠久的储值工具，尽管金价可能在很长一段时间内会走平，但黄金永远是最优质的保险，直至世界的货币体系得到完善的重建。这种重建是不可避免的，无论它是通过人为的设计还是自然的经济力量。作为储值工具，纸币绝不会取代黄金，这很可能是另一条自然法则。

第七章　股票市场分析的其他方法及其与波浪理论的关系

道氏理论

　　查尔斯·H·道认为,市场的主要趋势是宽广的、淹没一切的"潮流",这个潮流被"波浪"或次级浪的反作用和反弹打断。小规模的市场运动是波浪上的"波纹"。除非波纹能连接成线(定义为在5%的价格波动范围内,至少持续三周的盘整结构),否则它通常不太重要。这个理论的主要工具是运输业平均数(前身是铁路平均数)以及工业平均数。道氏理论的先驱威廉·彼得·汉密尔顿、罗伯特·雷亚、理查德·罗素和E·乔治·施佛,进一步发展了道氏理论,但从未改动过它的基本原则。

　　正如查尔斯·H·道曾观察到的那样,棍子随着潮涨潮落被冲到沙滩上,指出了潮水的方向,这与用走势图来表示价格走向在原理上是一样的。由经验得出的道氏理论基本原则是,既然两个平均指数都是同一个海洋的组成部分,那么一个平均指数的潮汐作用应与另一个的相协调才可靠。因此,只有一个平均指数在趋势中走向极端而形成的最高点或最低点,被认为缺乏其他平均指数"确认"。

　　艾略特波浪理论与道氏理论有着一些共同点。在上升推动浪中,市场应是"健康的",宽泛的,其他平均指数也印证了这种推测。而在调整浪和终结浪中,市场可能会偏离"健康",或称其他平均指数无法印证市场"健康"的说法。道氏理论的追随者还发现了市场上升过程中的三个心理"阶段"。因为这两种市场分析方法都在分析市场的真实情况,道氏理论家对这三个心理阶段的概括,类似与我们在第二章中讨论的艾略特理论中的浪1、浪3和浪5的特性。

波浪理论验证了大部分的道氏理论,但道氏理论不能验证波浪理论,因为艾略特的波浪作用有一定的数学基础,它只需要一种市场平均指数,按照特定的结构展开。但是,两种分析方法都以经验观察为基础,并在理论和实践上相辅相成。例如,平均指数的波浪计数常常会提醒道氏理论的追随者,这个即将来临的趋势尚缺乏印证。如图7-1所示,工业股平

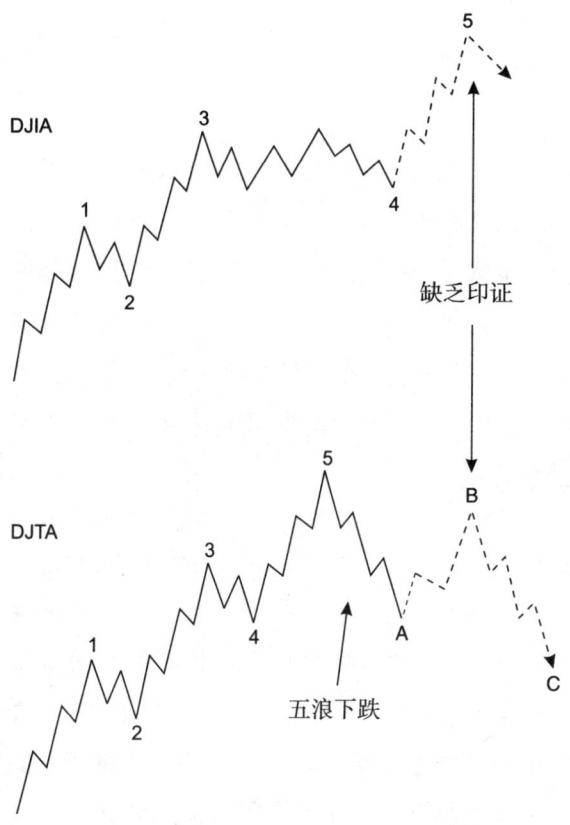

图7-1

均指数已经走完了一个大的价格震荡中的四个浪,以及部分的第五浪,而运输股平均指数仅是在一个锯齿形调整浪中浪 B 中的反弹,缺乏印证是必然的。实际上,这种类型的展开已经不止一次地帮助过本书的作者。例如,在 1977 年 5 月,当运输股平均指数爬到一个新的高点,工业股平均指数在 1 至 2 月间的五浪下跌清晰地说明,运输股平均指数的任何反弹注定是缺乏印证的。

另一方面,道氏理论的缺乏印证,常常会警告艾略特理论分析人员去检查波浪计数,看看预测是否会出现反转。因此,掌握一种分析方法可以协助另一种方法。既然道氏理论是波浪理论的始祖,那么它的历史意义和它多年的成功都值得我们尊重。

"康德拉蒂耶夫波"的经济循环

中美洲的玛亚人和古以色列人都懂得,灾难和新生的循环往往长达 50 年到 60 年(平均是五十四年)。这种循环的现代表达方式称为经济和社会发展趋势的"长波",它由俄国经济学家尼古拉·康德拉蒂耶夫在 20 世纪 20 年代提出。利用有限的数据,康德拉蒂耶夫证明,现代资本主义国家的各种经济循环往往是一个持续半个多世纪的扩张与紧缩循环的不断重复。这些循环规模在波浪理论中可能达到大循环浪规模(当包含延伸浪时,有时是循环浪)。

图 7-2 描述了从 18 世纪 80 年代到 2000 年的各种理想的康德拉蒂耶夫循环,以及它与批发价格的关系,在此要感谢《大众金融周刊》允许刊登此图。注意,图 5-4 的超级大循环浪中,浪(Ⅰ)的起点至 1842 年浪(Ⅱ)中的浪 a 的低点,大致描绘了一个康德拉蒂耶夫循环,延伸的浪(Ⅲ)和浪(Ⅳ)走出了两个康德拉蒂耶夫循环的大部分,而且目前的大循环浪(Ⅴ)将持续一个康德拉蒂耶夫循环的大部分。

第二部分 艾略特理论的实际应用

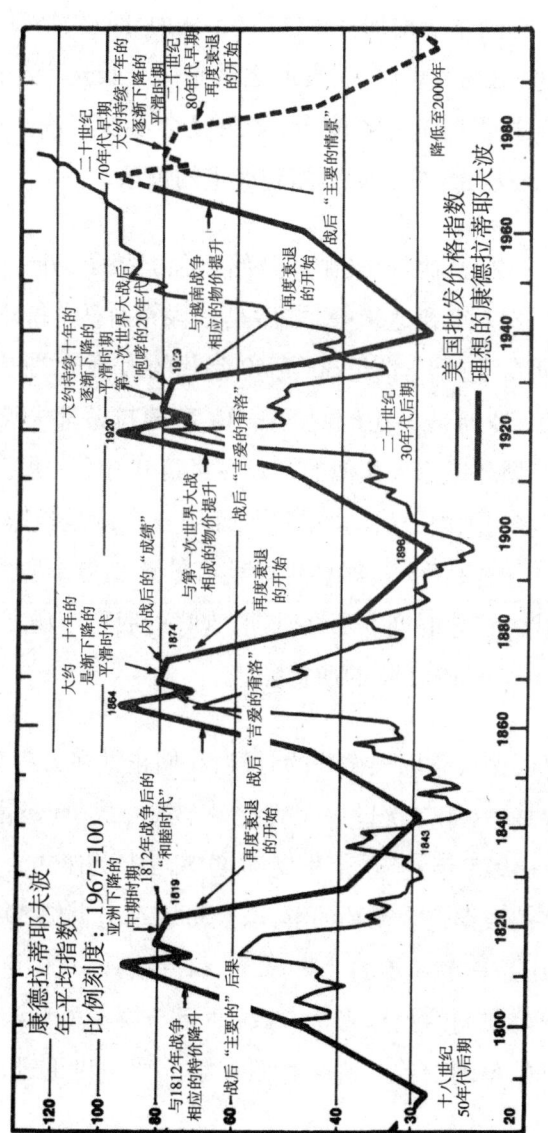

图7-2

康德拉蒂耶夫曾提到过"波谷"战争，也就是循环底部周围的战争，它通常出现在经济从战时产生的价格刺激中获益时，往往会带来经济复苏和价格上涨。另一方面，"波峰"战争常常发生在经济复苏时，因为政府要支付战争开支，通常会增加货币供应量，从而导致价格飙升。经济到达顶峰之后往往会出现大衰退，而衰退之后是一个长达十年的无通货膨胀的"稳定状态"，这段时期相对安定，繁荣又会再次降临。这个周期的结束往往紧跟着长达几年的通货紧缩和严重的萧条。

美国的第一个康德拉蒂耶夫循环开始于独立战争，并一直伴随着独立战争。战争在 1812 年到达顶峰，之后是一段被称为"和睦时期"的稳定时期，这段时期发生在 19 世纪 30 至 40 年代的大萧条之前。就像詹姆斯·舒曼和大卫-罗斯纳奥在他们的著作《康德拉蒂耶夫波》中描述的那样，第二和第三循环以惊人相似的方式在经济和社会中展开，其中第二个稳定时期伴随着美国内战后的"重建"，而第三个则是指第一次世界大战后的"咆哮的二十年代"。这些稳定时期有效地支撑了股票市场，特别是上世纪 20 年代的稳定时期。那个时期，咆哮的股票市场之后紧跟着的是崩盘、大萧条和直至 1942 年的通货膨胀。

在我们解释康德拉蒂耶夫循环的时候，我们正处在另一个稳定时期，它包括一个波谷战争（第二次世界大战）、一个波峰战争（越南战争）和一次大衰退（1974—1975 年）。这个稳定时期应当再次伴随着相对繁荣和股票市场大牛市。根据这个循环的解读，经济应在上世纪 80 年代中期崩溃，紧跟其后的应是三至四年的严重萧条，和持续到 2000 年的长期通货紧缩。这个情况与我们的预测完全一致，而且与第五循环浪上升和下一个大循环浪下跌的预测一致。这些我们在第五章中讨论过，并将在最后一章详细讨论。

循环

近些年来，股票市场的"循环"分析法相当流行，因为投资者要寻找一种方法来解决振荡的盘整趋势。这种方法适用性很强，在老谋深算的分析师手中可能会变成一种出色的市场分析方法。然而我认为，同其他技术分析方法一样，它只能从股票市场中赚钱获利，"循环"本身不能反应市场前进背后的法则的真正含义。

不幸的是，正如艾略特波浪理论与道氏理论结合的那样，一种或两种方法的结合可能会产生大批追随者，相信"所有牛市都有三条腿"，循环理论最近也产生"四年循环"的观点，许多分析人士和投资者都对此深信不疑。一些解释看似很合理。首先，任何循环的存在并不意味着在下半个循环里创造新高点是可能的。因为度量总是从低点到低点，不管这期间市场行为如何。其次，尽管战后（大约是三十年）的四年循环已经显而易见，但是，证明在战前循环就存在的证据很零星，而且不规范，这意味着历史在任何时候都可能存在紧缩、扩张、转变或消失。

对于那些已经用循环分析法获得成功的人，我们认为在预测循环长度变化时，波浪理论十分有效，因为循环时长时短，而事先的提醒通常极少甚至没有。例如，四年循环在大部分的目前大循环浪的子浪Ⅱ、子浪Ⅲ和子浪Ⅳ中非常明显，但在子浪Ⅰ中就显得很杂乱无序，子浪Ⅰ包括了1932至1937年的牛市和之前的时间。如果我们还记得，在一个五浪牛市中，两个较短浪一般趋势相似，我们可以推断出，比起这个序列中的其他浪，目前的循环浪Ⅴ与浪Ⅰ（1932至1937年）更相似，因为从1942年至1966年的浪Ⅲ是延伸浪，而且它将与另外两个驱动浪不同。所以，目前的浪Ⅴ应当是一个循环周期更短、结构更简单的浪，可以把通常的四年循环缩到三年半。换言之，在各种波浪中，循环可能会有时间的持续性。然而，当下一个波浪开始时，分析人员应当警惕周期的变化。我们相信

1978 和 1979 年大崩盘不会发生,这是循环理论家基于四年循环和九年循环得出的结论。引用查尔斯·J·柯林斯在 1954 年由博尔顿,特伦布雷公司出版的《艾略特的波浪理论———一份再评价》一书中的话:

在循环理论家中,只有艾略特(尽管他卒于 1947 年,而其他的理论家还在世)提供循环理论的基本背景,这个背景与战后的实际情况相符合(至少到现在为止)。

根据各种正统的循环方法,1951 年至 1953 年的证券和商品市场中,可能出现了某种灾难,而这个时期正好位于萧条的中心。这个模式没有像预想的那样奏效很可能是一件好事,因为自由世界能否从下跌中生存下来还很值得怀疑,这种下跌很可能与 1929 年到 1932 年的下跌具有一样的毁灭性。

我们认为,分析人士可以无限地验证固定循环的周期数,并获得无数结果。波浪理论揭示出,市场更多反映的是螺线的特征,而不是圆的,是自然的而不是机械的。

十年的模式

图 7-3 反映的是"十年模式",这个模式中,股票市场在过去 70 年中最终获得平衡,感谢爱迪生·古尔德·安纳曼特瑞克斯公司供图。换言之,这个图是 DJIA 走势图的再组合,它的开端从第一年持续到第十年。十年中每一年与市场行动相同的趋势被证明并称为"十年模式"。然而,我们的方法使这个观察有了新的、令人吃惊的意义。这个方法就是,寻找一个完美的艾略特波浪。

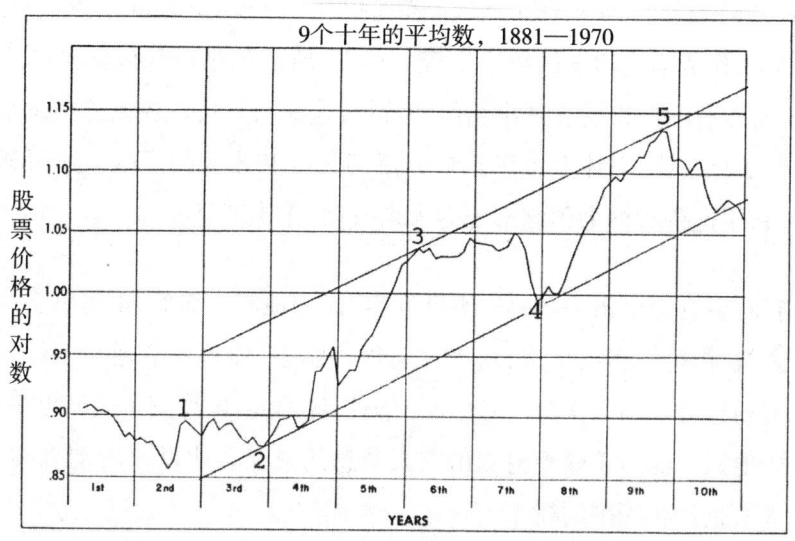

图 7－3

消息

尽管大多数的金融新闻作者会用消息去解释当前的市场活动,但两者之间很少存在有价值的联系。大部分的日子都充斥着好消息和坏消息,通过筛选这些消息,得出对市场运动合乎情理的解释。在自然法则中,艾略特是这样评价消息的价值的:

消息最多是对已经作用过一段时间的力量的一种迟缓的认识,只有那些对趋势毫不知情的人才会大吃一惊。经验丰富的成功交易者早就意识到,凭个人能力来判断股票市场的消息是毫无价值的。没有哪一则新闻或一系列新闻报道,会成为任何趋势的内在原因。事实上,在一段长时间内,同件新闻可能会有不同影响,因为环境已经发生了改变。对道琼斯工业股价平均数长达 45 年的研究可以证明这个观点。

在那个时期,总统遇刺、战争、战争谣传、繁荣、恐慌、倒闭、新时代

(New Era)、新政(New Deal)、"摧毁托拉斯"(Trust Busting),各种有历史意义的和情绪化的事件接连出现。然而,所有的牛市都以同样的方式运动,而所有的熊市也表现出相似的特征,这些特征可以控制并衡量市场对任何消息反应,总体上市场趋势分浪的长度和比例的反映。还可通过评价、利用这些特性来预测市场的未来行动,无论消息面如何。

有时会有完全出乎意料的事件发生,比如地震。然而,不管有多令人出乎意料,都可以得出结论:新事件会很快结束,而且不会逆转事件发生前的市场趋势。那些认为消息影响市场趋势的人,也许只是运气更好,而不是凭他们的能力正确地猜测出重大消息的意义。所以,"看清森林"的唯一方法是站在周围的树木上。

艾略特认为,不是消息,而是其他什么东西形成了市场的清晰模式。总的来说,需要着重分析的不是消息本身,而是市场认为这个消息的重要程度如何。在不断上升的乐观时期,市场对一则消息的反应通常与市场处于下跌时明显不同。在历史价格走势图上标示艾略特波浪运动很简单,但从有记录的股票市场活动中,找出战争——这种最具戏剧性的人类活动,却是不可能的。所以,与消息相关的市场心理有时是有用的,特别是当市场反应与人们"通常"的期望相反的时候。

我们的研究不仅表明,消息落后于市场,而且也从不以完全相同的方式发展。在一个牛市的浪1和浪2中,报纸头版新闻都是有关恐惧和忧郁的消息。基本面情况似乎非常糟糕,因为新一轮涨势的浪2还在底部。令人鼓舞的在浪3中再次出现,并在浪4的开始处暂时达到了顶峰。基本面消息在浪5又开始分开,像浪5的技术面一样,不如在浪3中那样令人印象深刻(见第三章的"波浪个性")。在市场的顶峰,基本面消息一片美好,甚至更好,尽管如此,市场仍然开始下跌。调整开始以后,坏的基本面消息又再次兴起。因此,消息或"基本面",通常会被1个或2个波浪暂时地从市场中抵消。事件的同时发生,是人类活动的统一信号,而且印证了波浪理论是人类经验的组成部分。

第二部分　艾略特理论的实际应用　183

在尝试解释时间差时,技术分析人士认为市场"不理会未来",也就是实际上,市场能正确地提前得知社会条件的变化。这个理论原本是有诱惑力的,因为在先前的经济发展甚至社会政治事件中,市场在事件发生之前,似乎就察觉到了变化。然而,投资者是有洞察力的——这种观点在某种程度上有些异想天开。事实上,几乎可以肯定的是,人们的情绪状态和情绪走向,就像市场价格反映的那样,使他们按照某种方式行动,而这种方式最终影响经济统计数据和政治活动,也就是说产生了"消息"。因此,总结我们的观点可以得出:就预测目的来说,市场就是消息。

随机漫步理论

在学术界,统计学家已经建立了随机漫步理论。这个理论认为,股票价格随机运动,并不按照可预测的行为模式运动。根据这个理论,股票市场分析毫无意义,因为研究趋势、模式或单个证券的内在强弱都是徒劳。

无论在其他领域多么成功的业余人士,常常发现很难理解这个奇怪的、"不合情理的"、有时又很戏剧性的、看似随机的市场运动方式。学者是有智慧的人,为了辩解他们对市场预测的无能,他们中的有些人就断言预测根本是不可能的。许多的事实反驳了这种论断,而且很多事实都不是抽象的。例如,仅仅是那些每年做出成百甚至上千个交易决定的成功职业交易者的存在,就能直接否定随机行走的观点,那些努力在职业生涯中创造辉煌业绩的投资组合经理和分析人士也一样。从统计上讲,这些表现证明激发市场前进的力量并非随机的、纯属巧合的。市场也有本性,有些人抓住了这种本性从而取得了成功。每周都做出很多决策,并且每周都赚钱的短线交易者,已经达到了比连续掷五十次硬币(在一个随机世界中)而且每次落地时都是"正面"朝上的更小的概率。大卫·伯嘉米尼在他的著作《数学》中写到:

掷硬币是概率论中每个人都尝试过的练习，要正面还是背面是一种公平的赌博，因为每种结果出现的概率都是二分之一。谁都不能指望，在两次抛硬币就有一次是正面朝上的，但是随着抛掷的次数增多，两种结果趋于平均。要想连续五十次都是正面朝上，就是让一百万个人每分钟抛十次硬币，每周抛四十个小时，这样每九个世纪就会出现一次连续五十次都是正面朝上的情况。

证明随机漫步理论脱离实际的一个例子是，纽约证券交易所从1978年3月1日的最低点740点开始的长达89个交易日的走势图，如图2－16所示。以下是对这个例子的讨论。就像图5－5的大循环浪表明的那样，纽约证券交易所的活动并不是毫无节奏和原因的结构混乱的走势。时复一时，日复一日，年复一年，DJIA的价格变化创造着一系列的波浪，这些波浪可以被细分成与艾略特基本原则相适应的模式。艾略特早在四十年前就已总结出这些原则。因此，正如读者看到的那样，艾略特波浪理论在每个回合都对随机漫步理论提出挑战。

技术分析

艾略特波浪理论不仅能支持图表分析的有效性，而且可以帮助技术人员判断哪个结构更有实际意义。因为正如波浪理论那样，技术分析（正如罗伯特·D·爱德华兹和约翰·玛吉在他们的著作《股票趋势技术分析》中描述的那样）通常把"三角形"的结构看作是一种中途整理现象；"楔形"的概念和艾略特的倾斜三角形一样，有相同的含义；方旗和三角旗是锯齿形和三角形；"矩形"通常是双重三浪或三重三浪；"双重顶"通常由平台形产生，而"双重底"则由截尾的第五浪产生。

著名的"头肩顶"模式可以用一个普通的艾略特顶点来识别（见图7

-4),而一个"不能奏效"的头肩顶模式中,可能包含了艾略特理论中的扩张平台形(见图7-5)。注意,这两种头肩顶模式中,常常伴随成交量的萎缩,这是一种与波浪理论完全兼容的特征。在图7-4中,当波浪处在中浪级或更小的浪级时,浪3的成交量最大,浪5较小一些,而浪B通常更小。在图7-5中,推动浪的成交量最大,浪B较小一些,而浪C的第四浪的成交量最小。

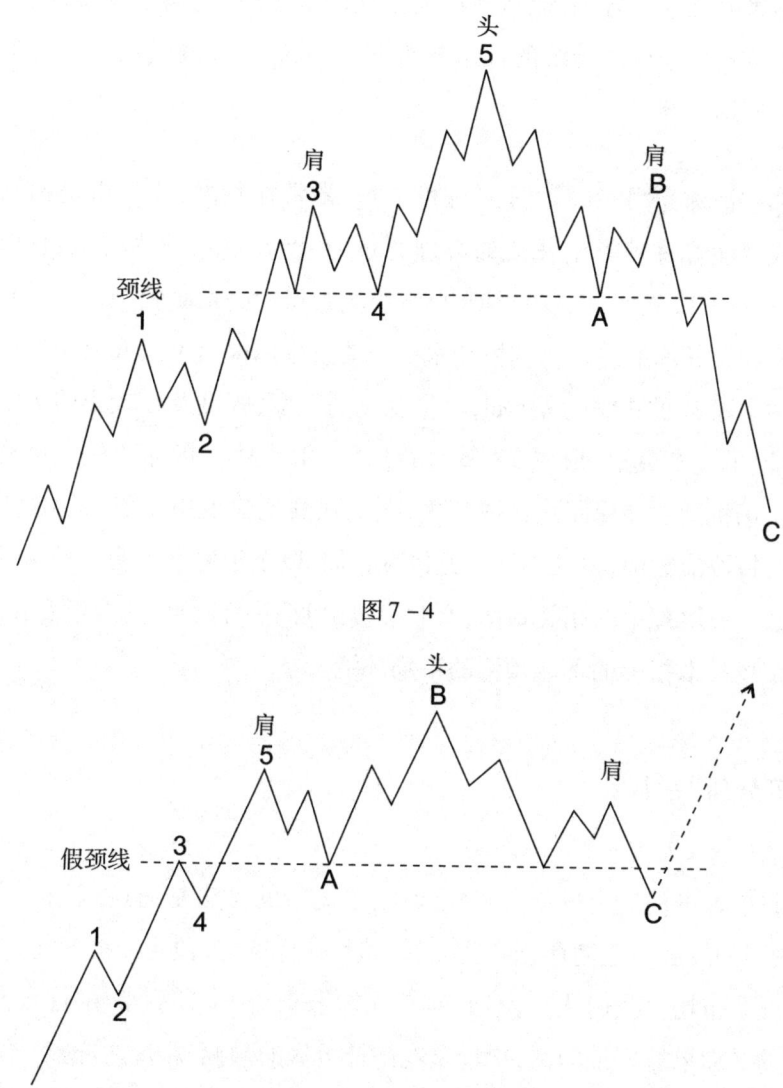

图 7-4

图 7-5

在两种方法中，趋势线和趋势轨道的应用方法非常相似。支撑和阻力现象在普通波浪展开和熊市的极限（第四浪的密集成交区域是对后来下跌的支撑）中显而易见。大成交量和大的价格波动（缺口）是"突破"的特征，这种突破通常伴随着第三浪同时发生，就像第二章中讨论的那样，第三浪的个性与之相应。

尽管有这种兼容性，但在使用波浪理论数年后，我们会发现，在股票市场平均指数中应用传统的技术分析方法，就好像在现代技术时代限制自己只使用石器。

那些被称为"指标"的技术分析工具，常常在判断、确定市场的动量状态或伴随着每种类型波浪的心理背景中极为有用。投资者的心理指标，如那些跟踪卖空、期权交易和反映市场观点的民意测验指标，在浪C、第二浪和第五浪的终点达到极端水平。动量指标揭示了第五浪和扩张平台形中的浪B的市场力量（如，价格变化的速度，幅度及在较小浪级中的成交量）的逐渐衰退，形成了"动量背离"。由于独立指标的效用可能会因为市场机制的变化而变化或消失，我们强烈地建议用它们来协助正确地艾略特波浪数浪，但又不能如此依赖它们，以至于忽略了明显预示的波浪计数。波浪理论的相关指南，有时确实说明了一种交替的短暂变化，或某些市场技术指标的不能预测的市场环境。

"经济分析"手段

目前在机构基金投资者和顾问中，最流行的做法是通过运用利率趋势、典型的战后商业循环、通货膨胀率和其他标准，来预测经济变化，从而预测股票市场。我们认为，不了解市场本身却试图去预测市场，注定是要失败的。如果非要说的话，市场是经济最可靠的预测器，反之亦然。而且用历史的眼光来看，我们能强烈地感觉到，尽管不同的经济环境在一段时期内,可以以某种途径与股票市场相联系,但这些联系似乎很快就会改变。比如,有时经济衰退从熊市的起点开始,而有时直到熊市的终点才出现。另一个不断变化的关系是市场目前是通货膨胀还是通货紧缩,二者之一在某些情况下助涨的,在其他情况下又是助跌的。同样地,资金紧张的忧虑使许多基金经理从1978年至今不敢入市,也正是由于缺少这种忧虑,他们在1962年的暴跌中不断投资。利率的下调不仅常常伴随着牛市,同样也可能伴随着最糟糕的市场下跌,如1929至1932年的那次下跌。

当艾略特声称,波浪理论适用于人类活动的所有领域时——甚至是,比如说频繁的专利申请中。已故的汉密尔顿·博尔顿特别指出,波浪理论在描绘追溯至1919年货币趋势的变化中十分有用。沃特·E·怀特在他的著作《股票市场中的艾略特波浪》中也发现,波浪分析在解释货币数值的趋势中非常有用,正像这段节录指出的那样:

最近几年,通货膨胀率对股票的市场价格产生了非常重要的影响。如果绘制消费者价格指数(相对于一年前)的百分比变化图,就会发现,1965年至1974年后期的通货膨胀率呈现为一个1—2—3—4—5的艾略特波浪。与先前战后商业循环不同的通货膨胀循环已经从1970年起开始展开,而且未来的循环周期如何尚不得知。然而,波浪在解释如1974年后期那样的转折点中是有用的了。

艾略特的波浪概念在许多不同系列的经济数据中,判定转折点是十分有用的。例如,怀特所说的"趋于领先股票市场转点"的银行自由准备金净值在1966至1974年这八年期间基本上是负的。1974年末的五浪下跌的终点意味着一个主要的买入点。

我们用图7–6来证明波浪分析在货币市场中的功用,这幅图描绘的是,2000年到期的、年利率为8到3/8的美国长期国债价格的波浪计数。

188　艾略特波浪原理：市场行为的关键

甚至是在这个为期九个月的简单价格模式中，我们也能看到艾略特过程的反映。在这张图中，我们有三个交替的例子，每个例子的第二浪都与第四浪交替，如果一个是锯齿形，那么另一个就是平台形。上升趋势线包含了所有的反弹。第五浪形成了一个延伸浪，而这个延伸浪本身就处在一个趋势轨道中。在现阶段的图表中可以看出，一年中最佳的债券市场反弹很快就要出现。

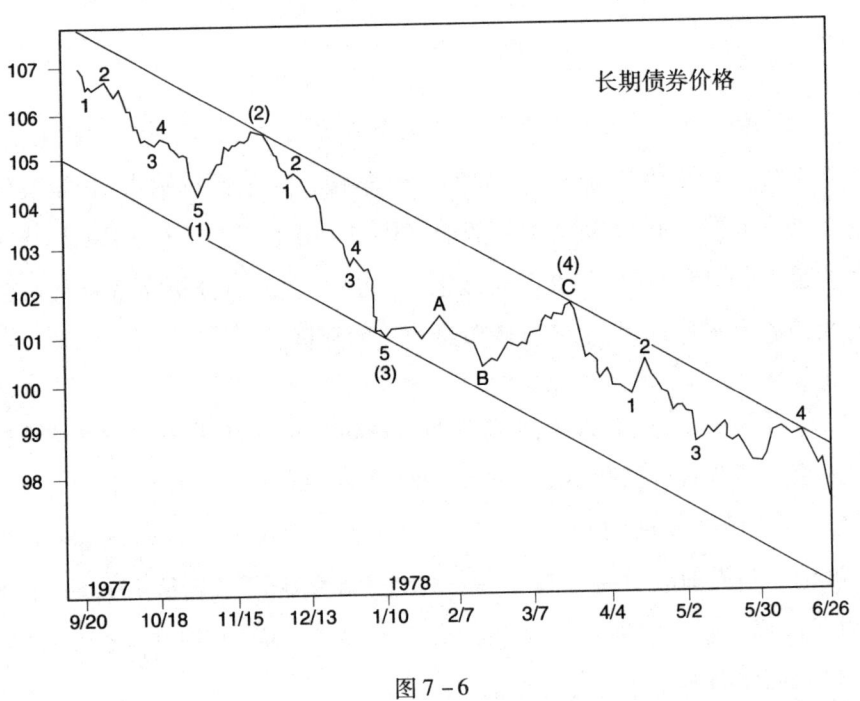

图 7-6

因此，当货币现象以复杂的方式与股票价格相关时，我们的经验是，价格运动总能创造出一种艾略特模式。显然，影响投资者管理投资组合的因素，可能也会影响银行家、商人和政治家。当各种水平上，力的相互作用数不胜数、相互缠绕时，我们很难区分哪个是因，哪个是果。作为大众心理的反映，艾略特波浪在各种人类行为中扩展了它的影响。

外生的力量

我们并不拒绝这种想法,即外生的力量可能正在触发人类尚未理解的循环和模式。例如,多年来,一些分析人士一直怀疑太阳黑子的频率与股票市场指数之间有一种联系,因为电磁辐射的变化会影响人们的群体心理——包括投资者的心理。1965年,查尔斯·J·柯林斯发表了一篇题为"太阳黑子活动对股票市场影响的调查"的论文。文中柯林斯发现,从1871年起,大熊市通常会在太阳黑子活动超出某个水平之后的年份中出现。最近,R·伯尔(R. Burr)博士在名为生存的蓝图(Blueprint for survival)中报告指出,他已经发现了地球物理循环与行星电势变化之间的密切联系。几项研究已经表面,受月球和行星周期控制,电离子和宇宙射线在大气中的撞击变化会对人类行为造成影响。的确,一些分析人员曾利用明显影响太阳黑子活动的行星汇聚,成功地预测了股票市场。1970年10月,斐波那契季刊(由美国加州的桑塔-克拉拉大学的斐波那契协会出版)发表了B·A·里德的一篇题为"太阳系中的斐波那契级数"文章,里德是美国陆军卫星通讯署的一名上尉。文章中认为行星间的距离和运动周期服从斐波那契关系。这种斐波那契序列关系说明,股票市场行为与影响地球生命的外力之间,可能不只是随机的联系。然而,我们目前宁愿假设,社会行为的艾略特波浪模式来源于人类的精神、情绪的构成和各种社会环境产生的行为倾向。如果这些倾向被触发,或与外生的力量相联系,那么就不得不证实这种联系。

第八章 艾略特的演说

下一个十年

虽然做出"不可能"出现的股票市场长期走势的预测很危险,但如果只是根据波浪理论来证明我们用来分析市场位置的方法,那么我们决定冒这个险。这个问题的风险在于,如果我们的想法在随后几年中随股票市场发生了变化,本书中的分析仍将维持原样,而这种分析是基于1978年7月初的。我们只希望读者,不会因为一个大胆的预测恰巧没有奏效,而彻底地拒绝波浪理论。在开头叙述的保留意见之后,现在开始我们的分析。

按艾略特的说法,从1932年开始的人循环浪级的牛市已经几乎在运行之中了。目前市场正处在一个循环浪级的牛市中,这个牛市由五个大浪级的波浪依次组成,而其中的两个很可能已经结束。从长期走势图中可以得出几个结论。首先,至少在未来几年中,很可能是在20世纪80年代早期或中期以前,股票指数不会形成类似1969至1970年或1973至1974年那样的熊市。其次,"次级"股应当带领着整个循环浪Ⅴ上涨,[但比在循环浪Ⅲ中的涨幅要小]。最后,也许也是最重要的,这个循环浪不应发展成1942至1966年那种稳定的、持续的牛市,因为在任何浪级的波浪结构中,通常只有一浪会发展成延伸浪。所以,既然 1942 至 1966 年是延伸浪，那么目前的循环浪级牛市就应该像 1932 至 1937 年和 1921 至 1929 年那样，形成一种更简单的波浪结构和更短的持续时间。

由于 DJIA 的下跌趋势持续至今，普遍存在的悲观情绪已经产生了几种扭曲"艾略特"波浪的解释，这些扭曲的解释认为，一场毁灭性的跌势将出现在只有大浪级的第二浪是调整浪的时候。通过应用艾略特理论并加以歪曲，竟然有人预测，在不久的将来，DJIA 会跌破 200 点。对于这样的分析，我们只能引用汉密尔顿·博尔顿在 1958 年《银行信用分析家》的艾略特波浪副刊中第 12 页上说过的话：

无论市场何时进入熊市阶段，我们总会发现这样一些人，他们认为"艾略特理论"能够用来证明市场还存在低得多的价格。尽管可以相当自由地解释"艾略特理论"，但是我们仍不能完全扭曲它的主旨。换言之，在业余选手对抗职业选手的曲棍球赛上，你可以改动一些规则，但必须坚持最基本的规则，否则你将身处创造新游戏的危险之中。

正如我们看到的，可以接受的最差熊市是，循环浪 IV 还没有结束，而且最后一个下跌浪还在进行中。即使考虑这种情况，预测 DJIA 的最低点是 520 点，也就是 1962 年浪④的低点。然而，根据图 5-5 中构造的趋势轨道，我们判断这种情况出现的可能性极小。

基本上，目前存在两种可能的研判。一些证据表明，惊跑的价格震荡和断断续续的跌势可能会形成一个巨大的倾斜三角形（见图 8-1）。既然 1975 年 10 月的最低点 784.16 点已经在 1978 年 1 月被突破，而随后出现的可能是一个三浪的主要上升浪，那么这种倾斜三角形似乎是一种相当可信的循环浪级的牛市走势，因为倾斜三角中的每个作用分浪都是由三个浪，而不是五个浪构成的。仅因为这个从 1974 年 12 月开始的循环浪是大循环浪中的第五浪,一个巨大的倾斜三角形正在形成中。由于倾斜三角形实质上是一种弱势结构,那么这种情况真的出现,我们最终的上升目标可能不得不降到 1700 点的区域。直到今天,DJIA 相比于其他指数糟糕至极的表现,似乎支持这种论点。

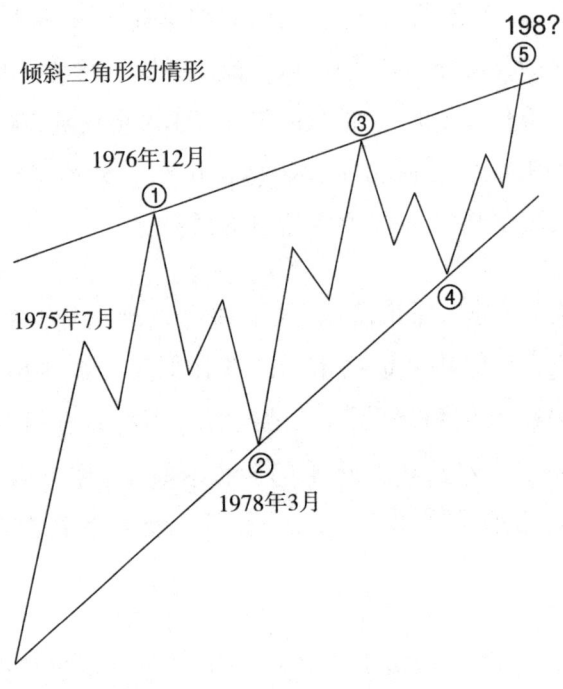

图 8 – 1

倾斜三角形最可能的替代情形是,从 1975 年 7 月到 1978 年 3 月的所有波动,是一个与 1959 至 1962 年的市场模式类似的、大的 A – B – C 扩张平台形调整。如图 8 – 2 所示,它预示着一波非常强劲的上涨行情。如果这种研判是正确的,那么目标价位就能很轻易达到。

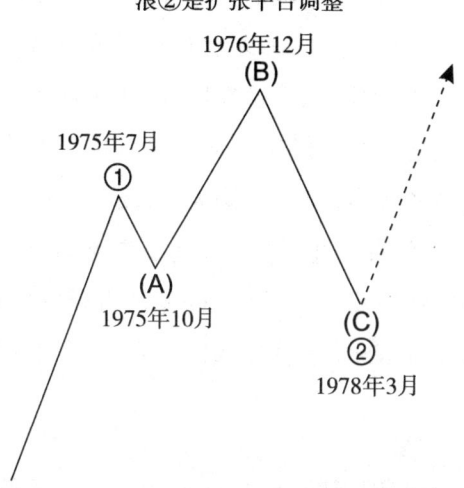

图 8-2

我们对道指的价格预测来自于这样的一条原则:即当第三浪是延伸浪时五浪序列中的两个推动浪倾向等长。对于目前的循环浪,用半对数(百分比)度量,与 1932 至 1937 年的浪 I 等长,使得市场正统的高点接近 2860 点[如果正好是 371.6% 的涨幅,那么是 2724 点],这是一个相当合理的目标位,因为趋势线表面,高点将出现在 2500 点至 3000 点的区域。对于那些认为这个高点高得离谱的人,审视一下历史就会发现,市场中这样的百分比运动并非不寻常。

这是一个有趣的比较,道指在 100 点的位置下"整理"了 9 年,这个 100 点的位置发生在 19 世纪 20 年代的上一个循环浪级的第五浪大牛市之前。如今道指已经在 1000 点的位置下整理了十三年。而且,正如艾略特的研判,1928 年道指的正统高点在 296 点,下一个高点估计也会在相同的价位水平上,尽管扩张平台形调整浪可能将平均指数暂时带到更高的位置。我们预计终点会接近于大循环浪级轨道的上边界线。如果突破上边界线,那么随后调整可能非常的快。

如果图 8-2 中，目前市场的研判是正确的，那么 1974 至 1987 年的市场前进的合理图形应该是将 1929 至 1937 年的走势倒过来，在 1978 年 3 月的最低点 740 点上而构建，就像在图 8-3 中所做的那样。这幅图只是一个方案建议，但它确实提供了第五浪延伸的五个大浪。交替原则也被满足，因为浪②是平台形，浪④是锯齿形。预计在 1986 年出现的反弹恰好在 740 点的虚线位置停止，740 点，这个位点的重要性之前已经介绍过（见第四章）。由于 1932 至 1937 年的循环浪级的牛市持续了五年，再加上三年牛市，得出当前循环浪的持续时间是八年（浪 I 持续时间的 1.618 倍）。

为了支持有关时间因素的论点，首先从一些主要的斐波那契时间序列进行检验，这些市场反转点最早开始于 1928 至 1929 年。

斐波那契时间表

反转点	时间周期	高点	低点
1928-1929	55	1983-84？	
1932	55		1987
1949	34	1983	
1953	34		1987
1962	21	1983	
1966	21		1987
1970	13	1983	
1974	13		1987
1974	8	1982	
1979？	8		1987

从第四章中的反转斐波那契时间表中，可以得到相同年份的市场转折点。

第二部分　艾略特理论的实际应用　　195

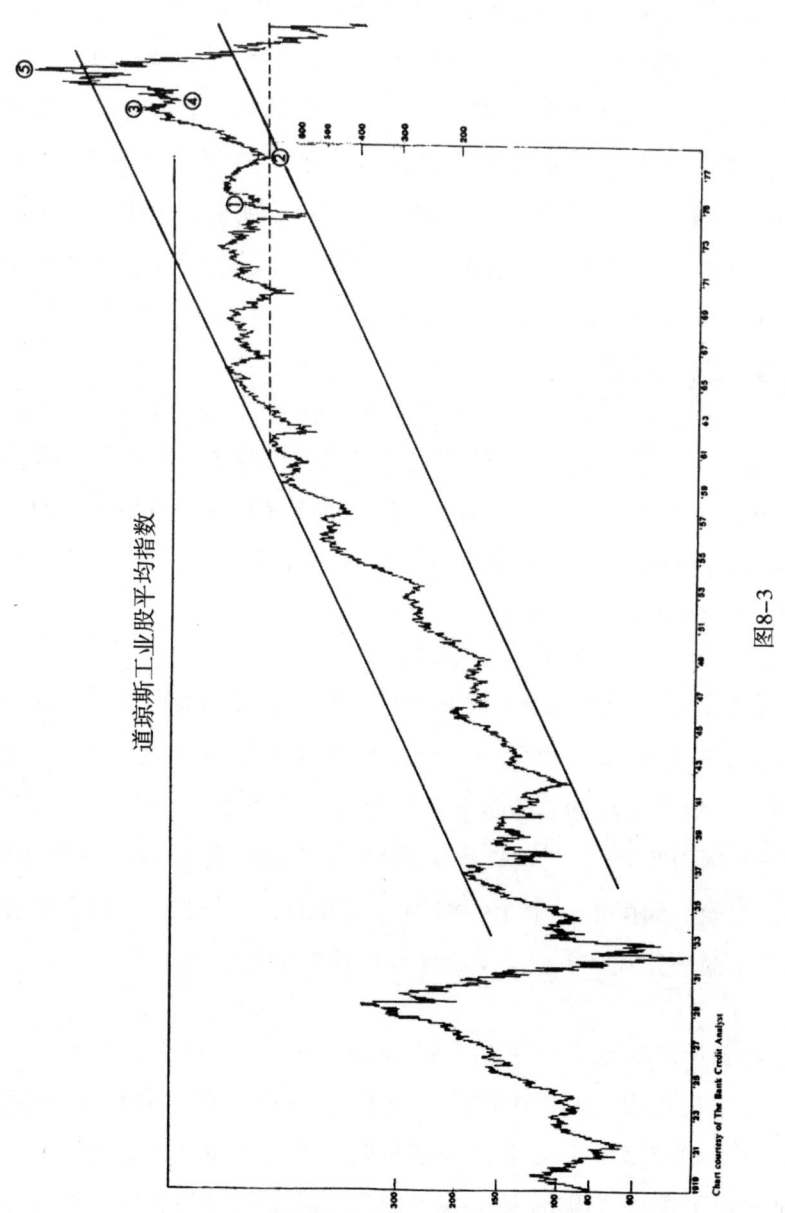

图8-3

上述的公式只与时间因素有关,单独考虑提出了这些问题:1982 至 1984 年是否会出现头部或底部,1987 年是否会出现头部或底部。然而,从先前的市场结构中,人们应该预期 1982 至 1984 年的这段时期会出现一个大的头部区域,而 1987 年会出现一个大的底部区域。因为第三浪是延伸浪,那么第一浪和第五浪将是这个大循环浪中最短的浪。由于浪Ⅰ持续了五年,5 是一个斐波那契数字,那么浪Ⅴ应该持续 8 年,即下一个斐波那契数字,并一直持续至 1982 年末。一个明显的波浪结构——对称形,就会被创造出来,如果浪Ⅳ和浪Ⅴ都持续八年,因为浪Ⅰ和浪Ⅱ都持续了五年。再者,浪Ⅰ、浪Ⅱ、浪Ⅳ和浪Ⅴ持续时间的总和,几乎等于第三浪延伸的持续时间。

另一个证明 1982 至 1984 年这段区域很可能是目前大循环浪 Ⅴ 的终点区域的证据纯粹是算术上的。包含目前大循环浪的价格活动的趋势轨道内的上升行情,应该在 1983 年左右到达轨道的上平行线,即目标价位大约在 2860 点。

我们还可以从如图 4－17 所示的贝纳—斐波那契循环中得到一些其他观点。我们已证明贝纳—斐波那契循环相当成功地预测了 1964 至 1974 年的股票市场的总体走势。至少暂时,贝纳理论支持了我们对未来的判断,因为此时,它明确指出了 1983 年的最高点和 1987 年的最低点。但是,当我们期待下一个十年的预言实现时,和其他所有的循环公式一样,这个循环公式在下一个下跌的大循环浪中失效了。

甚至是由尼古拉·康德拉蒂耶夫发现的五十四年经济循环——曾在第七章中讨论过,也说明 1987 年——与 1933 年的大萧条正好相距 54 年,正是一个股票市场见底的合理时期。特别是如果人们对目前的稳定时期产生了乐观情绪,致使出现了比先前的走势更强劲的股票市场。我们对目前出现的、或在 1979 年出现的大多数循环理论学家认为的"杀伤浪"有一个反对意见:普通投资者的心理状态似乎不会对失望的冲击保持平静。大多数重要的股票市场暴跌都是因为乐观主义的流行，以及股票价值的高估。目前这种情况绝对不会盛行，因为持续了8年的熊市使投资者变得谨慎、保守和怀疑。在市场的头部区域，防守型的投资并不多见。

那么，接着会怎样？会是另一个1929至1932年的混沌时期吗？

在1929年，因为买盘不足，市场结构中出现了"气囊"，股票指数迅速暴跌。一旦投资者的情绪失控，即使是金融组织的领导者用尽全力，也不可能阻止市场的恐慌。在过去的两百年中，这种形势发生过，而且在形势之后，通常在经济和市场中会出现3年或4年的混沌情况。在过去的五十年里，我们再也没有见过1929年的这种形势，当人们希望历史不再重演时，历史往往另有选择。

事实上，市场条件的四种基本变化可能是未来某个时候实际恐慌的部分基础。首先，机构投资者对市场控制的日益增强，这极大地加大了个人意志对市场行为的冲击，因为几百万甚至几十亿美元的资金可能处在一个人或一个小型委员会的控制之下。其次是期权市场的诞生，在期权市场中，许多"小人物"能在市场接近顶峰的时候进入市场。在那样的情形之下，几十亿美元的账面资产可能会在纽约证券交易所一天的交易中消失掉。第三，为获得长期投资收益，将持有期从六个月延长到一年，可能加剧那些以避税为目的、坚持谋求长期收益的人的"不能抛售"综合症。最后，美国证券交易委员会强制废除纽约证券交易所中的特定经纪商角色，迫使证券业成为交易商市场，可能会使一些经纪公司必须为维持市场流动性而持有巨大的股票头寸，这将会在暴跌中带给他们相当大的损失。

恐慌是个情绪问题，而不是艾略特问题。波浪理论只是提醒投资者市场趋势中即将出现的变化。决定在下一个十年可能出现什么，比预测什么肯定会出现更重要。无论我们怎样探寻未来长期的概率,直到从1974年的最低点开始的第五大浪的第五中浪的第五小浪展开以前,这些解释都是试探性的。当"第五浪的第五浪"接近终点的时候,艾略特波浪分析师应当能确定股票市场循环浪级牛市的终点。用波浪理论分析市场运动时,要牢记数浪永远是最重要的。首先正确数浪,永远不要在假设的市场走势中盲目行事。尽管这里已经证明了,但是,一旦波浪告诉我们必须如何时,我们将首先摒弃我们的预测。

然而,如果我们的预测是正确的,那么一旦现在的大循环浪Ⅴ结束,一轮新的超级大循环浪就会出现。第一阶段会在1987年左右结束,并将市场从高峰再次调整到1000点左右的水平。最终,这个超级大循环浪级熊市的目标位应当在先前大循环浪级的第四浪的区域内,也就是道指41点至381点之间。但是,除了怀疑之外,考虑到市场在到达顶峰后立即会出现恐慌,我们当然做不出任何确切的预言。市场在浪A期间的确常常有力,但急躁的活动更多地出现在A-B-C结构的C浪中。然而,查尔斯·J·柯林斯害怕出现最糟糕的情况,他写到:

我的观点是,大循环浪Ⅴ结束时,可能在所有金钱游戏中,目击一场危机;目击了凯恩斯主义在过去四十五年中的愚蠢行为,而且,因为浪Ⅴ结束了超级大循环浪,所以我们最好在暴风雨过去之前躲避起来。

自然法则

为什么人类经常要躲避他自己制造的飓风呢?安德鲁·迪肯森·怀特在他的著作《法国法定货币的通货膨胀》中,细致地研究了过去那个"经验服从于理论,商业受制于金融的形而上学"的时期。在此书的前言里,亨利·赫兹里特惊愕地发现人类社会的通货膨胀在不断重复,他思考道:

也许对巨大通货膨胀的研究——如约翰·劳（John Law）对1716至1720年法国社会信用的实验；1775至1780年的大陆货币史；内战时期的美钞；在1923年达到顶峰的德国通货膨胀——可能有助于强调并加深这些教训印象。从这些骇人听闻、不断重复的历史事件中，我们必须再次得出令人沮丧绝望的结论——人类从历史中学到的唯一的东西就是得知人类将从历史中一无所获吗？或者我们仍有足够的时间、足够的感觉和足够的勇气，从过去的这些可怕的教训中获得指导吗？

我们思考这个问题并得到结论：显然，有时人类会拒绝接受法则的其余部分也是一个自然法则。如果这种假定是错误的，那么艾略特波浪理论可能永远不会被发现，因为它可能根本不存在。波浪理论存在的部分原因是，人类拒绝从历史中汲取教训，因为他们总是被错误的引导去相信二加二确实能得到五。他可能被引导相信自然法则并不存在（或更通俗地说，"不适用于这种情况"），却去相信所得不需要付出，承诺等同于物质，纸币就是黄金，收益不需要成本，以及只要忽略或愚弄，有理由的担忧也会消散。

恐慌是群体对现实的突然、情绪化的表现，比如那些恐慌性的底部开始的最初的涨势。在这些时候，理性突然出现在群体的心理活动中，认为"事情太离谱了。事实证明现在的价位是不合理的"。因此，理性被忽视的程度，就是群体情绪波动的幅度，也是市场的一面镜子。

在许多自然法则中，目前的艾略特大循环浪中最容易被忽视的一点是，除了家庭和慈善机构，自然环境中的每种生物，要么为自己提供了存在条件，要么灭绝了。自然的美丽之处在于它功能的多样性，因为每个生命元素都与其他生命元素紧密相连，常常通过自己生存而帮助其他生命元素生存。没有什么活着的东西比人更需要周围的帮助了，因为那是人类的权利，世上没有别的这种权利。每棵树、每朵花、每只鸟、每只兔子、每匹狼都从自然界中索取，他们不能从同类的生存中获得什么，这样做会减少同类的繁荣，进而影响整个自然界的发展。人类历史上最伟大的尝试是美国的人类自由结构，及其自由资本主义必需的环境。这个概念将人从他人的束缚中解放出来，无论这些人是封建时期的贵族、乡绅、国王、主教、官老爷，还是要求免费面包和广场的贫民。这个尝试因其多样性、丰富性和美丽性在历史中大放异彩，被纪念为最伟大的自然法则之一，以及千年浪中的成就的最后喷发。

合众国的缔造者并没有选择受人瞩目的金字塔作为合众国的徽章。他们用刻画宇宙真理的埃及符号代表完美的社会组织结构，这个社会组织基于人类本性和自然法则的应用之上。在过去的一百年里，由于政治上的原因，缔造者们的意图遭到了曲解、扭曲，结果产生了一种与刚缔造时完全不同的社会框架。印有合众国徽章的美元的贬值很有讽刺意义，它折射出美国社会和政治框架的价值下降。事实上，在写本书时，1 美元与在 1913 年联邦储备委员会成立之初的价值相比，仅值十二美分。货币贬值实质上总是伴随着文明标准的下降。

我们的朋友理查德·罗素是这样描述这个问题的：

我坚信，如果每个人都能为自己承担起全部责任，世上所有的困难都能被解决（此时地球就像是天堂）。在与几百人的谈话中，我发现，不到五十分之一的人能自我支撑，承担自己的生活责任，做好他自己分内事，并承担他自己的痛苦（而不是嫁祸于人）。同样的，这种不愿承担责任的相信也到处存在于金融界中。如今，人们坚持对万物的权利——只要你和我愿意为这种权利买单，包括工作的权利，上大学的权利，幸福的权利和一日三餐的权利。谁能承诺每个人所有的那些权利？我信仰各种自由，除了某些变成了放纵和伤害的自由。但是美国人混淆了自由与权利。

一百多年前，英国历史学家、政治家托马斯·巴宾顿·麦考利勋爵正确查明了这个问题的根源，在此引用他 1857 年 5 月 23 日写给纽约的 H·

S·兰德尔(H. S. Randall)的信的部分内容：

我真心地祝福你会有好的援助。但是，我的理智和愿望发生了冲突，总是情不自禁的预测出更糟糕的结果。很明显，你的政府永远不能消除痛苦，和不满的大多数人。对你来说，大多数人就是政府，而且富人总是少数，任凭政府摆布。那一天将会来临——当纽约州的一大群人没有一个人能在早餐中吃个半饱，或期待晚餐能半饱时，人们将会重新选择州政府。人们会选择哪种政府还值得怀疑吗？一边是政客，他们鼓吹耐心、对既定权利的尊重和严格遵守公共信仰；另一边是煽动者，他们叫嚣资本家和高利贷者的专制，并发问，为什么在成千上万的平民百姓要求最基本生活时，有人能喝着香槟，驾着马车？

我深深地知道，在之前描述过的灾难性的时节里，你会采取措施防止繁荣倒退；你会像其他人那样行动，在稀缺的年景里挥霍掉所有的谷种，使来年不再稀缺，而是极度匮乏。恺撒和拿破仑都用强硬的手段执政，否则共和国会像罗马帝国在五世纪时那样，在20世纪被洗劫一空，遍地废墟；而差别仅在于，曾经毁掉罗马帝国的匈奴人和汪达尔人来自外族，而破坏共和国的人将按共和国的制度，逐渐在本国内形成。

资本(谷种)的作用是产生更多的资本及收入，确保后代生活富裕。一旦社会开支政策挥霍浪费，资本就不存在了；人类可以用草莓制造果酱，却不能把草莓酱恢复成草莓。

随着本世纪的前进，有一点变得越来越清晰，即为了满足某些个人和组织对其他人产出的需求，人们通过政府部门开始脱离实际的产出。不仅可以抵押现在的所有，还可以抵押未来的财产，使用需要几代人积累的资本。

以自然法则中并不存在的一种权利的名义，人类已经强迫接受了毫无内容却花费很多的票据，这些票据以指数速度被购买、使用和承兑，创造着世界历史上最大的债务金字塔,并且拒绝承认这些债务最终必须以这种或那种形式偿还。拒绝雇佣无技能者的最低工资,消灭多样性和阻止创新的学校社会化,消耗性住房的租赁管制,通过转移支付而进行的敲诈,以及令人窒息的市场规则,都是人类为废除经济、社会的自然法则而采取的政治行为。类似的结果还有摇摇欲坠的大楼和锈迹斑斑的铁路,无聊且没有受到教育的学生,减少的资本投资,减少的产量,通货膨胀,经济停滞,失业以及四处蔓延的怨恨和动荡。诸如此类的制度化的政策日益加剧了动荡,把一个充满了勤勤恳恳的生产者的国家,变成了一个充满了急躁的赌徒的私人部门和一个充满了不道德的掠夺者的公有部门。

当第五浪中的第五浪见顶时,我们不必问它为什么会这样。现实又一次强加在我们身上。当那些被依附的生产者消失或消亡时,依附者就会失去生命维持系统,人们就不得不再次耐心地学习自然法则。

正像波浪理论指出的那样,人类前进的趋势永远是向上的。但是,前进的道路不是直线,而且永远不会是直线,除非作为自然法则之一的人类天性消失了。问问任何一位考古学家,他都会知道答案。

附录　长期预测更新,1982 至 1983 年*

艾略特波浪理论总结说:道·琼斯工业股价平均指数的浪Ⅳ熊市于 1974 年 12 月的 572 点结束。本书的作者们将 1978 年 3 月的最低点 740 点标示为新牛市中大浪②的终点。这两个点位在日收盘价或 60 分钟收盘价上从未被跌破。因此,这种波浪标示法仍然有效,除了浪②的最低点最好落在 1980 年 3 月。

罗伯特·普莱切特在《艾略特波浪理论家》中详细叙述了他的实时结论,即 1982 年的低点也能被标示成浪Ⅳ熊市的终点,特别当道指以"不变美元"计价时。附录还包括艾略特波浪理论家在 1982 年 9 月的动态市场分析。这篇分析文章是在经通货膨胀调整的道指长达 16 年半的下跌行情的低点出现的一个月后发表的,它标示了循环浪Ⅴ大"起飞"的起点。

---

* 最早出现在 1983 年 4 月版中的附录已被扩充过,包括了所有在牛市的第一年做出的长期评论。

下列所有内容引自所示日期的
罗伯特·普莱切特的艾略特波浪理论家

1982年1月
20世纪80年代的蓝图

有时,要了解当前的形势,必须好好地观察过去发生了什么。这篇报告将从长期角度去感知,20世纪80年代这十年发生了什么。最有启迪作用的数据是追溯到200多年前的美国股票市场走势图,这是该数据出现的最早时期。附图[图A-1]首次出现在1978年由A·J弗罗斯特和我一起撰写的《艾略特波浪理论》一书中[见图5-4],尽管接近尾端的波浪计数已被修正,来反映当前的认识。

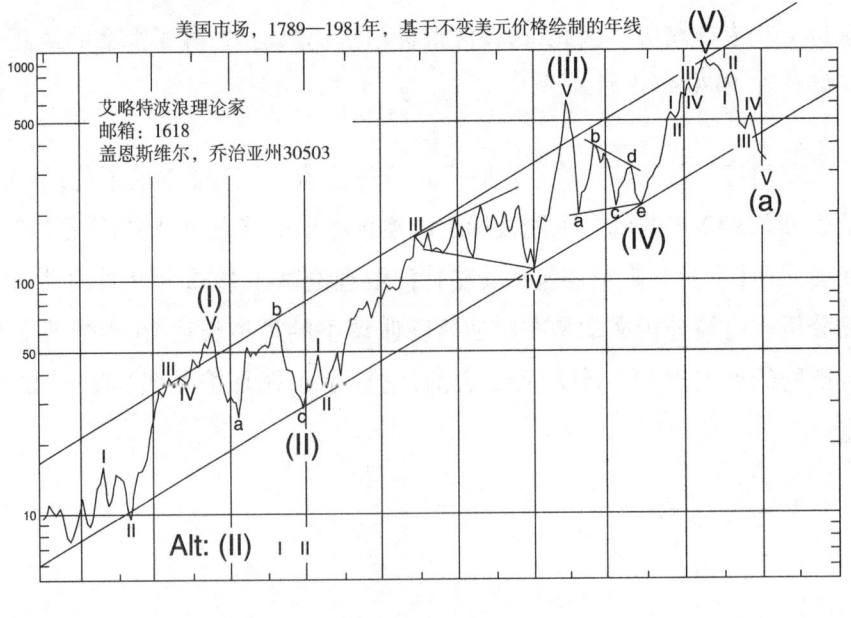

图A-1

附图上18世纪末至1965年的波浪结构正确地记录着一个完整的五浪模式。第三浪明显很长,第四浪没有与第一浪重叠。因为浪(Ⅱ)是平台形,而浪(Ⅳ)是三角形,所以交替指南也得到了满足。此外,第一浪与第五浪呈斐波纳契比率关系,即0.618,浪(Ⅴ)的百分比涨幅大约是浪(Ⅰ)的0.618倍。

某些分析师试图力争,"现值"美元的走势图[实际的道指,如图5-5]的波浪计数是一个进入1966年的完整五浪。正如我多年来一直主张的那样,这样一种波浪计数即便可能存在,也很值得怀疑。为了接纳这种数浪方法,就必须接受艾略特关于在1942年结束的三角形结构(在R·N·艾略特名著集中详述)的观点。已故的A·汉密尔顿·博尔顿在1960年的专著《艾略特波浪理论———一份中肯的评价》(见A·汉密尔顿·博尔顿的《波浪理论文集》)中已经证明这种数浪方式是错误的。博尔顿的替代方案,即所附的经通货膨胀调整的走势图在1949年以三角形结束,在这个方案(也就是接受1932~1937年为一个"三浪")提出时,就存在几个问题,而且随后的证据已证明这种研判是不可能的。

从[盘档趋势]的角度来看,道指在整个时间(从1965年起)中一直处于"熊市",尽管所有其他指数自1974年以来一直处于牛市。艾略特大概是唯一一位识别出这种盘档趋势是熊市的分析师。为了获得这种论点的证据,我们所需要做的就是观察经通货膨胀调整后的道指从1966年开始的走势[并将其与图5-5中的同一时期相对照]。剧烈的通货膨胀加上熊市就是盘档结构。*

更重要的是,从1965年顶峰开始的,一个清晰的五浪下跌的艾略特模式,似乎正处于最后的阶段。作为一种短期考虑,我们可以从这张走势图中发现,股市已经严重超卖了,而且[已经跌破了长期支撑线]相对于批发价格指数,股票价格正处于历史最低。因此,下面几年可能发生一轮真正的逆势三浪(a-b-c)反弹,这次反弹应转化成道琼斯工业股平均

---

* 最后三句取自1979年12月版的《艾略特波浪理论家》。

指数的戏剧性的"突破",达到以现值美元计价的历史新高点。通过使道指完成了从1974年开始的最后第五循环浪,这样一轮上升行情应当能满足自1932年以来按名义美元计价的道指的波浪计数。所以我们仍然需要另一个道琼斯工业价格平均数的戏剧性的新高点,创造出实际价格指数中的第五浪和经通货膨胀调整后的指数中的B浪。*

1982年9月13日
长期波浪模式——接近结论

对于波浪分析师来说,这是一个令人兴奋的连接点。从1974年第一次以来,一些难以置信的大型波浪模式可能已经完成,这些模式在今后5到8年有着重要的应用。接下来的15周应该能解决长期存在的所有问题,这些问题自1977年市场转阴后就一直存在。

艾略特波浪分析师有时会因为对指数的预测过高或过低而受到责骂。但是波浪分析经常需要回顾过去,观察整体,并运用历史形态来判断主要趋势变化的开始。循环以及大循环浪在宽阔的价格带中运动,因此最重要的结构需要真正的考虑。当市场循环浪的趋势级别是中性时,那些只满足于关注100个点摆动的分析师会做得非常好,但是,一旦一个真正的持续趋势开始了,他们就会被丢弃在后面,而此时,那些擅长用大视角观察整体的分析师就能与趋势同行了。

1978年,A·J弗罗斯特和我曾预测道指的2860点,是从1932年开始的当前大循环浪的最后目标。这个目标仍然有效,但因为道指仍处于4年前的位置,因此,达到这个目标所需要的时间显然比我们原先想的要长。

在过去5年里,我画过无数长期波浪计数,每一种计数方法都试图解

---

* 这篇报告的随后部分是对后面最终出现的熊市的预测,在浪潮的顶峰的第3章中重印。

释从1977年开始的混乱的道指模式。大多数波浪计数方法都提到了失败的第五浪、截断的第三浪、不合标准的倾斜三角形，以及即刻暴涨（通常出现在市场波峰附近）或者即刻暴跌（通常出现在市场波谷附近）。这些波浪计数很少能符合波浪理论的规则，因此我放弃了它们。但实际答案仍然是个谜。众所周知，调整浪通常难以研判，因此，考虑到市场特征和模式的变化，我已经给两种研判交替贴上了"最有可能的"标签。在这一点上，我一直研究的两种交替方案仍然有效，但我已经对两者都不满意了，原因前面解释过。然而，满足波浪理论指南和规则的第三种研判，目前已经变成了一种明确的替换方案。

正在展开的双重三浪调整

这种数浪方法认为，从1966年开始的巨大的循环浪调整还在进行中。最后的低点[在大牛市出现之前]可能会落在道指的563和554点之间。然而，只有道指真正跌破了766点才能确定，而且目前还没有出现这种突破。

展开中的一系列1和2

自1974年以来，在大多数时候，这种数浪方法[见图A-2]一直是我的假设，然而，1974～1976年波浪计数的不确定性以及第二浪的剧烈调整，使我在处理这种研判下的市场时犯了很多错误。

这种数浪认为，从1966年开始的循环浪级调整会在1974年结束，而且循环浪Ⅴ在1975～1976年以巨大宽幅的浪潮开始。浪Ⅳ的技术分析的名称是扩张三角形。浪Ⅴ中的复杂子浪意味了一轮长期的牛市，也许会持续另一个十年，具有较长的调整期，浪(4)和浪④，会打断它的进程。浪Ⅴ会在浪③中包含一个定义清晰的延伸浪，浪Ⅴ细分成(1)-(2)-

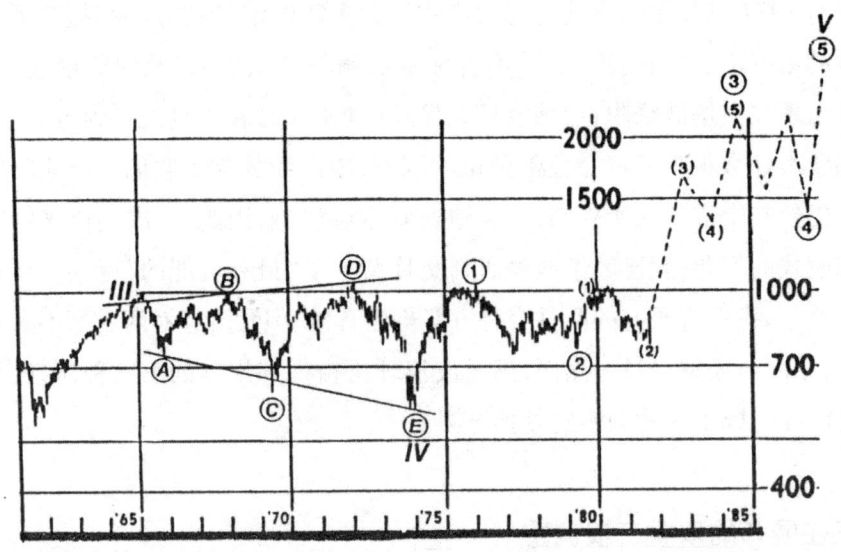

图 A-2

(3)-(4)-(5),其中浪(1)和浪(2)已经走完。在理想情况下,波峰会出现在2860点,这是在1978年计算出的原始目标。这种数浪方法(主要)的缺点是,按照波浪等同的指南,整个浪V的持续时间过长了。

优点

1)满足波浪理论的所有规则。

2)使 A·J 弗罗斯特在1970年做出的浪Ⅳ的最低点在572点的预测有效。

3)说明了1975~1976年巨大宽幅的波浪。

4)说明了1982年8月宽幅波浪。

5)几乎靠近从1942年开始的未经触碰的长期趋势线。

6）符合四年循环底部的想法。

7）符合基本面背景在第二浪的底部,而不是实际的市场最低点的想法。

8）符合康德拉迪耶夫波的平稳状态已经部分结束的想法。这与1923年一致。

缺点

1）1974～1976年最好是数成一个"三浪",而不是"五浪"。

2）浪(2)的完成时间是浪(1)的六倍,使得这两个浪根本不成比例。

3）1980年的反弹幅度不符合第一浪的标准,它应当是一个强劲的中型浪的第三浪。

4）指出了整个浪Ⅴ的持续时间过长,它应当是与1932～1937年的浪Ⅰ相似的,短暂而简洁的一浪,而不是与1942～1966年的延伸的浪Ⅲ相似的一个复杂浪(见艾略特波浪理论,图5-5)。

在1982年8月结束的双重三浪调整浪

按照这种数浪方法,浪Ⅳ的技术名字是"双重三浪",其中第二个"三浪"是一个上升[障碍]三角形[见图A-3]。这种数浪认为,从1966年开始的循环浪调整在上个月(1982年8月)结束了。从1942年开始的趋势轨道的下边界在这个模式的终点被短暂跌破,这与1949年的情况相似,因为盘整的市场在一轮牛市开始之前,曾短暂跌破了一条主要趋势线。我应当指出,长期趋势线的短暂突破只能看做是第四浪的一种临时特征,如[R·N·艾略特名著集]所示。这种数浪的[主要]缺点是,这种结构的双重三浪尽管被完全接受了,但十分罕见,近期历史上任何浪级中都没有过这种例子。

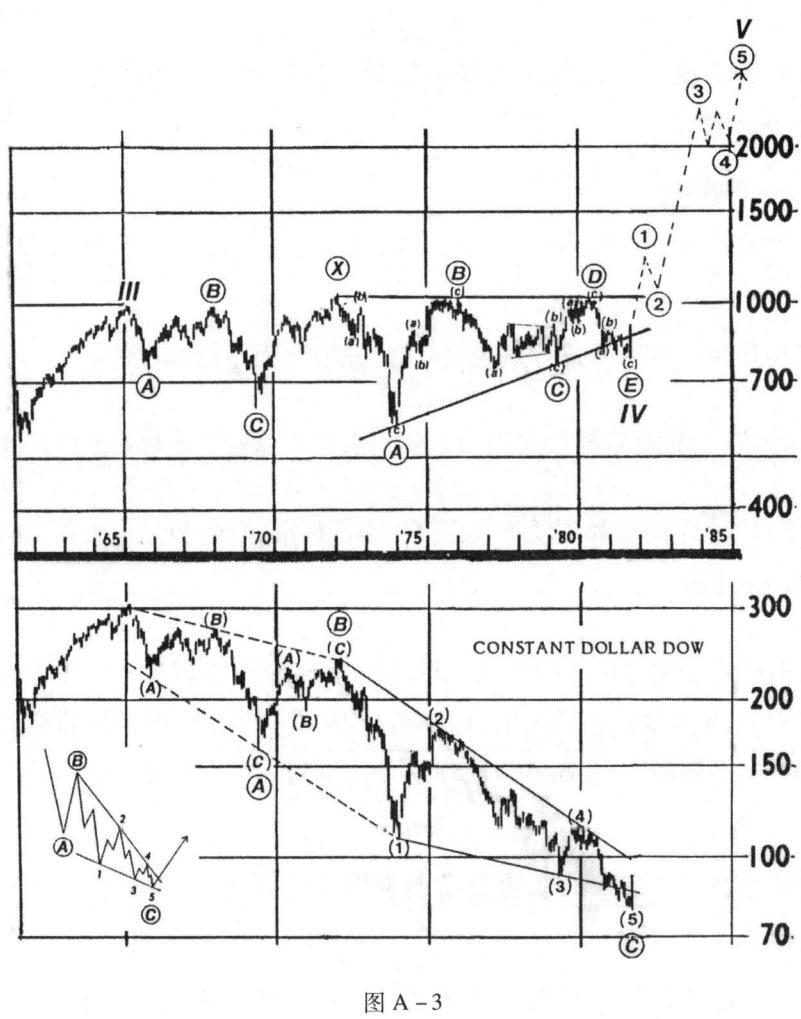

图 A-3

令人惊讶的时间对称因素也出现了。1932～1937年的牛市持续了5年,受到了1937～1942年长达5年的熊市的调整。1942～1946年长达3年半的牛市受到了1946～1949年长达三年半熊市的调整,1949～1966年长达16年半的牛市受到了1966～1982年长达16年半的熊市的调整。

不变美元（经通货膨胀调整后）的道指

如果市场已经形成了循环浪的低点，那么它就符合令人满意的"不变美元道指"的波浪计数，"不变美元道指"是用道指除以消费者价格指数，以补偿美元购买力的损失。这种数浪是一个向下倾斜的 A－B－C，其中浪 C 是一个倾斜三角形[见图 A－3]。通常在倾斜三角形中，它的最后一浪，即浪(5)，会在低于下边界线的位置结束。

我在走势图的上半部分添加了扩张边界线，来说明市场结构是对称钻石型模式。注意，钻石型的每一条长边的一半都持续了 9 年又 7 个半月（1965 年 5 月 ~ 1974 年 12 月，以及 1973 年 1 月 ~ 1982 年 8 月），同时每一条短边的一半都持续了 7 年又 7 个半月（1965 年 5 月 ~ 1973 年 1 月，以及 1974 年 12 月 ~ 1982 年 8 月）。模式的中心（1973 年 6 月 ~ 7 月）在 190 点对分了价格因素，并将时间因素分成了两个 8 年多。最后，从 1966 年开始的下跌持续了 16 年 7 个月，正好与 1946 年 6 月 ~ 1966 年 1 月的前一轮上升行情等长。

优点

1）满足波浪理论的所有规则和指南。

2）几乎靠近从 1942 年开始的未经触碰的长期趋势线。

3）市场在浪 E 突破三角形的边界线是一种正常的现象。

4）像最初预计的那样，允许出现一个简单牛市结构。

5）与不变美元（紧缩过的）道指的研判一致，而且符合对其下边界线相应的突破。

6)考虑在1982年8月开始的突如其来的戏剧性的上升行情,因为三角形产生"冲击"。

7)最后的底部出现在经济萧条期间。

8)符合四年循环底部的想法。

9)符合康德拉迪耶夫波的平稳状态刚刚开始的想法,康德拉迪耶夫波的平稳时期是一段经济稳定和股市飞涨的时期,与1921年末相一致。

10)代表通货膨胀时代的结束,或者伴随着一段"稳定的通货再膨胀"。

缺点

1)这种结构的双重三浪尽管被完全接受了,但十分罕见,近期历史上任何浪级中都没有过这种例子。

2)大的底部都会与主流出版物的广泛认同一起出现。

前景

三角形预示着相反方向上的"冲击"或快速运动,它的运动距离大约是三角形的最宽部分。这个指南表明,从道指777点开始的最小运动是495点(1067-572),即道指1272点。因为三角形的边界线延伸到低于1973年1月时,会给"三角形的宽度"增加70点,此时,冲击可能会高达1350点。即使这个目标也只是第一步,因为第五浪的范围不仅取决于三角形，还取决于整个浪Ⅳ的模式，三角形只是其中的一部分。因此，我们必须得出结论：从1982年8月开始的牛市会最终发挥起始点五倍的潜力，使其与1932～1937年市场的百分比相同，因而目标会落在3873～3885点。这个目标价位应当在1987年或1990年达到，因为第五浪是一个简单结构。关于这个目标价位的一个有趣现象是，它与20世纪20年代相似，当时市场在100点以下位置盘整了17年（与最近在1000点以下位置的经历相似），随后市场几乎马不停蹄地飙升到日内高峰383.00点。对于这个第五浪来说，这样一轮市场运动不仅结束了循环浪，也结束了大循环浪的涨势。

[近期波浪结构]

在[8月17日]的临时报告中，我曾提到倾斜三角形可能已经在8月（12日）（星期五）的低点处结束了。下面两幅日走势图说明了这种数浪。从过去的12月开始的倾斜三角形可能是从1980年8月的顶峰开始的大a–b–c中的浪c（中的浪Ⅴ）（见图A–4），或者是从1981年6月的顶峰开始的大的a–b–c中的浪c（见图A–5）。从8月的低点开始的暴涨的强度支持了这种研判。

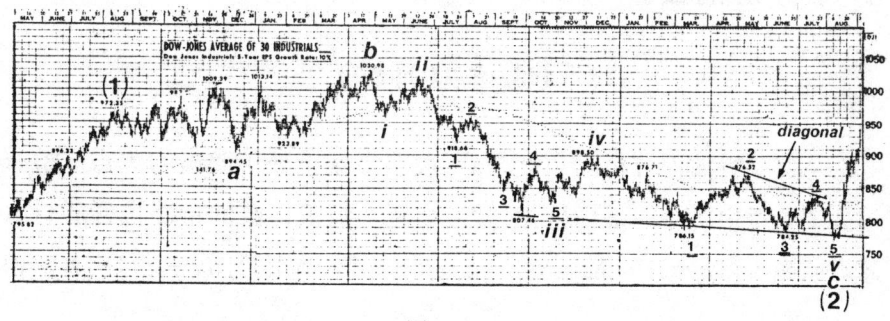

图A–4

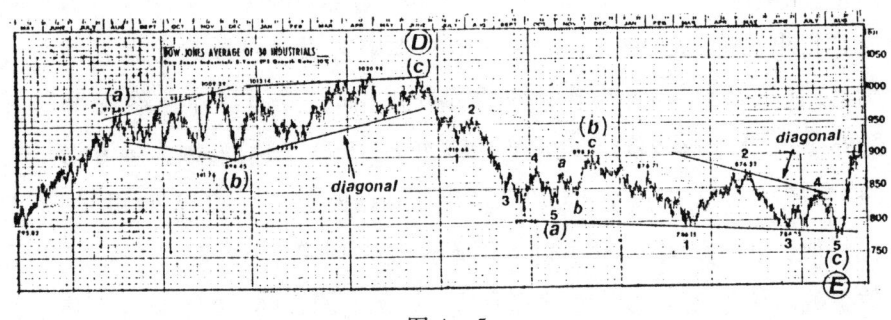

图 A–5

1982 年 10 月 6 日

这个牛市应当是自 20 世纪 60 年代以来的第一个"买入并持有"的市场。过去 16 年的经历把我们都变成了交易者,而这是一种必须被丢弃的习惯。市场可能会落后目标 200 点,但它还有 2000 点要走!道指应当触到最终目标 3880 点,暂时会停在 1300＊点(根据三角形后的冲击,浪①波峰的估计值)和 2860 点＊(根据从 1974 年的低点测量的目标,浪③波峰的估计值)停留。

股票市场长期趋势证实的状态有着无数的暗示。即:(1)下一个回撤中,平均指数不会创出新低点;(2)1983 年没有出现崩盘或衰退(尽管"小危机"可能很快会出现);(3)对于那些惧怕危机的人来说,至少十年中不会出现国际战争。

1982 年 11 月 8 日

从艾略特波浪分析的角度来看,股票市场正处于明确的焦点。检查过去 200 年中所有的市场行为,知道你正在波浪计数的精确位置能让人感觉欣慰。[图 A–6]是证券研究公司的年变动走势图,注意 DJIA 的浪

＊ 浪①在 1983～1984 年的 1286.64 点(日内大约是 1300 点)见顶。艾略特波浪理论家后来曾减少了对浪③的 2860 点的大致估计,因为精确的数值算出来是 2724 点。1987 年,浪③在 2722.42 点见顶,浪⑤到达并大大超出了普莱切特的"天空中的馅饼"的 3880 点的目标。

Ⅱ和浪Ⅳ准确反映了交替指南,因为浪Ⅱ是短暂而陡直的锯齿形,而浪Ⅳ是一个长期的盘整组合形。尽管 1966～1982 年的道指结构不寻常,但它是完美的艾略特波浪,这说明无论波浪模式多难解读,它总能分解成一种令人满意的经典模式。

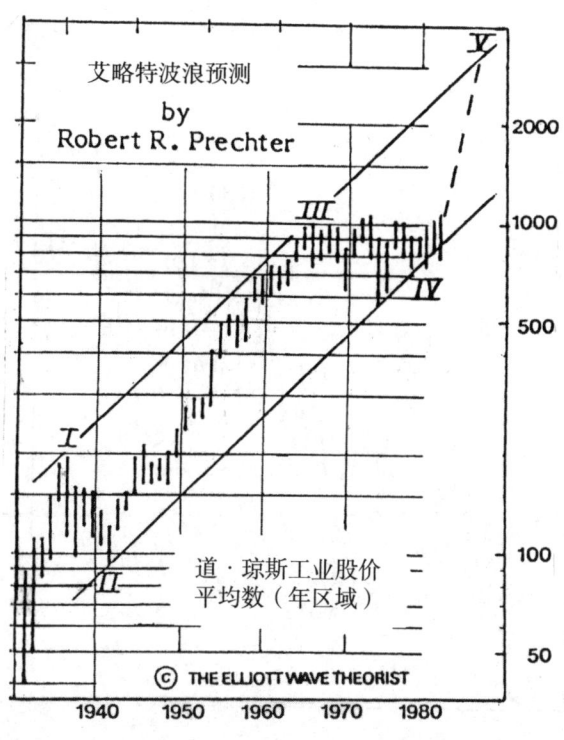

图 A-6

不要对此犯错误。接下来的几年,市场将会超出你最疯狂的想象。确信在你投资的时候,投资步骤是对的。把你的大脑带到 1924 年。在这 5 年中计划赚钱,然后准备在必定出现的坏年景中安全地收起利润。

1982 年 11 月 29 日
一副值千言的画面

下图[见图 A-7]上的箭头说明了我对当前牛市中道指位置的研

判。如果一位艾略特理论家告诉你道指正处于浪 V 中的浪①中的浪（2），那么你就应该准确地知道他的意思。不管他是否正确,当然,只有时间能告诉你答案。

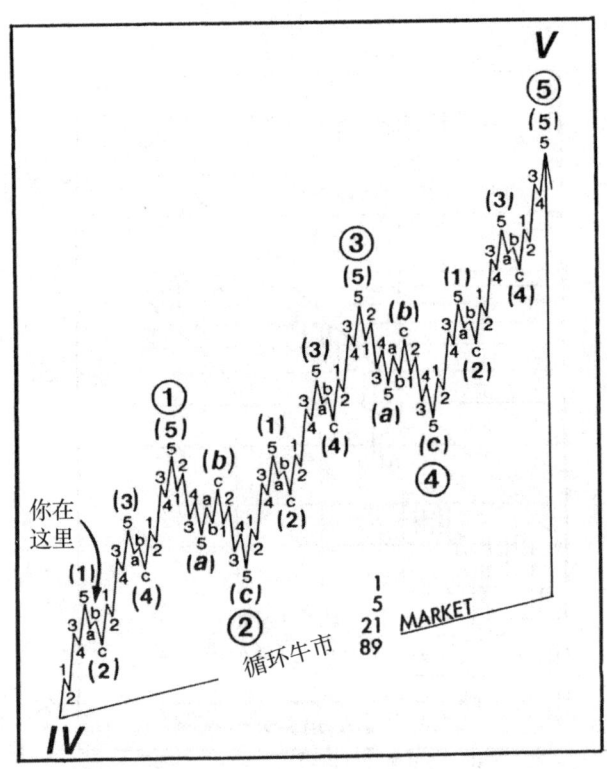

图 A-7

最容易预测出的结果是牛市将出现;第二容易的是价格估计;最后是时间估计。我现在认为 1987 年会出现顶点,但很快,顶点就出现在 1990 年。重要的是波浪形态。换言之,比起提前预测,知晓我们处于波浪位置的时间更容易。我们需要的只是耐心。

相比第一浪到第三浪,在第五浪上升期间,幅度总是开始变弱。因为这个原因,我期待在整个浪③中会有一个宽幅的市场,然后增加选择性,直至浪⑤的波峰,那时,道指中的领涨股几乎是唯一还在上涨的股票。现在，可以买任何你喜欢的股票。之后，我们就不得不更加仔细地挑选了。

1983 年 4 月 6 日
一轮上升浪：
道·琼斯工业股价平均指数浪 V 的情形

1978 年，A·J 弗罗斯特和我写了一本名为《艾略特波浪理论》的书，并在那一年的 11 月出版了。在那本书的预测那章中，我们曾做出了以下推断：

1) 为了完成从 1932 开始的道琼斯工业价格平均指数的波浪结构，浪 V 这个巨大的牛市上升浪，必须出现。

2) 直到浪 V 完成，都不会出现"1979 年的崩盘"，而且事实上，不会出现类似 1969～1970 年或者 1973～1974 年的下跌。

3) 1978 年 3 月的低点 740 点，标志着大浪②的结束，而且不会被突破。

4) 运行中的牛市形态简单，不像 1942～1966 年延伸的上升行情那样。

5) 道·琼斯工业价格平均指数会上涨到上轨道线，并达到浪Ⅳ的低点 572 点的 5 倍，即 2860 点。

6) 如果浪Ⅳ在 1974 年结束的结论是正确的，那么第五浪的波峰会出现在 1982～1984 年这段时间内，其中，1983 年是最可能出现实际顶部的年份［1987 年很可能是下一个］。

7) 在整个上升过程中，"次级"股票在领涨。

8) 浪 V 结束后的崩盘将是美国历史上最惨重的。

从自提出这些推断以来,有一件事情一直令我们感到惊奇,即道琼斯工业价格平均指数需要多久才能最终起飞。大多数的市场平均指数从 1978 年起就开始不断上升,而道指从 1966 年开始直到 1982 年都没能结束它的调整模式。(对于那一浪向下突破的详情,见 1982 年 9 月版的《艾略特波浪理论家》。)我们认为道指似乎更能准确反映通货膨胀、萧条和国际银行业破产的恐惧。尽管经历了漫长的等待,道指也只是短暂地跌到了长期趋势线以下。当这种向下突破未能带来任何进一步的抛售时,暴涨性的起飞最终开始了。

如果我们的总体估计是正确的,那么弗罗斯特和我基于波浪理论,在 1978 年做出的预测仍然会发生,除了一个大例外:时间目标。正如我们在书中解释的那样,R·N·艾略特极少谈到时间,事实上,我们对时间顶部的预测也不是波浪理论的要求,而只是一种以道指中的浪Ⅳ在 1974 年结束为基础做出的习惯性的猜测。如果浪Ⅳ的长期盘整调整直到 1982 年还没有结束,那么一切就会变得日渐明确,即时间因素必须向前移,以补偿假设中的变化。任何时候都不要怀疑浪Ⅴ的出现,它只是一个在什么时候以及在什么之后出现的问题。

我很乐意花点时间回答下列问题:

1) 1966 年开始的道指的盘整调整真的结束了吗?

2) 如果已经结束了,我们能预期多大的牛市?

3) 牛市的特征会是什么?

4) 牛市之后会出现什么?

1) 在 1982 年,DJIA 完成了一个浪级非常大的调整浪。这个结论的证据不可辩驳。

首先，因为那些把波浪理论看得很重要的人自始至终认为，从1932年开始的模式[见图A-8]还没完成，而且需要一轮最后的上升以完成五浪的艾略特模式。既然大循环浪的崩盘还不可能发生，那么，自1966年出现的行情对循环浪级的调整已经足够了（与1932~1937年，1937~1943年，以及1942~1966年的波浪的浪级相同）。

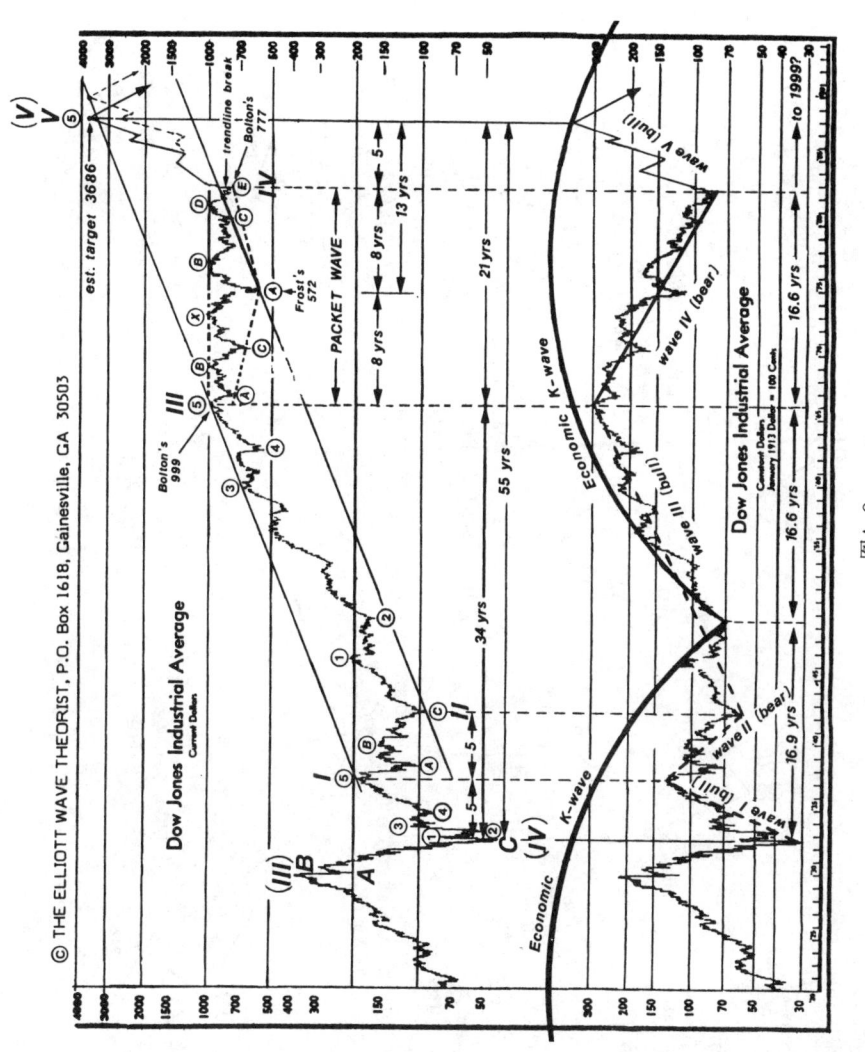

图A-8

第二，从1966年（或者认为是1964或1965年，如果你乐于谈论理论的话）开始的盘整模式延伸到了从1932年开始的长期平行趋势轨道的绝对极限。正如[图A-9]描绘的那样，此图来自于艾略特自然法则一书中，它是一种第四浪的临时特征，即在第五浪开始之前，它们会跌倒到上升轨道的下边界线之下。1982年的价格行为只是没有给持续调整留下空间。

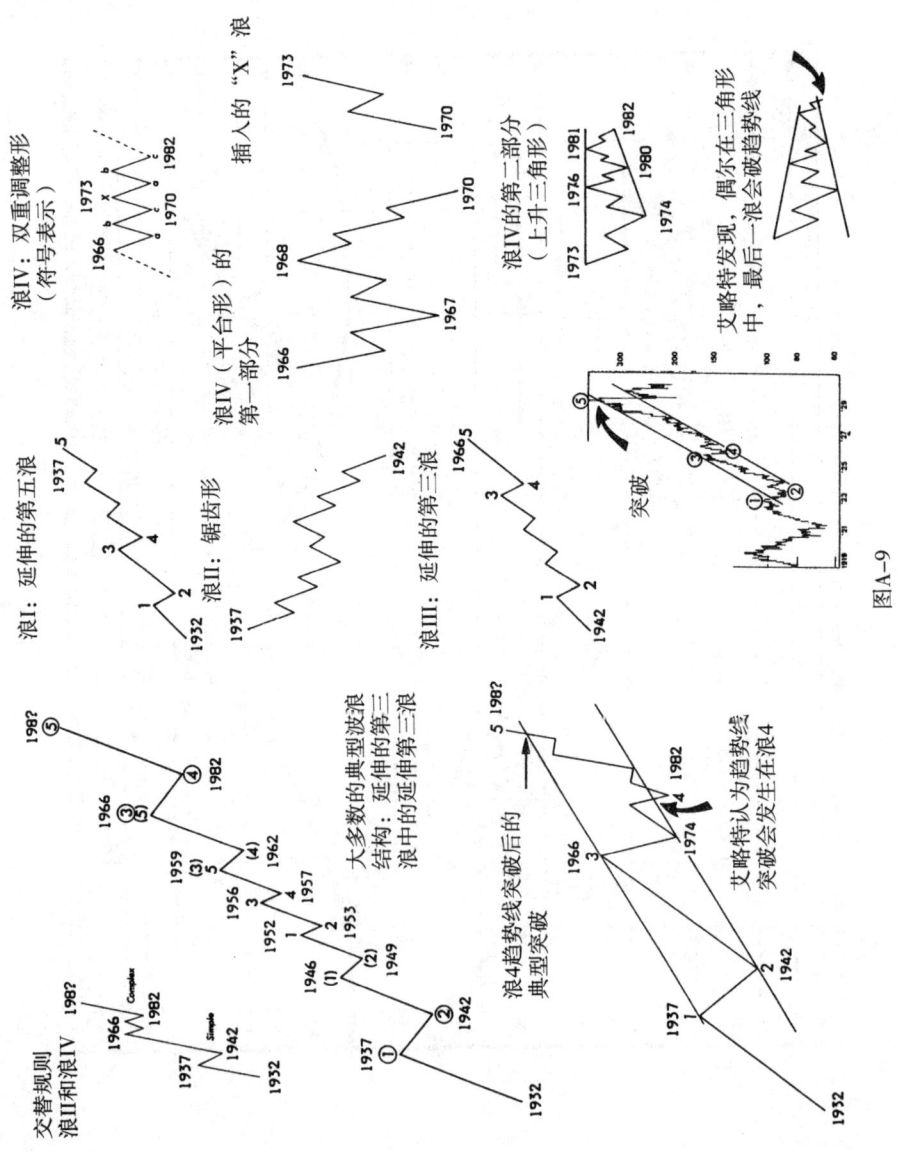

图A-9

第三，20世纪60年代中期至1982年的模式是另一个实际例子，即艾略特在40多年前勾画出的标准调整结构。这个结构的官方名称是"双重三浪"调整，它是由两个基本调整模式，背靠背形成的。在这种情况下，市场首先走出一个"平台形"（或按另一种数浪，一个[正规]三角形），其次是一个"上升[障碍]三角形"，其间是一个标示为"X"的简单三浪上升，这个简单的三浪上升是用来分开两个组成模式的。艾略特还发现并解释了三角形的最后一浪习惯跌破下边界线，如1982年出现的那次一样。两次调整很少见，而且因为1974年的低点已经碰到了长期上升趋势线，所有弗罗斯特和我对出现两次调整的情况并不抱希望。而且，第二个位置上出现了含有三角形的"双重三浪"也极为少见，并且在我自己的经验中，这也是史无前例的。

第四，如果被当做单一的结构，也就是一个调整浪，这个模式往往会出现一些有趣的特性。例如，这个结构的第一浪（996点到740点）正好与上一浪走过的距离相同（1024到777点）。而且，上升与下跌花费的时间都相同，都是8年。模式的这种对称性提醒弗罗斯特和我在1979年提出了称为"包裹浪"的标示，来描述一种简单模式，这种模式从"静止"开始，逐渐扩散，然后收缩摆动，并回到起点。（这个概念在1982年12月的《艾略特波浪理论家》中有详尽的介绍。）使用两个三角形的交替数浪，每一个三角形的中间一浪（浪C）正好覆盖了相同的长度，从1000点到740点。在这个模式中还出现了无数的斐波纳契关系，它们中的许多在1982年7月《艾略特波浪理论家》的报告中有详细描述。然而，更重要的是，一个牛市起点和终点和部分先前牛市呈斐波那契比率关系。1960年，汉密尔顿·博尔顿得出了这个著名的观察：

艾略特指出了很多其他的巧合。例如，1921～1926年的点数是1926～1928年的最后一浪（正统的顶部）点数的61.8%。相似的情形出现在1932～1937年的第五浪中。此外，从1930年的顶部（DJIA的297点）至1932年的底部（DJIA的40点）的这一浪是从40点到195点

（1932～1937年）的这一浪的1.618倍。而且，1937～1938年的下跌行情是1932～1937的上升行情的61.8%。如果1949年至今的市场遵守这个公式，那么1949～1956年的上升行情（DJIA的361点）就应在1957年的低点416点加上583点（361点的161.8%），即总计DJIA的999点处结束。

因此，在应用斐波纳契关系时，博尔顿预测出了一个波峰，它只比1966年顶部的60分钟读数高3个点。但大部分被遗忘的（随之而来的是A·J·弗罗斯特成功地预测浪Ⅳ最低点应在572点，而实际上它出现在1974年的60分钟走势图的低点572.20点）是博尔顿的下一句话：

另一种情况是，在361点加上416点就得到DJIA的777点。

毋庸置疑，哪儿也找不到777点。这种情况一直持续到1982年8月。在8月12日，60分钟读数上的准确正规低点是776.92点。换句话说，基于与先前价格结构的关系，博尔顿的计算[见图A-10]提前确定了浪Ⅳ的准确开始点和结束点。在这些价位点上，1966～1982年是1957～1982年和1949～1956年的0.618倍，它们每一个都相等，都是1957～1966年的0.618倍，而且所有的误差都在1%以内。当周模式和月模式一次又一次地算出斐波纳契倍率时，华尔街的观察家的典型反应是：这是"另一次巧合"。当这种规模的模式继续呈斐波纳契倍率时，继续相信斐波那契倍率不是股票市场的特征就变成一个信念问题了。据我所知，博尔顿是唯一一位已故之人，他做出的预测持续符合华尔街的现实。

第二部分　艾略特理论的实际应用　223

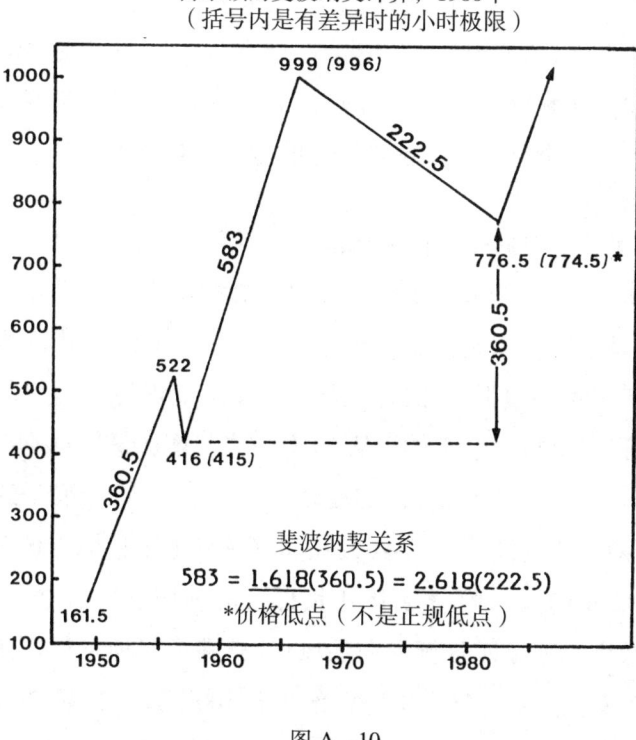

图 A-10

从这些观察中,我希望可以得出结论:DJIA 的循环浪Ⅳ在 1982 年的 8 月结束,"不变美元道指"明确支持循环浪Ⅳ作为单一的熊市阶段。

2)这次调整之后的上升行情将是比在过去 20 年中见到的任何牛市大得多的牛市。无数处理一般波浪行为的指南都支持这种论点。

第一,正如弗罗斯特和我坚定主张的那样,从 1932 年开始的艾略特波浪结构没有结束,需要一轮第五浪上升行情来完成这个模式。直到我们写书的时候,仍然没有一个简单可靠的波浪研判,认为从 1932 年开始的上升行情已经结束。第五浪应当与 1932～1937 年、1937～1942 年、1942～1966 年以及 1966～1982 年的各个波浪模式拥有相同的浪级。并且呈相关比例关系。

第二，根据艾略特的轨道法则，一个正常的第五浪会延伸到上轨道线。在这种情形下，第五浪会在20世纪80年代中后期突破3500～4000点的价格区间。艾略特注意到，当第四浪突破趋势轨道时，第五浪常常会有转换，或者说，短暂突破同一价格轨道的另一条轨道线。

第三，波浪理论中的一条重要指南是，当第三浪是延伸浪时，如1942～1966年的波浪，第一浪和第五浪会在时间和幅度上趋向等长。这是一种倾向，而不是必然。但它的确表明了，1982年以来的上升行情应当与1932～1937年的第一浪上升相似。因此，这个第五浪应该运行与浪Ⅰ几乎相等的百分比距离，而浪Ⅰ估计从60分钟走势图的最低点41点（没有确切的数值）上升了几乎5倍，达到波峰194.50点。既然浪Ⅴ的正规起点是1982年的777点，那么4.744的相同倍率算出了目标点位3686点。如果知道1932年的60分钟走势图中最低点的确切点数，就可以预测出一个精确的数字。这是博尔顿一向的风格，充满了某种自信。按照实际情况来说，"3686"点应该会落在理想预测的100点之内（是否成真是另一个问题）。

第四，随着时间的流逝，1932～1937年的牛市持续了5年。因此，1982年之后的5年，即1987年，可能是市场波峰一个观察点。巧合的是，正如我们在书中指出的那样，1987年正好与1974年调整浪的最低点相距斐波那契数字13年，与1966年浪Ⅲ波峰相距21年，与1932年浪Ⅰ起点相距55年。完成这个画面发现，1987年是道指触及3686目标点位的理想日期，要想达到它，道指就得在"突破"中短暂通过它的上轨道线，这是典型的竭尽运动（如1929年的波峰）。基于浪Ⅰ时间的1.618倍，以及与20世纪20年代的第五循环浪等同，一个8年的浪Ⅴ会指向1990年，认为它将是下一个最可能出现波峰的年份。到了1987年，如果道指仍大大低于价格目标，那么1990年就尤为可能了。记住，在波浪预测中，时间只是一项考虑因素，相对于波浪形态（其是最重要的）和价格水平来说，它完全是次要的。

第五，尽管在循环浪Ⅴ中，道琼斯工业价格平均指数仅处于循环浪Ⅴ的第一个大浪级的上升浪中，但大多数指数从1974年就开始了浪Ⅴ，而且已经开始了它们的第三大浪［见图A–12］。这些指数，如价值线平均指数、指标文摘平均指数以及弗斯拜克总回报指数，正在走出传统的延伸第三浪，或者说中间浪，而且刚刚进入最有力的部分。保守地估计，60%的五浪序列中有第三浪延伸，因此这种研判符合教科书中的模式。然而，试图研判更广泛的指数，当处于它们的第五浪或者说最后一浪时，却不是这样。因为第三浪正在广泛的指数中延伸，所以需要有大量的时间来完成这个第三浪，然后再走出第四浪和第五浪。正是因为有了这些波浪，当前牛市的规模将是非常可观的。

3）既然第五浪出现的可能性已经建立，而且它的规模与形状也估计了出来，因此估计其可能的特征是有益的。

第一，这个上升行情应当很有选择性，因此从一群股票到另一群股票的交替选择应当是很明显的。浪Ⅴ的宽幅应当很普通，如果不是这样，那么就与20世纪40年代至50年代浪Ⅲ的市场的总体投机性宽幅非常相关。然而，由于这是一个驱动浪，它无疑将比1966~1982年的浪Ⅳ更宽。

*短暂的思考解释了为什么浪Ⅴ的上升行情将比浪Ⅰ和浪Ⅲ平缓。在第五浪中，延伸了的"牛市"正走向它的终点。而且相对于这个牛市调整，重大的损失也接踵而来。在长期浪中，基本面已经恶化到，越来越少的公司能在股市向上摆动中繁荣起来。（对我而言，看起来很清楚，今天这些条件在超级循环浪级中也存在。）因此，这个牛市，尽管提供了巨大的赚钱机会，却显然变得更加有选择性，正如表现不佳的上涨下跌线和很

---

* 上面两段摘自5天后出版的1983年4月11日号的《艾略特波浪理论家》。在星号前后的句子包括了1982年12月号的措辞。

少的那些创造股票"新高"的日子反映的那样。你注意到了吗？自1974年的最低点以来，股票已经很少同步上扬，一般是有选择性地上升，一次上升中只有几群股票。

所有浪级的非延伸的（甚至是大多数延伸的）第五浪都是这样运动的，就是它导致了标准的基于背离的"卖出信号"。问题是，大多数分析师仅仅将这个概念应用于短期摆动或中期摆动。然而，循环浪级的摆动也会与较小浪级的摆动一样，出现这种情况。事实上，20世纪20年代平坦的a－d线[见图A－11]对于整个从1857年开始的上涨趋势来说是一个"卖出信号"。相似地，20世纪60年代中期的平坦的a－d线对于1942～1966年的牛市来说是一个"卖出信号"。（我预计）从1982到1987年的表现相对较差，a－d线对于整个从1932年开始的大循环浪来说是个"卖出信号"。得到的教训是，不要因为表现不佳而过早卖出，因为很有可能错过了股票市场历史上利润最大的一轮上升。

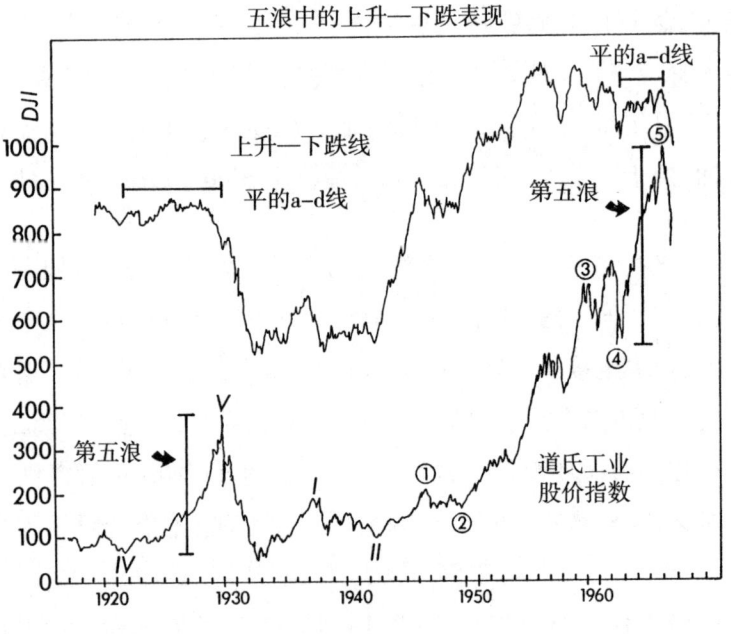

图 A－11

第二,这个牛市应该是一个简单结构,与1932～1937年,而不是1942～1966年,更相像。换句话说,我们期待一轮有短暂调整的快速且持续的上升行情,而不是长期滚动式的、有均匀间隔调整期的上升行情。大机构通过使用一些策略往往会做得更好,比如选股而不选时,保持大举投资直至可以数出完整的五个大浪。

第三,道指的波浪结构和其他指数的波浪结构应当相符。如果我们1978年的数浪[见图A-12]仍然正确,那么这种研判对于其他指数也适用,而且它们的波浪会一致。如果这种首选的数浪是正确的,那么我预测其他指数的第三浪会在道指完成第一浪的时候结束。这意味着,在道指的第五浪期间,它会独自产生一个新的高点,因为市场的幅度开始更加明显地减少。当在最终的顶部看到道琼斯工业股指数处于新高点时,我就不会讶异,但得不到更多指数以及上涨下跌线的印证,常常产生一种经典的技术性背离。

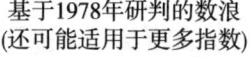

基于1978年研判的数浪
(还可能适用于更多指数)

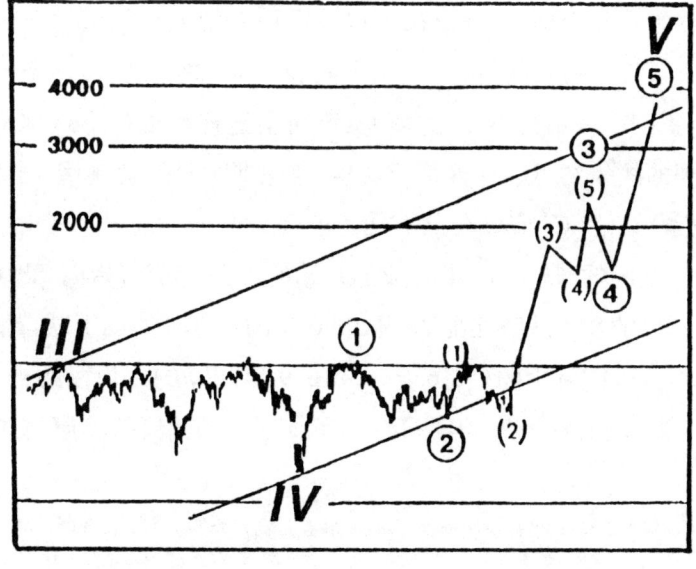

图 A-12

最后,考虑到技术面,我们能从浪 V 的心理面中得出什么结论呢？20 世纪 20 年代的牛市是第三大循环浪中的第五浪,而循环浪 V 是第五大循环浪中的第五浪。因此,作为最后的狂欢,市场在它的终点处,被机构投资者难以令人置信的狂热追捧,分为股票指数期货、股票期权以及期货期权。我认为,这种长期情绪会在最后的顶部之前的两三年中,放出大趋势卖出信号,而且市场只是继续上涨。为了使道指达到 1987 或 1990 年预计出现的最高点,为了使美国股票市场经历历史上一次最大的崩盘,根据波浪理论,由于是在浪 V 之后,投资者的群体心理应当在 1929 年、1968 年和 1973 年的所有因素的一同作用下到达疯狂的预期,并最终走向更极端面。

4) 如果全部都与预期相符,那么最后剩下来的问题就是:"浪 V 的顶部之后会生什么？"

波浪理论认为顶部 3686 点是浪(V)中浪 V 的终点,即超级循环浪的波峰。一个超级循环浪级的熊市会"调整"所有从 18 世纪末开始的进程。下跌的目标区域将在先前小一浪级的第四浪的价格区域中(理想的是接近低点*),而浪(Ⅳ)就是道指从 381 点下跌至 41 点形成的。世界范围内的银行系统崩溃、政府破产以及纸币系统的最终毁灭对于这种幅度的熊市或许是可行的解释**。由于武装冲突常常在剧烈的金融危机之后出现,我们或许不得不考虑金融资产价值这样幅度的下跌预示着超级大国之间的战争的可能性。基于观察,考虑到时间因素,超级循环浪调整中的浪(A)和浪(C)应该在 1999 年(正负 1 年)见底。与 1974 年开始的 13 年涨势匹配的,从 1987 年的顶部开始的下跌行情将指向 2000 年。与 1982 年开始的 8 年涨势匹配的,从 1990 年的顶部开始的下跌行情将指向 1998 年。也可能发生的是,16.6 年 ~16.9 年间隔的有规律的再现[见图 A-8,底部]预示着 1999 年是下一个反转点。最终,随着康德拉迪耶夫

---

* 更可能接近最高点;见在浪潮的顶峰。(日收盘最高点是 381.17 点;日内最高点是 383.00 点。)

** 实际上是结果。

经济循环在2003年(正负5年)达到底部,早于那个时期几年的股票市场的低点将符合这种历史的模式。

1983年8月18日
20世纪80年代的超级牛市——最后的疯狂浪潮真正开始了?

当A·J·弗罗斯特和我在1978年写作《艾略特波浪理论》时,流行的态度是康德拉捷夫循环正在滚动并会创造一个"可怕的80年代"。像《如何在1979年到来的萧条的崩溃中生存》这样的书正在畅销书表中,黄金价格和通货膨胀扶摇直上,吉米·卡特正在为历史上国家最差的总统与赫伯特·胡佛的记忆作斗争。

在写一本关于如何应用艾略特波浪理论的书时,根本不可能避免作出预测,由于过去一个波浪的研判几乎总是隐含着关于未来的某些东西。在那时,股票市场是在巨大牛市前的黎明的证据是压倒性的。甚至在那个阶段,波浪理论提示了牛市可能像什么的某些细节:价格模式是经典的五浪形态,五到八年的时间内道氏工业股指数增长400%,道指的目标接近于3000点。当那个数字在那个时间带着某些嘲笑被满足且甚至今天仍有许多怀疑者时,基于艾略特波浪的预测(甚至合格的预测)经常可能出现极端。原因是艾略特理论能够帮助分析师预测趋势变化的很少工具之一,包括如此长的趋势,它们已经变得被接受为一种正常状态的事态。我不怀疑到那时,这个牛市正在结束,我们称作为巨大崩溃和萧条的现象将会到来。事实上,那正是我们应当期盼的,否则我们将没有正确的机会了。

如果我们正在进行的分析是正确的,现在的环境正在提供一生只有一次的赚钱机会。然而,这个机会起到更加重要的作用,由于它不仅是在康德拉捷夫循环向下之前,而是由于其是共和国建立以来最大的金融灾难。换言之,我们最好在关于后果的"艾略特理论"是正确的情况下,赶快赚钱。要不是这篇文章,让我们忘记我们预测的"崩溃"部分而聚焦于"牛市"部分。关于期望的牛市年数,还有许多问题要回答。毕竟,在完成之前,没有预测可被证明是正确的,道指从我们最近精细化的1987年3600—3700点的目标还有很长的路要走。我们有什么证据可以说明股票已经开始了我们称作的从1932年萧条深处开始的一轮长的上升行情的"浪 V"?答案是,用一字,是一个强调的"是"。让我们检验几个有力的确认信号。

波浪理论

与在其前面出现的调整浪的漫游相比,如期出现的1982年的底部的波浪结构已经非常清楚。上升浪总是"五浪",而下跌都服从艾略特调整模式的形式之一。运行轨道良好,没有包含"重叠",并且服从40年前R·N·艾略特详加说明的所有规则和指南。成交量和内部动量数据确认了沿着该路线在每一个点的首选的波浪计数。波浪计数调整相对于在调整期间的经常的不确定性已经达到了最小。所有这些因素都强烈支持牛市正在进行过程中这种情况。详细的证据不断地发表在不间断的刊物《艾略特波浪理论家》中,所以没有理由在这里重数它。在这个阶段特别有趣的事情是由标准技术分析方法、社会环境和最近金融投机构造性机制提供的证实,所有这些已经发出了市场状态重大变化的信号。

动量

股票市场的动量指标几乎总是"宣布"巨大牛市的开始。通过在上升的最初阶段创造惊人的超买状态,做到了这一点。尽管这种趋势在所有浪级的趋势中都显而易见,但s&p500指数的年变化率在循环浪级和大循环浪级的波浪中,能十分有效地判断"开始"动量的强度。这个指标是通过比较当前月的s&p500的平均日收盘价,与一年前同一个月的读数之间的百分比差得出的。由于这种指标的计算方法,波峰的动量读数通常在运动开始一年后才有记录。重要的是指标达到的水平。正如你看到的那样[图A-13中],1983年7月末的"超买"水平,此时大约是当前牛市开始的一年后,达到了从1943年5月以来的最高点,而1943年5月大约是循环浪Ⅲ开始一年后。它们都达到了50%水平的事实强烈印证了相同浪级波浪的开始。换言之,1982年8月标志着某些不同寻常的开始,即两年牛市后紧跟着两年熊市。另一方面,它也没有指出光辉的"新时代"的开始。如果一轮大循环浪级的波浪正在开始,我们会期待看到这种产生于1933年的超买读数,当这个指标在从1932年开始的浪(Ⅴ)运行一年后,达到了124%时。现在没有机会能接近这样一种水平。因而,40年中得最高超买状态告诉我说,我们对浪Ⅴ的艾略特波浪预测是正确的。

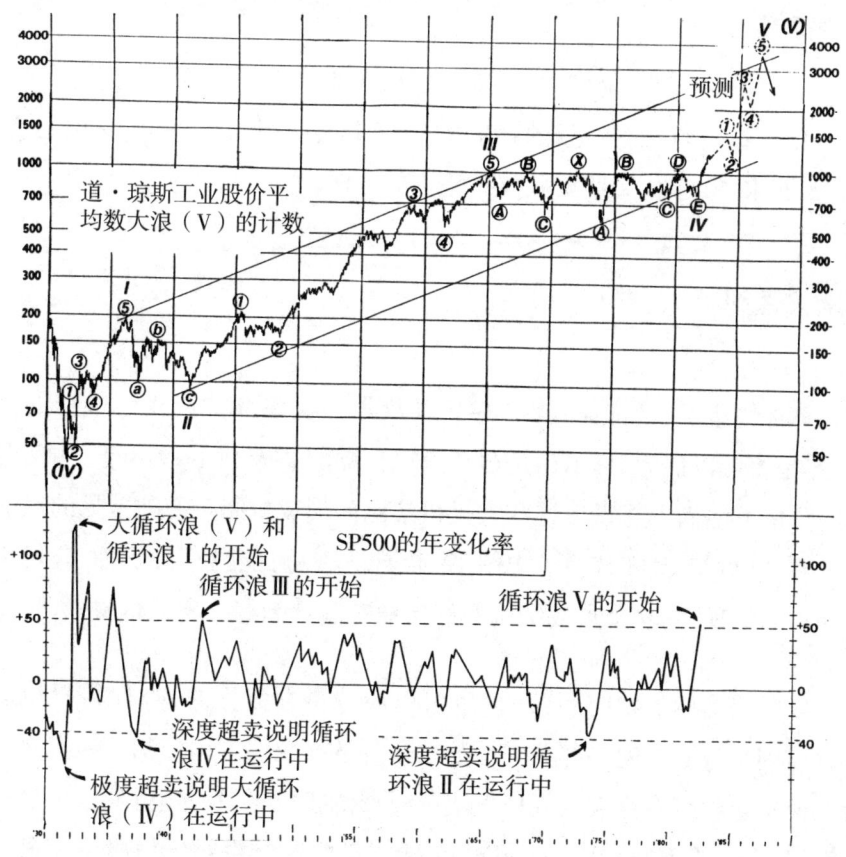

图A-13

情绪

期望指标怎样起作用的预知是另一个艾略特波浪预测可能有用的例子。正如我自当前的上升行情的早期就提出的那样，情绪指标应当达到比它们在 20 世纪 70 年代看到的极端得多的水平。随着道指比基于老的参数情绪指数首次发出卖出信号时超过了 300 点的高点，这个推断现在已经得到证明。情绪指数是所进展中的市场活力和范围的函数。指标的 10 年参数已经被超过的事实是循环浪 V 已经开始的更加好的证明。

社会背景

在顶部，现行社会背景的怀旧的保守主义应当给出一个 20 世纪 20 年代后期和 60 年代后期疯狂放纵特点的方法。

逐渐被理解

种种情绪、动量特征、波浪特征以及各种现象都支持我们最初的预测，那是否可以认为，华尔街是孕育投机狂潮的温床？在 1978 年，用艾略特的分析方法尚不能得出这些大投机浪潮的形成机制。一种常见的反驳是："在 20 世纪 20 年代只有 10% 保证金的交易可能吗？"说实话，我们也不知道。但现在，整个市场结构都好像原来就计划好一样运行着。

以股票为标的物的期权（现也可以股票指数为标的物）使得投机者可以仅用自身资产的一部分交易数以千计的股票。不用交割任何实物的股指期货合约带有巨大的杠杆性成为重要的投机手段。期货期权更进一步发展，而且没有止步不前。很多金融报纸呼吁结束对任何股票交易的任何保证金要求。回望期权就是这种呼吁下的首个产品。S&L 开始股票经纪业务，他们发送传单给那些小老太太。纽约市的银行建立很多装有拓新机器的问询亭，这样储户就可以利用午餐时间挑选他们中意的股票。期权交易所致力于创造更多新的投机工具，比如猜 C.P.I. 赢钱！换句话说，金融无处不在。就好像被施了魔法一样，关注金融领域的媒体以几何级数形式在增长。每隔几个月就会有新的金融时事通讯和杂志。财经新闻网每天 12 小时直播，通过卫星和有线电视信号把精确到每分钟的实时股票和商品信息传递到各家各户。

记住，这只是起步阶段。一般的民众直到道指跨过 2000 点才可能会参与到这场牛市中来。届时的市场将无疑是一场激动人心的欢欣鼓舞。这时，你可以观察一般市民的活动，好像它是一个巨大的景气指示器。比如，每天的新闻报道都是关于股市（还记得金价涨到最高点的前两个月的情形吗？）；你的邻居发现了你炒股，并开始告诉你他们的最新猜测；股市致富的故事登上了一般新闻媒体的版面；畅销书排行榜里面有《怎样在股市中成为百万富翁》这类书；沃尔登的和道尔顿都开始学习艾略特波浪原理；几乎没有人愿意讨论金融灾难或者核战争；大街上到处是迷你短裙和耀眼闪烁的男士礼服；你的朋友守在家里的拓新机器旁而不去上班（因为这比工作更有利可图），这时你就应该知晓，我们离巅峰近了。第五浪的顶峰的奇观，堪比荷兰郁金香狂潮和南海泡沫。

任何浪级的第五浪的共同点是出现大规模的心理拒绝。换句话说，根本的问题显而易见，而且威胁对每个人都存在。但一般人会为这些威胁辩解，忽略它们，甚至否认威胁的存在。

这个第五浪也不例外，它将建立在毫无根据的希望之上，而不是更健康改善中，就像美国在 20 世纪 50 年代和 60 年代初经历过的那样。而且由于这个第五浪——浪 V，是一个更大的第五浪（即 1789 年的浪（V））的第五部分，所以到达顶峰时，应该更加辉煌。到那个时候，我们应该听说全球的债务金字塔"不再是一个问题"，市场和经济可在"高利率中正常运行",电脑已经迎来了一个"空前繁荣的新时代"。在时机成熟时,不要人云亦云。在牛市中赚钱是需要巨大勇气的,因为在牛市早期,人们容易过于谨慎。然而,在牛市巅峰赚钱需要更大的勇气,因为全世界都可能因为你的卖出行为而笑话你是一个大傻瓜。

预测

正如我自当前的上升行情的早期就提出的那样,情绪指标应当达到比它们在20世纪70年代看到的极端得多的水平。看涨/看跌比率以及十天均线在它们运动时很有价值,但它们最好在牛市中避免过早卖出的方法是很显然易见的,即对当前形势做出长期判断,但大都投资者都做不到。波浪理论如此宝贵的一个主要原因就是,它通常强制分析师观察大局,建立关于当前市场形势的各种相关的结论。看涨看跌比率以及十天均线在它们运动时很有价值,但它们最好是在市场事件的广泛联系中加以研判。

用另一种眼光看看道指的长期走势图,并对几个常识性问题提出几个问题。

——今天市场真的比以前"波动性更大"吗?不。看一看1921～1946年的市场,就会把这种想法抛出窗外。

——1000点的水平是"高"水平吗?对于这个问题,1200点是"高"水平吗?不再是!自1966年在横走上花费的长久时间已经把道指推回到了就"现值美元"而言的50年上升轨道的较低的终点(并向下推到了就"定值美元"而言的相当低得估价点)。

——当前的牛市是1974年开始的"老"牛市,所以正在"耗尽时间"吗?不太像。就"定值美元"而言,并参考40年的上升趋势,道指在1982年相比在1974年崩盘的最低点被低估多了。

—我以艾略特理论为基础的,在5~8年内上涨400%的预期疯狂吗?与最近的历史相比,看起来是这样的。但与1921~1929年市场在8年中上涨500%相比,或者与1932~1937年市场在5年中上涨400%相比就不疯狂了。

—你能总是从当前的趋势对未来进行推断吗?绝对不可能。市场规则是不断变化的。

—有什么循环永远"与前一个相同"吗?很少见!实际上,艾略特对此制定了一条规则,称作交替规则。广义上,它指导投资者在每一个新阶段开始时寻找模式的不同风格。

—最近的市场行为"太强"、"过度延伸"、"史无前例",或者是一个"新时代"了吗?不。今天主题的变体以前都出现过。

—市场是一种随机行走,还是一种反复无常的疯狂旅行,它向前向后突然运动而且没有形态、趋势和模式?如果这样,它已经"漫步"进入了清晰的趋势、有韵律的循环往复,以及完善的艾略特波浪模式的长久持续时期中了。

至少,[图A-13]有助于你在历史的广泛性扫荡中描绘市场行为的画面,因此使下一周的货币供应报告看起来与其实际上的不相关。而且,它有助你想象为什么一轮牛市中出现一个16年向上摆动的30%~80%涨幅是很有可能的,同时描绘出一个比过去50年中的任何牛市都要大的牛市的潜力。

虽然它可能是现存的最好的预测工具,波浪理论却不是主要的预测工具,它是一个详细的说明市场行为的工具。到目前为止,市场正在以一种增强我们最初的浪Ⅴ预测的方式行事。只要市场满足预期,我们就可以假定我们仍没有偏离方向。但最终,市场就是一个消息或者说一个改变,这个改变可以在变化过程中预测未来的改变。这种预测有效的原因是,他们提供了衡量当前市场行为的一个良好的背景知识。但无论你的信念是什么,关注当前正处于波浪的哪个阶段永远不会白费你的精力。

词汇表

交替(Alternation)

如果浪二是急剧型调整,那么浪四通常是盘档型调整;反之亦然。

端点(Apex)

收缩或屏障三角形调整浪的两条边界线的交叉点。

调整浪(Corrective Wave)

是一个与大一级的浪趋势逆向的三浪模式,或三浪的联合模式。

终结倾斜三角形(Diagonal)

是一个重叠的楔型模式,通常出现在第五浪或浪 C 位置,偶尔出现在第一浪或浪 A 位置。子浪形式为:3-3-3-3-3。

双重三浪(Double Three)

是两个简单盘档调整模式的联合,标示为 W 和 Y,被一个标示为 X 的调整浪分开。

双锯齿型（Double Zigzag）

是两个锯齿型的联合，标示为 W 和 Y，被一个标示为 X 的调整浪分开。

等长（Equality）

在一个五浪序列中，如果浪三是最长的一浪，那么浪五和浪一倾向于价格等长。

扩散平台型（Expanded Flat）

是一个平台型调整浪，即相比前面的推动浪，浪 B 进入新价格区域的调整浪。

失败（Failure）

见衰竭的第五浪。

平台型（Flat）

标示成 A—B—C 的盘档型调整。子浪形式为：3—3—5。

推动浪（Impulse）

是一个子浪呈 5—3—5—3—5 的五浪模式，而且没有重叠。

不规则平台型（Irregular Flat）

见扩散平台型。

驱动浪(Motive wave)

是一个与大一级浪趋势一致的五浪模式,如任何的推动浪或倾斜三角形。

一一二,一一二(One-two,one-two)

是一个五浪模式中最初的发展情况,正好在浪三的中心加速之前。

重叠(Ovelap)

浪四进入浪二的价格区域。在推动浪中不会出现这种情况。

前面第四浪(Previous Fouth Wave)

是之前同一浪级的推动浪中的第四浪。调整模式通常在这个区域结束。

运行(Running)

是指一个平台型或三角形,此时浪 B 超过浪 A 的初始位置,浪 C 不能超过浪 A 的结束位置。

急剧型调整(sharp Correction)

不包含到达或超过前面推动浪结束位置价格极端的任意一种调整模式;它与盘档型调整交替出现。

盘档型调整(Sideways Correction)

包含到达或超过前面推动浪的价格极端的任意一种调整模式;它与急剧型调整交替出现。

第三浪中的第三浪(Third of a Third)

一个推动浪中最有力的中间部分。

冲击(Thrust)

一个三角形调整浪结束后的驱动浪。

三角形(屏障)[Triangle(barrier)]

与收缩三角形相同,但 B—D 的趋势线是水平的。按方向可称为"升序"或"降序"。

三角形(收缩)[Triangle(contracting)]

是一种调整模式,子浪形式为 3 – 3 – 3 – 3 – 3 并标示为 A – B – C – D – E。作为第四浪、浪 B 或浪 Y 出现。在模式行进时趋势线汇聚。

三角形(扩散)[Triangle(expanding)]

与收缩三角形相同,但在模式行进时趋势线是发散的。

三重三浪(Triple Three)

是三个标示为 W、Y 和 Z 的简单盘档调整模式的联合,每个模式都被一个标示为 X 的调整浪分隔。

三锯齿形(Triple Zigzag)

三个标示为 W、Y 和 Z 的锯齿型调整浪的联合,每个锯齿型都被一个标示为 X 的调整浪分隔。

衰竭的第五浪(Truncated Fifth)

在一个驱动浪中第五浪没能超过第三浪的价格极端。

锯齿型(Zigzag)

被剧烈的调整,标示为 A—B—C。子浪形式为:5-3-5。

出版商后记

正如你刚刚读到的,本书作者运用一种有效的股票市场分析手段带领读者领略了一场大牛市,从历史和未来的角度提供清晰的视野是本书的一大优势。

如果某位读者今天碰巧读了这本书,或许他不能对大牛市的预言背景做出足够的判断。20世纪70年代末曾是一段充满忧虑的时期,"厄运和忧虑"牢牢地抓住了投资者。以硬通货为导向的投资演讲经常举行,常常吸引了数以百计,甚至数以千计的参与者。通货膨胀不可能得到有效控制,而利率——被广泛认为是股票市场的死亡之吻——毫无怜悯地继续上升,直至历史新高。《79年的大崩盘》、《危机投资》以及《来自货币危机的新财富》这些书纷纷出版。康德拉迪耶夫循环的热衷者大声呐喊着大萧条。投资组合策略家正在等待从1966年开始的长期熊市的最后冲杀。人们普遍认为当时的美国总统是现代历史上最不称职的一位。正如洛普民意测验的结果显示的那样,自20世纪40年代该民意测验诞生以来,当前公众对"未来"的态度最为消极。1978年初,道指低至740点,比1974年的最低点还要再低170点。尽管在本书付印之时正好是跌至790点的"十月大屠杀",但本书的作者相当愿意维持他们之前这样的描述,即"当前的股票大牛市……应当伴随着冲向历史新高的突破"。

在随后的几年中,怀疑主义仍然顽固不化。在1980年,通货膨胀失控，失业率居高不下，经济处于衰退状态，伊朗劫持美国公民做人质，约翰·列侬遭枪杀，而且俄罗斯人入侵了阿富汗。政府官员公开警告说：经济正处于萧条中。许多人担心罗纳德的"射线枪"会摧毁世界。利率的剧烈波动以及赫特企业帝国的近乎倒闭将振动传播给了金融界。《如何在即将到来的坏年景发达》入围了《纽约时报》畅销书榜。而本书作者对即将到来的乐观主义大浪的预测——正如普莱切特在1983年评论的那样，是一种"社会与公众的疯狂"，多半被忽略。

尽管市场被蒙上了一层忧郁的面纱，但股票市场知道好日子就在后头，用它独特的方式加以宣告。循环浪Ⅳ的最低点已经出现在道指的570点，而且广泛的次级市场持续在1979年、1980年和1981年走高，这是一种未来看涨的清晰信号。消极的基本面情况用其典型的方式"考验了"1982年的最低点，因为衰退和高利率又回来了。随后，正当道琼斯工业价格指数似乎不可能会上涨时，普莱切特将赌注提高了——又一个道指的1000点，高达3885点。"道指3800点？你一定是疯了！"但就从那时起，循环浪Ⅴ开始向上行进。

尽管这些事件都证明了，对于股票市场预测来说，波浪理论是一种极为有用的工具，但作者必须在两个重要方面改变他们的观点：时间因素——因为循环浪Ⅴ的到来时间比原先预计的，甚至是后来预计的长得多；向上的价格潜力——是一种实质上额外时间的结果。这些发展当然揭示了为什么在第2章中艾略特对波浪"等同"的观察构成了一种指导方针，在这种情况下它并不适用。作者预测的浪Ⅴ没有持续5或8年，而是1982年起的16年和1974年起的24年！这样一来，它已经超越了日经指数在1974年~1989年间的增益，达到了就价格和时间而言的历史最长的股票狂热。

弗罗斯特和普莱切特预测仅有三个年份可能是循环浪Ⅴ中的三个最重要的间歇市场顶部年份（1983年、1987年和1990年），这是某种安慰。

将瑕疵完全考虑在内,像普莱切特在本书附录中详细叙述的一样,另一些成功发表的例子如 R·N·艾略特在 1942 年 10 月做出的超级看涨的长期展望,汉密尔顿·博尔顿在 1960 年做出的道指会在 999 点见顶的预测,科林斯在 1966 年的最高点做出的熊市预测,以及弗罗斯特对浪Ⅳ的最低点会在 572 点的预测。回顾这段历史,我们无疑会发现,自 R·N·艾略特首次将预测发给查尔斯 J·科林斯开始,关于艾略特波浪预测的进展在 64 年中始终如一。相反,很多数经济学家、分析师和预言家每 6 个月、6 周或 6 天就会改变他们的观点,每一条新的消息都能"影响"他们的分析。另一方面,市场模式常常暗示下一条消息是什么。尽管波浪结构有时很难研判,尽管有些情形必须放弃,如果未来的价格必须按照不同可能性发生改变,但总体上波浪理论提供了一种稳定的视角,从中我们可以做出明智的事前规划。

许多关于股票市场、经济或者未来的书籍通常是站在牛市或熊市的立场上。大多数书是错误的,因为它们是由受现实社会心理支持的精神狂热者所撰写的,而实际上此时相反的立场应该被采纳。即使那些在一个总体趋势方向上正确的书籍,也应该因为"幸运"因素被质疑。然而,任何这种具体的、包含完整的上涨——下跌循环事件的预测还未曾尝试过,更不用说被证明成功了。对一种科学理论有效性的重要测试方法就是用其预测各种事件的成功记录。在这一点上,艾略特波浪理论一直不负众望,以至于没有其他市场行为理论可以与之媲美。在第 8 章和附录中记载的实际预测,是一种巨大的智力挑战。模式中部的决策尤其困难。然而,有些时候,如在 1974 年 12 月和 1982 年 8 月,主要模式接近完成,教科书式的图案就在你眼前。在这种时候,人们的确信程度上升到了 90%以上。今天,只有预测熊市的一半还有待实现。如果作者的预期得到证实,那么《波浪理论》就会进一步确立为股市历史上唯一一本不仅预测了大牛市,还预测了随之而来的大熊市的书,关于熊市的细节,普莱切特已经在他的近作《浪潮的顶峰》中描述了出来。

就这样，我们的伟大旅程已经过半。在作者保守的（回过头来看）、同时又超越了大多数市场观察者对市场潜在表现的最疯狂想象的预期上，关于牛市的一半分析已经是很有价值了。下一个，对熊市阶段的研究或许不再那么有价值，但同样很重要需要得出，因为一个完整的研究将标志着一个社会学纪元的结束。做好准备首先意味着财富，而且对于其成功预测者来说也是一种荣耀。这次，它意味着生存，金融上得生存（根据普莱切特的将社会趋势、文化趋势与金融趋势相结合的工作）、对许多人来说的肉体上也得以生存。尽管大家一直相信（而且不知疲倦地重复相信）"市场是神通广大的"，但我们的金钱又一次要根据波浪理论通过生命和时间的模式对人类的伟大旅程提供正确的预测。

图书简介

《波浪原理·高级教程》(上、下)
作者:小罗伯特·R.普莱切特
　　简体中文版首次面世。
　　普莱切特通过这部八十万字鸿篇巨制,对艾略特波浪原理进行了前所未有的发展和梳理,以及权威和详细的阐释,其内容的开创性和指导性将艾略特波浪推升到经济和金融之预言科学的高度。

《艾略特波浪原理三十讲》
作者:侯本慧、郭小洲
　　侯本慧、郭小洲是中国证券市场第一代先驱,两人合著的"黄皮书冶系列让大批国内股民初次领悟到江恩理论、艾略特波浪、市场轮廓、股价通道理论等现代证券分析技术的精髓。《艾略特波动原理三十讲》是广为流传的名著,在老股民中影响极大、备受推崇。

《掌握艾略特波浪理论》
作者: 格伦·尼利 埃里克·郝
　　格伦·尼利是美国艾略特波浪研究所创办人,是当代极为重要的创新艾略特波浪理论的交易大师。本书系统讲授了如何将波浪理论应用到股市实战,如何根据过去的价格波浪形态来预测未来的价格。

《艾略特名著集》
作者:小罗伯特·R.普莱切特
　　R.N.艾略特主要作品的丰富扩展,包括三大突破性著作,详细描述他贡献给世界的发现。
《波浪理论》(1938)
《金融世界》文章(1939)
《自然法则——宇宙的奥秘》(1946)

更多艾略特波浪相关资源下载,请登录舵手俱乐部。网址 www.duoshou108.com